电动汽车

电路识图与维修案例解析

谢伟钢 张伟 孔观若 严乾坤 编著

中国铁道出版社有限公司

CHINA RAILWAY PUBLISHING HOUSE CO., LTD.

北 京

内 容 简 介

　　书中结合市场占有率较高的汽车品牌，介绍了电动汽车的类型、高压部分的工作原理、仪表信息的识读、电动汽车识图基础、维修的安全防护、高压部分维修设备的使用等基础知识。通过大量具体的维修案例详细讲解了动力电池管理系统、充电系统、驱动电机控制系统、整车控制系统、低压辅助电气系统等主要系统的电路识图方法和检修技巧。

　　本书可供汽车维修从业人员学习新能源汽车电路原理、检测维修及维护技术使用，也可作为各类院校新能源汽车专业的教材或辅助教学用书。

图书在版编目（CIP）数据

电动汽车电路识图与维修案例解析/谢伟钢等编著.—北京：
中国铁道出版社有限公司，2023.7
ISBN 978-7-113-30148-4

Ⅰ.①电… Ⅱ.①谢… Ⅲ.①电动汽车-电路图-识图 ②电动
汽车-车辆修理 Ⅳ.①U469.72

中国国家版本馆CIP数据核字（2023）第062203号

书　　名：**电动汽车电路识图与维修案例解析**
　　　　　DIANDONG QICHE DIANLU SHITU YU WEIXIU ANLI JIEXI

作　　者：谢伟钢　张　伟　孔观若　严乾坤

责任编辑：于先军　　　　　编辑部电话：（010）51873026　　　　电子邮箱：46768089@qq.com
封面设计：MX DESIGN STUDIO
责任校对：苗　丹
责任印制：赵星辰

出版发行：中国铁道出版社有限公司（100054，北京市西城区右安门西街8号）
网　　址：http://www.tdpress.com
印　　刷：河北宝昌佳彩印刷有限公司
版　　次：2023年7月第1版　2023年7月第1次印刷
开　　本：710 mm×1 000 mm　1/16　印张：11　字数：212千
书　　号：ISBN 978-7-113-30148-4
定　　价：59.80元

前　言

近几年，新能源汽车行业迅猛发展，纯电动汽车、油电混合动力汽车已经随处可见。随着电动汽车使用时间的增长，电动汽车也难免需要维护和维修。电动汽车维修和燃油汽车维修有很大的不同，很多汽车维修行业的从业人员都说："电动汽车好开，但故障难排。"

对于初学者来说，维修电动汽车的难点主要包括三个方面：一是维修电动汽车高压电部分时，担心防护不到位容易发生电击事故；二是检测电动汽车的控制电路时，担心看不懂电路图，不知道具体怎么检测；三是遇到故障时，不知道怎么着手对电动汽车的故障进行诊断。

电动汽车高压电池的充电和放电、高压部分的上电和下电，以及电机控制原理等都和燃油汽车不同。要对电动汽车的电路进行检测，需要掌握电动汽车的工作原理，熟悉输出电压信号、电流信号、漏电信号、碰撞信号、旋变信号等传感器的功能，理解接触器、锁枪电机、电磁阀等执行器的作用，明白动力电池管理器、电机控制器、整车控制器等模块的控制逻辑，在此基础上，看懂不同汽车的电路图，才能进行检测。

电动汽车会出现因高压电无法上电而导致车辆无法行驶，混合动力汽车没有纯电行驶模式，动力电池电量异常减少、无法充电等故障都与燃油汽车完全不同。要掌握电动汽车故障的排除，需要熟悉动力电池管理系统、电机控制系统、整车控制系统、直流充电系统和交流充电系统等控制原理，通过学习各种类型的故障案例的排除过程形成自己的维修思路，才能正确地诊断电动汽车的故障。

为了能切实帮助维修人员或学习新能源汽车维修专业的学生掌握电动汽车系统结构、理解电动汽车电路的控制原理、培养检测电动汽车电路和排除电动汽车故障的能力，我们特意编写了本书。书中介绍的具体内容如下：

第 1 章介绍电动汽车维修的基础知识，主要讲解电动汽车的类型和组成，电动汽车特有的仪表、指示灯、警示灯的识读，电动汽车识图的基础和维修高压部分的安全防护。

第 2 章介绍动力电池管理系统电路识图和维修案例，主要讲解动力电池管理系统的功能，温度信号、电压信号、电流信号、碰撞保护信号、漏电信号等的电路和控制原理，电池冷却系统水温传感器、电子冷却控制器、电动水泵、电子膨胀阀等的电路，以及动力电池管理系统的维修案例。

第 3 章介绍充电系统电路识图和维修案例，主要讲解交流充电系统的电路检测和交流充电过程、交流充电系统的故障诊断、直流充电的电路检测和直流充电过程、直流充电系统的故障诊断，以及交流充电系统和直流充电系统的故障维修案例。

第 4 章介绍驱动电机控制系统电路识图和维修案例，主要讲解驱动电机温度传感器电路、旋变传感器电路、DC-DC 直流转换器电路、驱动电机控制器电路、驱动电机冷却系统控制电路和 BSG 电机的控制电路，以及驱动电机控制系统的故障维修案例。

第 5 章介绍整车控制系统电路识图和维修案例，主要讲解整车控制系统的控制原理、汽车上电控制的流程、加速踏板位置传感器的电路、高压互锁的控制电路、CAN 总线系统的电路识图、整车控制系统的电路识图，以及整车控制系统的故障维修案例。

第 6 章介绍低压辅助电气系统电路识图和维修案例，主要讲解制动灯开关电路识图、变速器换挡开关电路识图、驾驶模式开关电路识图、一键启动开关的电路识图、PTC（加热器）控制电路、电动压缩机的电路识图、真空泵控制的电路识图，以及低压辅助电气系统的故障维修案例。

希望通过学习书中介绍的知识，能够帮助读者朋友掌握分析故障产生的缘由、解决电动汽车出现的故障并积累维修经验。

本书由深圳市龙岗职业技术学校谢伟钢、云南省玉溪技师学院张伟、广东省佛山市凹凸兜科技有限公司孔观若、广东花城工商高级技工学校严乾坤共同编写。编写此书时，参考了大量书籍、网站、期刊等资料，在这里，对广大同仁致以崇高的敬意。

谢伟钢

2023 年 6 月

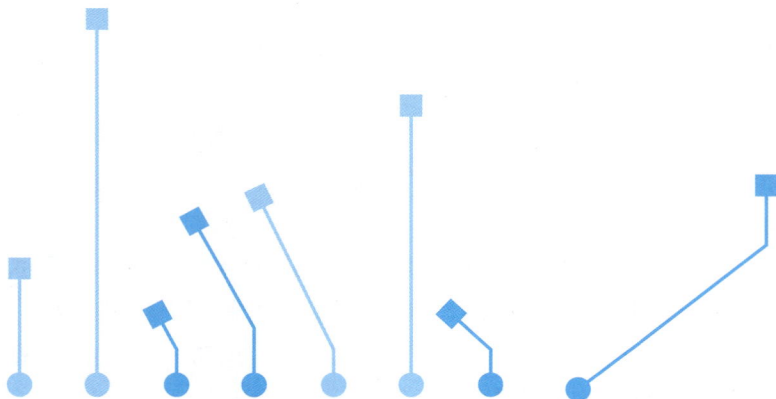

目　　录

第 3 章　充电系统电路识图和维修案例解析

第 5 章　整车控制系统电路识图和维修案例解析

第 6 章　低压辅助电气系统电路识图和维修案例解析

参考文献

第 **1** 章
电动汽车维修基础

维修电动汽车既要遵照严格的规范流程，又要掌握电动汽车的控制技术。学习维修电动汽车的第一步就是要熟练掌握仪表信息的识读、控制电路的识图、高压安全防护等基础知识。

1.1 电动汽车认知

维修电动汽车需要对电动汽车有基本的认知，电动汽车认知包括熟悉电动汽车的类型和掌握不同类型的电动汽车高压部分的组成。

1.1.1 电动汽车的类型

电动汽车是由车载电源提供全部或部分动力，用电动机驱动车轮行驶，符合道路交通、安全法规等各项要求的汽车。

电动汽车包括纯电动汽车，混合动力电动汽车和燃料电池电动汽车。燃油汽车主要由发动机、底盘、车身和电气四大部分组成，纯电动汽车的结构与燃油汽车相比，主要增加了电力驱动控制系统，而取消了发动机。目前燃料电池电动汽车发展并不成熟，所以本节主要介绍的是纯电动汽车和混合动力汽车。

1. 纯电动汽车

纯电动汽车是完全由可充电电池提供动力源，通过电动机驱动的汽车，如图1-1所示。纯电动汽车电力驱动控制系统主要由动力电池管理系统（包括动力电池和电池管理器等）、电机驱动系统（包括电机和电机控制器等）和辅助模块组成，它的功用是将存储在蓄电池中的电能高效地转化为车轮的动能，并能够在汽车减速制动时，将车轮的动能转化为电能充入蓄电池。

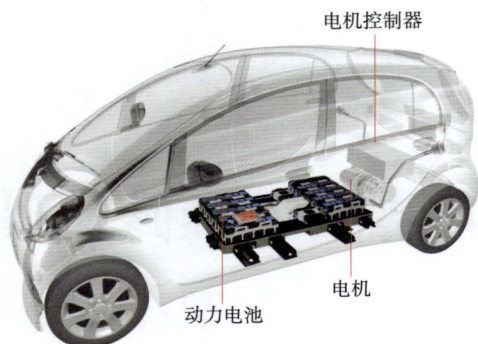

图 1-1　纯电动汽车电力驱动系统

如图 1-2 所示，纯电动汽车高压部分包括充电接口、车载充电器、动力电池、高压电缆、高压控制盒、驱动电机、电动压缩机、PTC（加热器）等。通过充电接口、车载充电器可以给动力电池补充电能，高压控制盒可以控制动力电池输入到驱动电机的电能，从而控制驱动电机的速度和旋转方向。驱动电机将电能转化为机械能，通过传动系统传输给汽车的驱动轴，从而带动汽车车轮行驶。

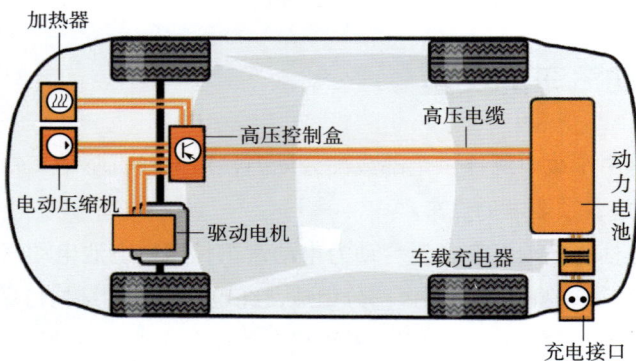

图 1-2　纯电动汽车电力驱动系统框图

2. 混合动力汽车

混合动力汽车由内燃机和电机两种动力混合作为输出，所以称为油电混合动力汽车。油电混合动力汽车按串并联分类可以分为串联式、并联式和混联式。

串联式混合动力汽车行驶系统的驱动力只来源于电机，这种车辆发动机带动发电机发电，电能通过电机控制器输送给电机，由电机驱动车辆行驶。动力电池可以单独提供电能驱动车辆行驶。

并联式混合动力电动汽车行驶系统的驱动力由电机及发动机同时或单独供给，其结构如图 1-3 所示。并联式混合动力电动汽车也有纯电动汽车具有的动力电池、电机控制器、电机、DC-DC（电压变换器）等高压元件。

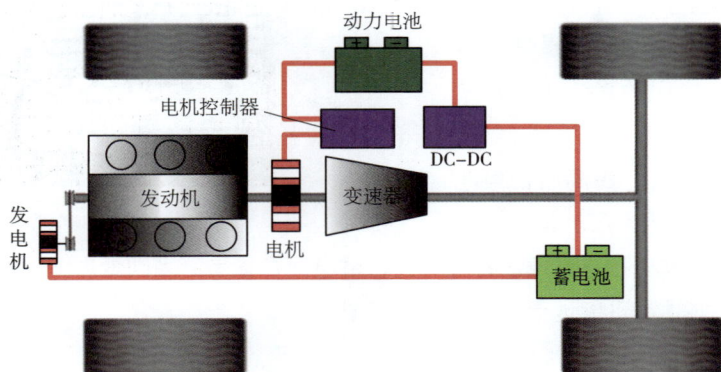

图 1-3 并联式混合动力汽车

混联式混合动力汽车具备串联式和并联式两种混合动力系统，如图 1-4 所示。发电机和电动机（即电机）是分开的，所以电动机在运转过程中也能发电，目前的混合动力汽车基本属于这种模式。

混合动力汽车分类方法很多，按照行驶模式的选择方式划分：有手动选择功能的混合动力汽车和无手动选择功能的混合动力电动汽车。有手动选择功能的混合动力汽车，这种汽车具备行驶模式手动选择的功能，车辆可选择的行驶模式包括纯电动模式、发动机模式和混合动力模式。无手动选择功能的混合动力电动汽车不具备行驶模式手动选择功能，车辆的行驶模式根据不同情况自动切换。

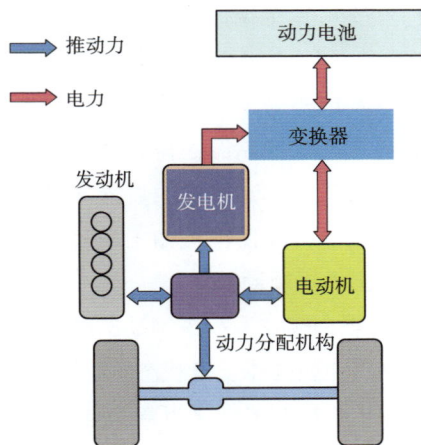

图 1-4 混联式混合动力汽车

1.1.2 电动汽车高压部分的组成

1. 动力电池管理系统

动力电池管理系统主要包括高压蓄电池（见图 1-5）、高压蓄电池管理器和充电控制器等。它主要是向电动机提供驱动电能、监测电源使用情况以及控制充电机向蓄电池充电。高压蓄电池管理器主要是通过采集温度采样线和电压采样线等信号，对电动汽车用电池单体及整组进行实时监控、充放电、巡检、温度监测等。充电控制器是把交流电转化为相应电压的直流电，并按要求控制其电流。

图 1-5　动力电池

当汽车行驶时，由高压蓄电池输出电能通过控制器驱动电动机运转。电动汽车续驶里程与蓄电池容量有关，蓄电池容量受诸多因素影响。要提高一次充电续驶里程，必须尽可能地节省蓄电池的能量。

2. 电机驱动系统

电机驱动系统主要包括电机、电机控制器和变速器，如图 1-6 所示。整车控制器根据车辆运行的不同情况，包括车速、挡位、电池 SOC（剩余电量）值来决定电机输出扭矩或功率。当电机控制器从整车控制器处得到扭矩输出命令时，将动力电池提供的直流电能转化成交流电能，以使电机输出扭矩，此时电机输出力矩驱动车辆。

图 1-6　电机驱动系统

当车辆在滑行或制动的时候，电机控制器从整车控制器得到发电命令后，电机控制器将电机处于发电状态。此时电机会将车子的动能转化成交流电能。然后，交流电能通过电机控制器转化为直流电，存储到电池中。

3. 高压辅助模块

目前很多电动汽车将车载充电机、DC-DC 变频器、PTC 控制器及高压配电盒等集成在一起，集成化可以提高装配效率和生产效率。集成化后将原本大量的高压线束优化后，提高了高压母线的屏蔽效果。

高压控制盒是整车高压电的一个电源分配的装置，如图 1-7 所示，它是由多个高压继电器、高压保险丝及相关的芯片组成，它能与相关模块实现信号通信，确保整车高压用电安全。

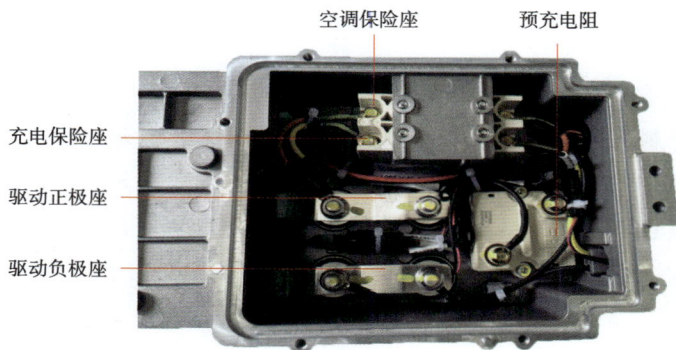

图 1-7　高压控制盒

1.2 仪表信息的识读

汽车仪表、指示灯及警示灯用于提醒和警示驾驶人目前车辆的工况。维修人员对汽车仪表、指示灯及警示灯的含义进行理解能更好地排除故障。

1.2.1 仪表的识读

汽车仪表能进入正常工况的前提是点火开关或一键启动开关处于 ON 位置，提供 12 V 电源和搭铁。

1. 功率表的认知

电动汽车组合仪表功率表如图 1-8 所示，功率表显示当前模式下整车的实时功率。功率表默认用"kW"来指示整车的功率，可通过菜单中的单位设置选择"HP"。在车辆下坡时或慢速行驶时，功率指示值可能为负值，表示当前车辆正在给动力电池充电。

图 1-8　组合仪表功率表

技师引导： 功率表通过采集 CAN 上动力电池管理模块发送的总电压、总电流计算功率，同时判断正、负。

如图 1-9 所示，通过转向盘按键进入并调节菜单，进入能量回馈强度设置栏，【确定】键用于确认选定的菜单项，【选择】键用于向上/向下滚动菜单条，设置能量回馈强度为标准值或较大值，较大值回馈时电机制动减速会较快。

2. 电量表认知

电动汽车电量表如图 1-10 所示，整车电源挡位处于"OK"挡时，此表指示当前车辆动力电池预计剩余的电量，当指示条将要或已进入红色区须尽快对动力电池充电。当动力蓄电池电量低于 30% 时，动力电池电量低警告灯亮起。表示动力蓄电池电量不足，可能不能满足驾驶里程的需求。此时需要及时充电，当动力蓄电池电量高于 35% 时，故障灯就会熄灭。

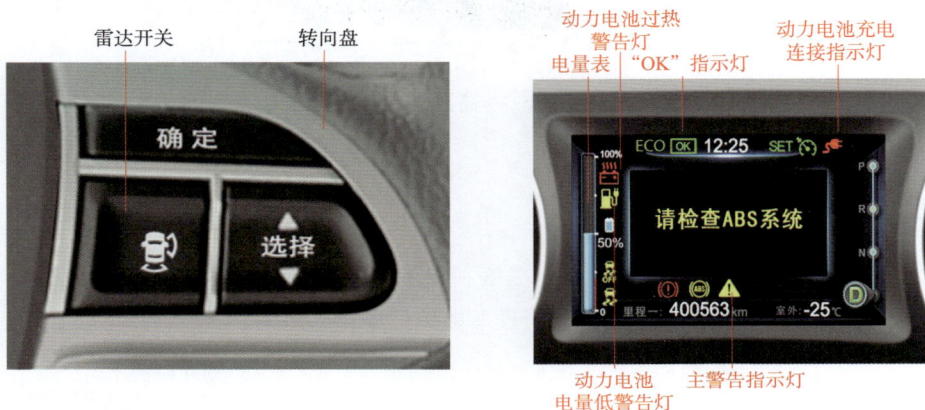

图 1-9　转向盘上调节菜单按键

图 1-10　组合仪表信息显示屏

续驶里程是指剩余电量所能支持的行驶距离，它是根据剩余电量并结合车辆行驶工况计算出来的，该距离可能与实际行驶的距离有所不同。续驶里程显示在显示屏上，当续驶里程显示数值过低时，应及时对车辆充电。

1.2.2　指示灯的识读

纯电动汽车故障灯大多数都是与普通汽车故障灯一样的，也是分为指示灯和警告灯。纯电动汽车故障灯同样用颜色代表故障程度：红色＝危险/重要提醒；黄色＝警告/故障；绿色/蓝色/白色＝指示/确认启用。

1. "OK"指示灯的含义

"OK"指示灯表示启动成功，有些车辆没有"OK"指示灯，使用"READY"（见图 1-11）来表示同样的含义，其表示车辆各动力系统工作正常，处于可行驶状态。

图 1-11　上电指示灯

2. 动力电池充电连接指示灯

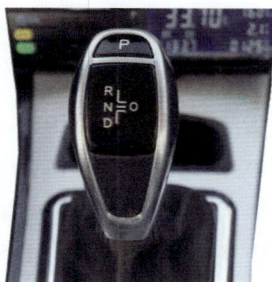

在充电时，组合仪表上动力电池充电连接指示灯点亮，如图 1-12 所示。如果要车辆行驶，请断开充电器后再上电行驶。

3. 挡位指示灯

通常自动变速器包括 P（停车挡），R（倒挡），N（空挡），D（前进挡），S 或 2（低速挡），L 或 1（低速挡），而电动汽车换挡杆只有 P（停车挡），R（倒挡），N（空挡），D（前进挡），如图 1-13 所示。当仪表内挡位指示灯闪烁时，挡位控制出现故障，需要及时检修。

图 1-12　动力电池充电连接指示灯　　　图 1-13　电动汽车换挡杆

4. 纯电动模式指示灯

混合动力汽车通常有三种行驶模式，纯电模式，混合动力模式，发动机模式。纯电模式的指示灯是"EV"，混合动力模式的指示灯是"HEV"，有的混合动力汽车还会在仪表上显示如图 1-14 所示的图形。

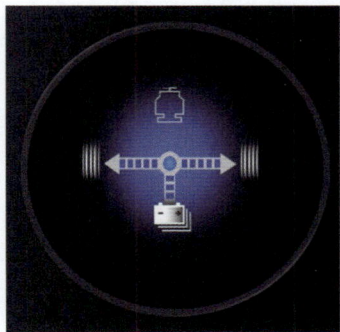

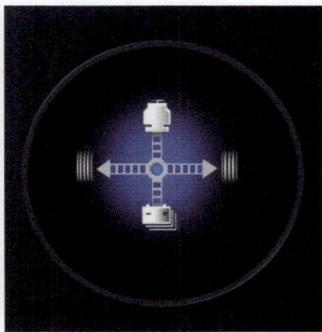

（a）纯电模式　　　　　（b）混合动力模式　　　　　（c）发动机模式

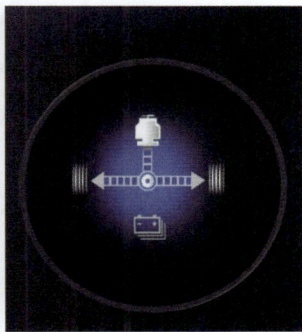

图 1-14　混合动力汽车行驶模式

1.2.3 警示灯的识读

1. 动力系统故障警告灯

动力系统故障警告灯如图 1-15 所示，在驾驶中此警告灯点亮，或整车电源挡位处于"OK"挡时，此警告灯持续点亮，表示由警告灯系统监控的部件中某处发生故障。尽量不要在警告灯点亮的情况下驾驶车辆，建议尽快停驶车辆，对车辆动力系统等进行检查。注意：在操作中，此警告灯短暂地点亮不表示有问题。

图 1-15　动力系统故障警告灯

2. 充电系统警告灯

充电系统警告灯如图 1-16 所示，充电时，充电系统警告灯亮起，说明充电系统发生故障。放电时，充电系统警告灯亮起，说明放电系统发生故障。非充放电时，充电系统警告灯亮起，用于警告 DC 模块及起动型铁电池模块的工作状态。如果在驾驶中此灯点亮，表示 DC 系统或起动型铁电池系统存在问题。

充电系统警告灯亮起，应关闭空调、风扇、收音机等，建议尽快停驶车辆，检查充电、放电系统或 DC 模块。

图 1-16　充电系统警告灯

3. 电机冷却液温度过高警告灯

电机冷却液温度过高警告灯其符号如图 1-17 所示，常亮时表示温度过高，请停车冷却车辆；闪烁时表示冷却液液位低，请及时添加冷却液。

当整车电源挡位处于"OK"挡时，此表显示电动机冷却液的温度。正常运转时，指针应自底部标记处上升到中间位置。在恶劣的条件下，例如酷暑季节或长时间爬坡、高速行驶，电动机可能产生过热现象。

图 1-17　电机冷却液温度过高警告灯

如果冷却液温度表指针移到红色刻度标记区，冷却液图标变红，同时右侧信息显示屏显示"冷却液温度过高，请立即将车辆停靠在安全路段，使电动机降温，并建议联系授权服务店"。

4. 动力电池故障警告灯

当整车电源挡位处于 "OK" 挡时，动力电池故障警告灯（见图 1-18）点亮。如果动力电池系统工作正常，则几秒钟后此灯熄灭。当整车电源挡位处于 "OK" 挡时，图 1-18 所示的故障灯持续点亮，或是在驾驶中此灯持续或偶然点亮，则表示由警告灯系统监控的部件发生故障，应进行维修。有的汽车动力电池故障警告灯其图形会在蓄电池符号下增加 "HV" 两个字母。

挡位指示灯　　　　　　　　　　　　　　　　动力电池故障警告灯

防盗指示灯

图 1-18　动力电池故障警告灯

5. 动力电池过热警告灯

在炎热的天气进行长时间长途爬坡，或是在长时间停停走走的交通状况，频繁急加速、急刹车的状况，动力电池可能会产生过热现象，此时，动力电池过热警告灯（见图 1-19）可能点亮，它表示动力电池温度太高，应停车使电池冷却。

图 1-19　动力电池过热警告灯

6. 动力电机过热警告灯

动力电机过热警告灯（见图 1-20）表示汽车电机及控制器过热，需要靠边停车，自然冷却。如果故障灯熄灭可继续行驶，如果故障灯不熄灭或者频繁亮起，就需要去维修店检查了。

在下列工作条件下，电机可能会产生过热现象，例如：在炎热的天气进行长途爬坡；在停停走走的交通状态，频繁急加速、急刹车的情况，或长时间车辆运转得不到休息的情况；拖曳挂车时。

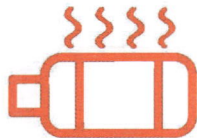

图 1-20　动力电机过热警告灯

7. 驱动功率受限警告灯

当动力电池电量低时，驱动电机的输出功率就会受到限制，然后亮起该故障警示灯，如图 1-21 所示，俗称 "乌龟灯"，此时汽车最高车速下降，通常车速受限为 60 km/h。

图1-21 驱动功率受限警告灯

1.3 电动汽车识图基础

每种汽车电路编码规则不同，下面以比亚迪唐为例进行介绍。电路原理图中的元素主要包括接插件、保险丝、继电器、导线和用电器。

1.3.1 电路图中元素编码规则

1. 接插件的编码

如图1-22所示，比亚迪接插件的编码由三部分组成，第一部分表示接插件的位置，它用单字母表示线束的代码，例如，A代表装配发动机上的发动机线束、B代表装配在前舱的前舱线束、G代表安装在管梁上的仪表板线束。

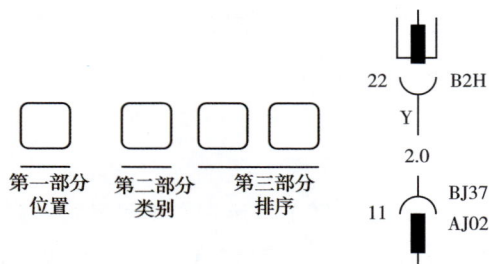

图1-22 比亚迪接插件的编码

第二部分代表插接器的类别，它有三种表示方法，如果是配电盒上的插接件，此位置代码用1、2、3、4来表示，1代表前舱配电盒，2代表仪表板配电盒，3代表前舱配电盒Ⅱ，4代表仪表板配电盒Ⅱ。如果是线束间的对接接插件，则采用字母J表示。如果是接车用电器模块的接插件、继电器座，此位置空缺，不用数字或字母表示。

第三部分由数字或字母组成，如果是字母表示配电盒上的接插件，该位与接插件所插配电盒的插口位置代号一致，例如，A、B、C、D、……；如果是数字，表示所在线束的空间位置01、02、03、04、……。

例如，插件"BJ37"，B 是该插件编码的第一部分，代表前舱线束，J 是该插件编码的第二部分，代表对接接插件，37 是按照所属的空间位置的编号。图中连接器符号方块是插头（公头），弧形是插座（母头）。

再如，插件"G05"，G 代表仪表板线束，第二部分空缺，表示接电器上的接插件，05 表示空间位置。

比亚迪接插件（插头）自锁方向朝上，接插件插头引脚按从左到右，从上到下进行编号。接插件插座引脚按从右到左，从上到下进行编号。

2. 导线的识别

常用的导线包括标准线、双绞线、屏蔽线。标准线用于一般情况的导线连接，无须屏蔽要求，如图 1-23 所示，标准线的颜色用字母缩写来表示，如果是双色线，第 1 个字母表示线的主色，第 2 个字母表示线的辅色，图中 L/Y 表示线的颜色是蓝色带黄条，线的直径为 1.25 mm。如图 1-24 所示，在低频情况下，双绞线可以靠自身来抗拒外来干扰，用于低速 CAN、扬声器等。如图 1-25 所示，屏蔽线能够将辐射降低在一个范围内，或者防止辐射进入导线内部，造成信号干扰，比如音频率信号线。

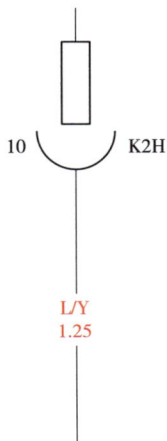

图 1-23　标准线

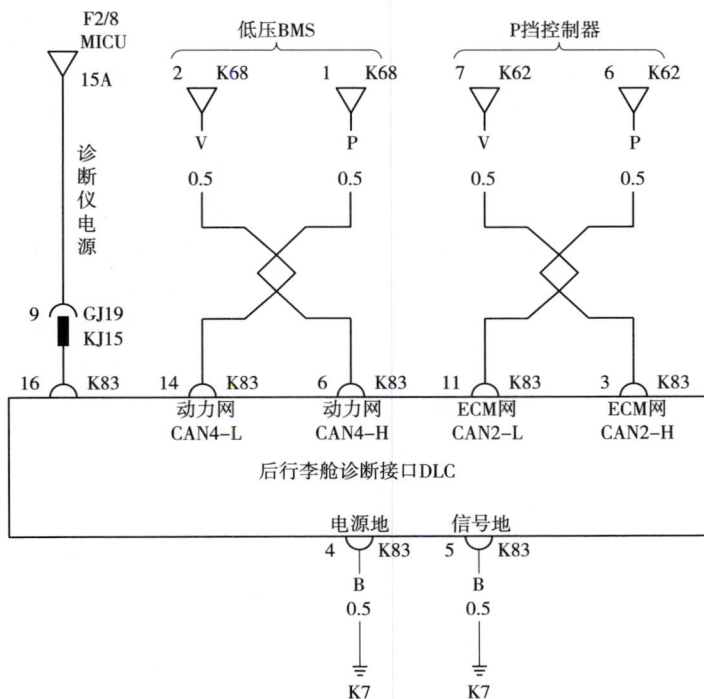

图 1-24　双绞线

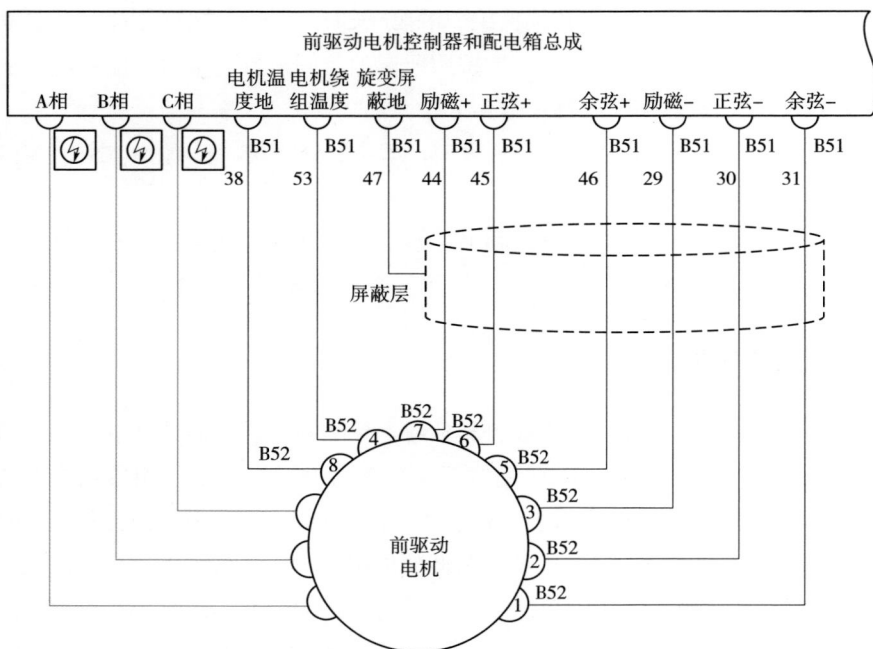

图 1-25　屏蔽线

　　比亚迪 e6、唐整车线束搭铁线为黑色，唐整车线束搭铁点分为前舱线束搭铁，地板线束搭铁，仪表线束搭铁，背门线束搭铁，前横梁线束搭铁。搭铁点接线通常用一个螺母或螺柱，将搭铁线直接连接到车体或金属部件上。为了方便维修，车辆的维修手册中给出了用于指示这些底线接线柱的位置示意图，如图 1-26 所示。搭铁使用线束代码加数字的形式表示，如图 1-27 所示，仪表板线束 31 号插头搭铁，用电设备自身搭铁用符号表示，其中 B 代表前舱、G 代表仪表板、K 代表地板、……

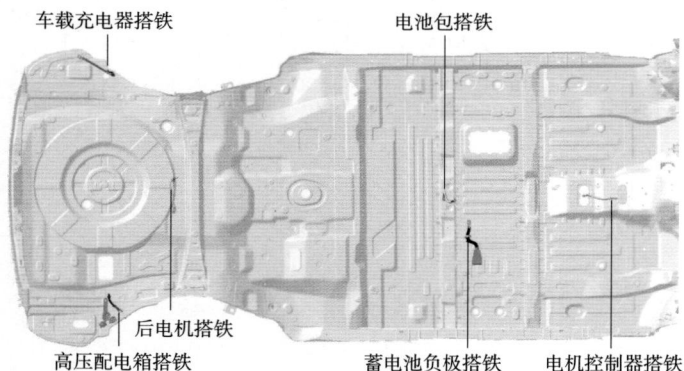

图 1-26　地板线束搭铁位置示意图

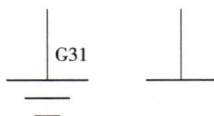

图 1-27　搭铁符号

　　检修电路时不应忽视搭铁线的检查，可以用万用表检查搭铁线和车身之间的阻值要小于 1 Ω，并且用手摇动搭铁线检查其是否松动。当搭铁不良时，如图 1-28 所示，可以拆下搭铁线的紧固螺栓，用粗砂纸对搭铁线、接触铜环、车身接触点进行打磨，彻底清理氧化物，重新拧紧紧固螺栓，安装搭铁线。

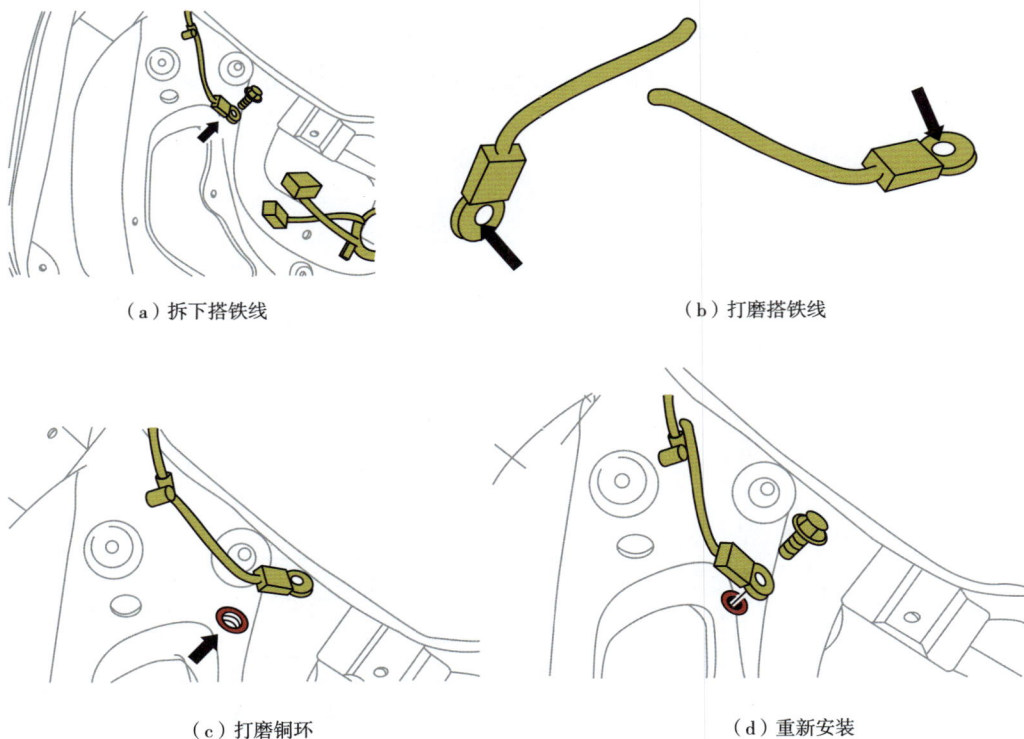

（a）拆下搭铁线　　　　　　　　　　　　　　　　　（b）打磨搭铁线

（c）打磨铜环　　　　　　　　　　　　　　　　　（d）重新安装

图 1-28　修复搭铁点

3. 保险丝编号规则

　　保险丝及熔断器，安装在电路中起保护作用。比亚迪汽车前舱配电盒附带的保险按相应位置编号为 F1/1、F1/2、……，如图 1-29 所示；仪表板配电盒附带的保险按相应位置编号为 F2/1、F2/2、……；地板线束外挂保险丝按相应位置为 FX/1、FX/2、……。

比亚迪 e5 有五个保险丝盒，位于前舱左侧靠近蓄电池的前舱配电盒，这里的保险丝按照 F1-X 编号，例如 F1/8 15A 是直流充电保险丝。仪表板配电盒在主驾驶位下方，靠近 OBD 诊断插座，这里的保险丝按照 F2-X 编号。2 号前舱配电盒靠近前舱左侧，靠近防火墙（前围板），这里的保险丝按照 F3-X 编号。2 号仪表板配电盒在副驾驶位储物盒下方，这里的保险丝 F4-X 编号。前舱正极保险盒子在低压电池靠近机舱位，这里的保险丝按照 F5-X 编号。

4. 继电器编号规则

前舱配电盒附带的继电器按相应位置编号为 K1-1、K1-2、……，如图 1-30 所示；仪表板配电盒附带的继电器按相应位置编号为 K2-1、K2-2、……；外挂继电器编号随对应的线束，如 KG-1、KG-2、……；控制模块内部不可拆卸继电器按相应顺序编号为 KI1-1、KI1-2、……。

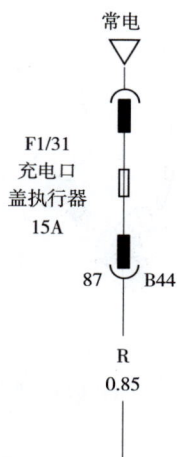

图 1-29　保险丝编号规则

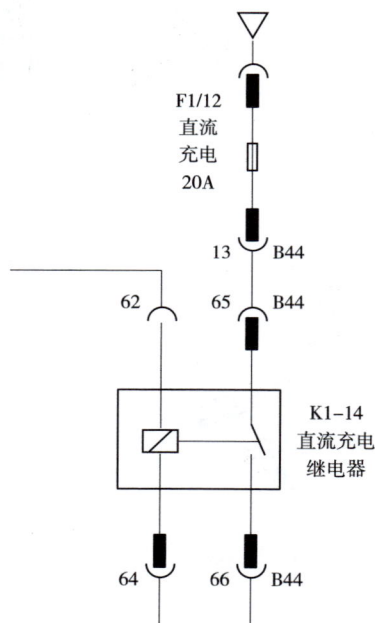

图 1-30　继电器编号规则

1.3.2　高压和低压关系

电动汽车是以低压电控单元 ECU 为中心，多个电控单元 ECU 协同工作的。因此可以将整个低压控制系统分解成一个个 ECU 单元电路进行控制原理分析。

如图 1-31 所示，ECU 都有电源电路，通常包括常电、IG 电、搭铁部分。ECU 和 ECU 之间都是通过车载网络进行通信，ECU 要正常工作都需要传感器和执行器，驾驶人的油门踏板位置、挡位控制、驾驶模式控制等输入，低压和高压传感器信号的输入，都是作为传感器信号提供给 ECU。ECU 处理信号后，计算决策后输出给执行机构，ECU 的输出作为控制信号，触发接触器、继电器、控制器等开关，让高压部件工作。电动汽车高压和机械部件的工作是受控于低压控制系统。

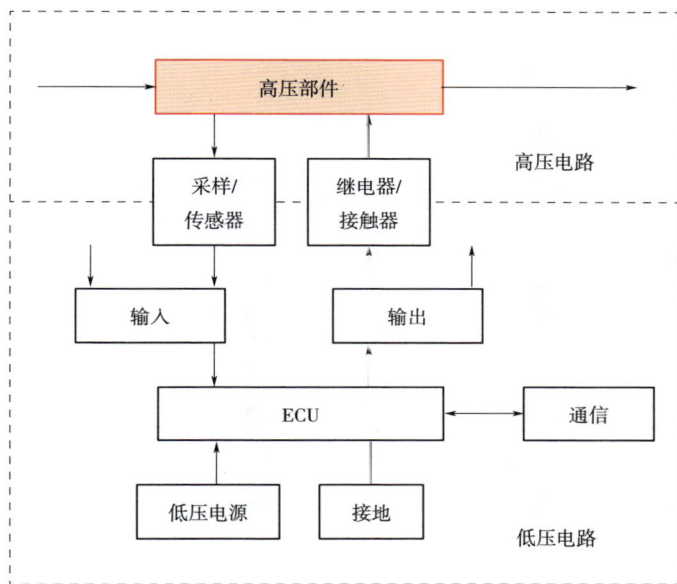

图 1-31　高压部分和低压部分的关系

1.3.3　比亚迪双路电的电路识图

双路电继电器控制"双路电"，在车辆充电时和车辆正常启动时，双路电继电器工作，给相关元件提供电源。查看维修手册中"继电器"部分，双路电继电器Ⅰ规格为 30 A，编号为 KG-1，双路电继电器Ⅱ规格为 30 A，编号为 K4-1，见表 1-1。

表 1-1　比亚迪 e5 继电器规格表（部分）

编号	K4-1	KG-1
规格	30 A	30 A
说明	双路电继电器Ⅱ	双路电继电器Ⅰ

　　如图 1-32 所示，BCM（车身管理器）控制 IG3 继电器线圈部分电源，IG3 继电器线圈直接搭铁，IG3 继电器线圈控制常电与 BMS（电池管理器）、驱动电机控制、整车控制器等电源接通。

　　如图 1-33 所示，双路继电器 2 控制常电与电子膨胀阀、电动压缩机、液位传感器等电源接通。

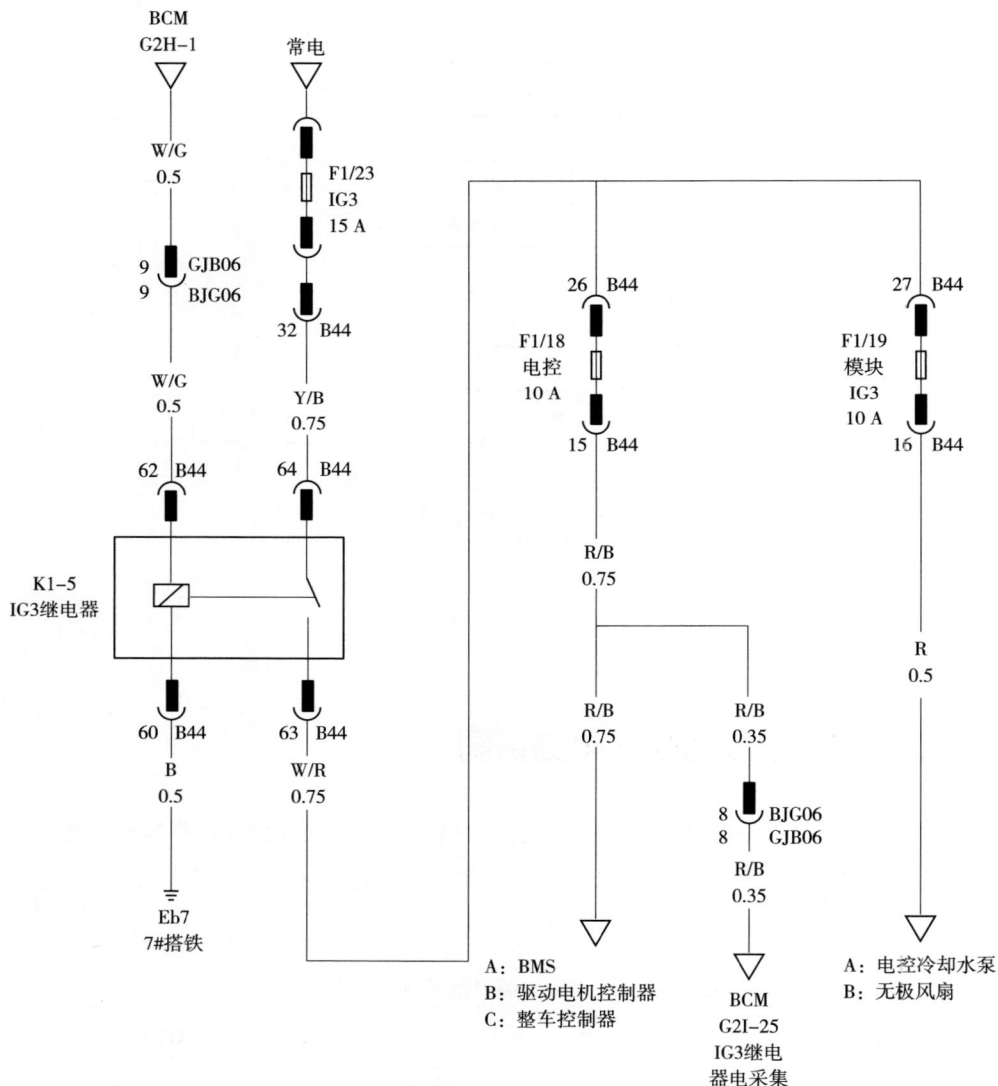

图 1-32　双路电继电器 I 控制电路

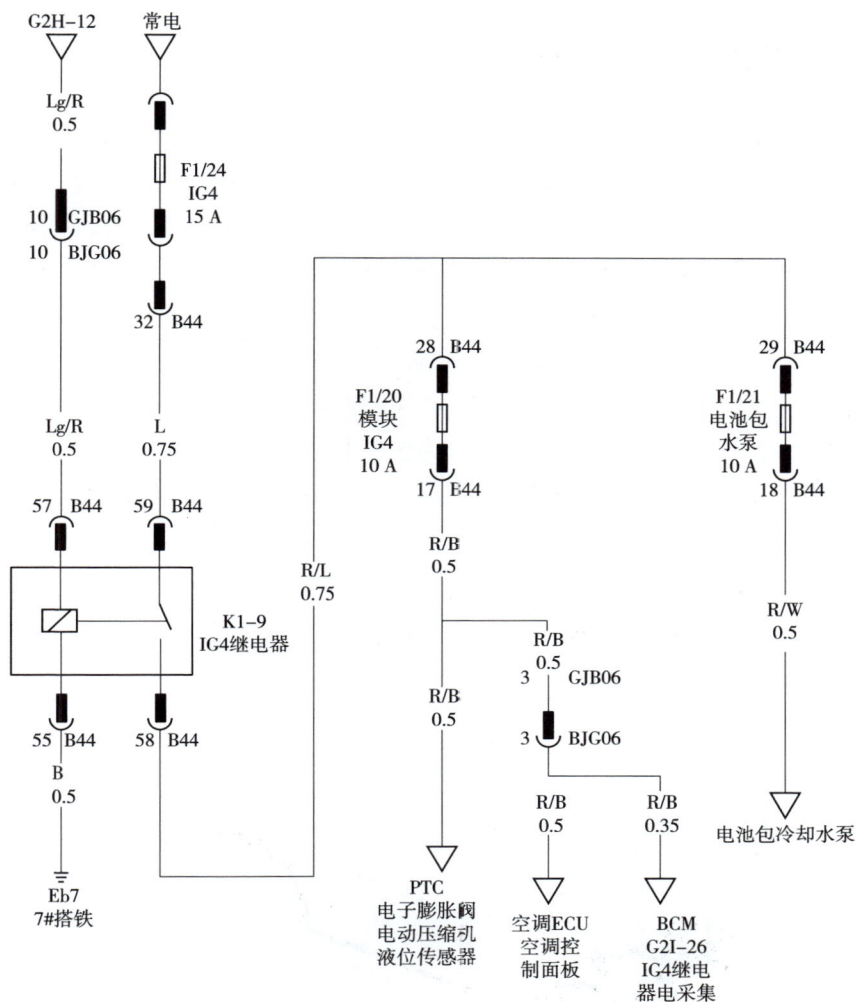

图 1-33　双路电继电器 Ⅱ 控制电路

技师经验： 一辆比亚迪唐 DM 有时无法用 EV 模式行驶，仪表提示"请检查动力系统"和"请检查充电系统"。使用诊断仪无法进入 DC-DC 直流转换器、BMS、BIC（电池信息采集器）、漏电传感器模块等，还报出多个通信故障码信息，推断是 BMS 等多个模块的保险丝或继电器或共用电路有故障，因为故障偶发，打算先检查继电器再检查其他电路，当检查双路电继电器时，发现继电器接触点偶发，将其更换后，故障排除。

1.3.4 吉利帝豪电路识图

以吉利帝豪 EV450 为例，其"维修电路图资料"包括电路识图说明，图标符合，诊断和维修方法说明，保险丝、继电器，线束及其连接器布置，接地点布置，电源分布图，系统电路图等。"线束及其连接器布"中"线束布置图"可以用来查找线束的走向，其动力线束和高压配电布置图如图 1-34 所示，通过该线束连接图，可以找到线束的具体位置。例如，需要查找或更换 BV20 直流充电插座线束连接器，通过该图，可以查找到 BV20 的具体位置，系统电路图如图 1-35 所示。

电路图册的线束连接器的编号规则以线束为基准，例如发电机线束中的发动机控制模块线束连接器编号为 CA08，其中 CA 为线束代码，08 为连接器序列号。CA 为发动机舱线束，BV 为动力线束，IP 为仪表线束，SO 底板线束，DR 为门线束，RF 为顶棚线束。

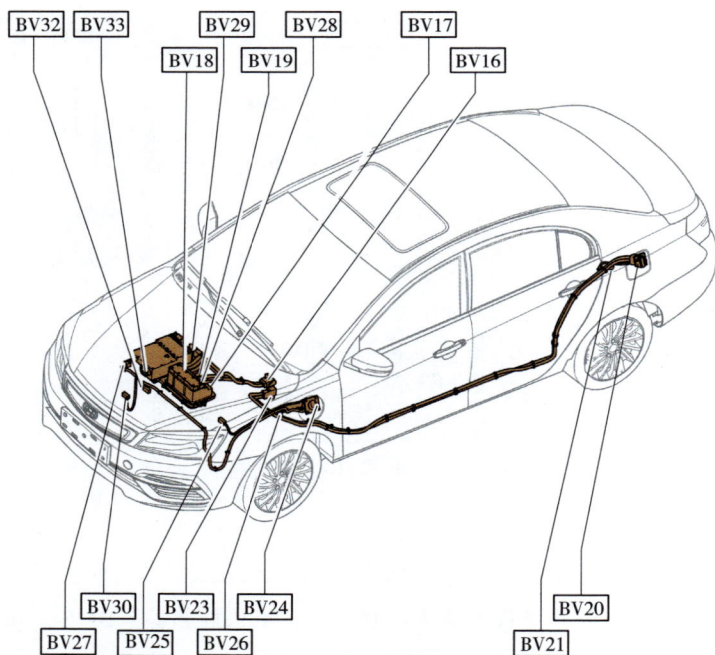

BV16—接动力电池线束连接器1；　BV17—接动力电池线束连接器2；　BV18—接电机控制器线束连接器1；
BV19—接驱动电机线束连接器；　BV20—直流充电插座线束连接器；　BV21—接低压线束连接器 直流1；
BV23—接动力电池线束连接器2；　BV24—交流充电插座线束连接器；　BV25—接低压线束连接器 交流 1；
BV26—接低压线束连接器 交流 1；　BV27—接车载充电机线束连接器；　BV28—接电机控制器线束连接器2；
BV29—接OBC分线盒线束连接器2；BV30—接电动压缩机线束连接器；　BV32—接PTC加热控制器线束连接器1；
BV33—接OBC分线盒线束连接器3

图 1-34　动力线束和高压配电布置图

PEU控制　——　系统名称

前机舱保险丝
继电器盒

B+

150 A AM02

保险丝编号

1　BV03　——　线束连接编号

电机　——　部件名称

U	V	W	屏蔽地	屏蔽地	REF−	RFF+
1　BV19	2　BV19	3　BV19	5　BV13	6　BV13	11　BV13	12　BV13

线束颜色 —— R

B　B　O　G

相连接的导
线节点

B

A

O　O　O　B

1　BV12	3　BV18	2　BV18	1　BV18	10　BV11	22　BV11	15　BV11
B+	U	V	W	屏蔽地	REF−	RFF+

电机控制器

PCAN−L　PCAN−H

21　BV11	20　BV11

屏蔽线

L/B　Gr/O

双绞线

PCAN−L　　PCAN−H　——　相关信息

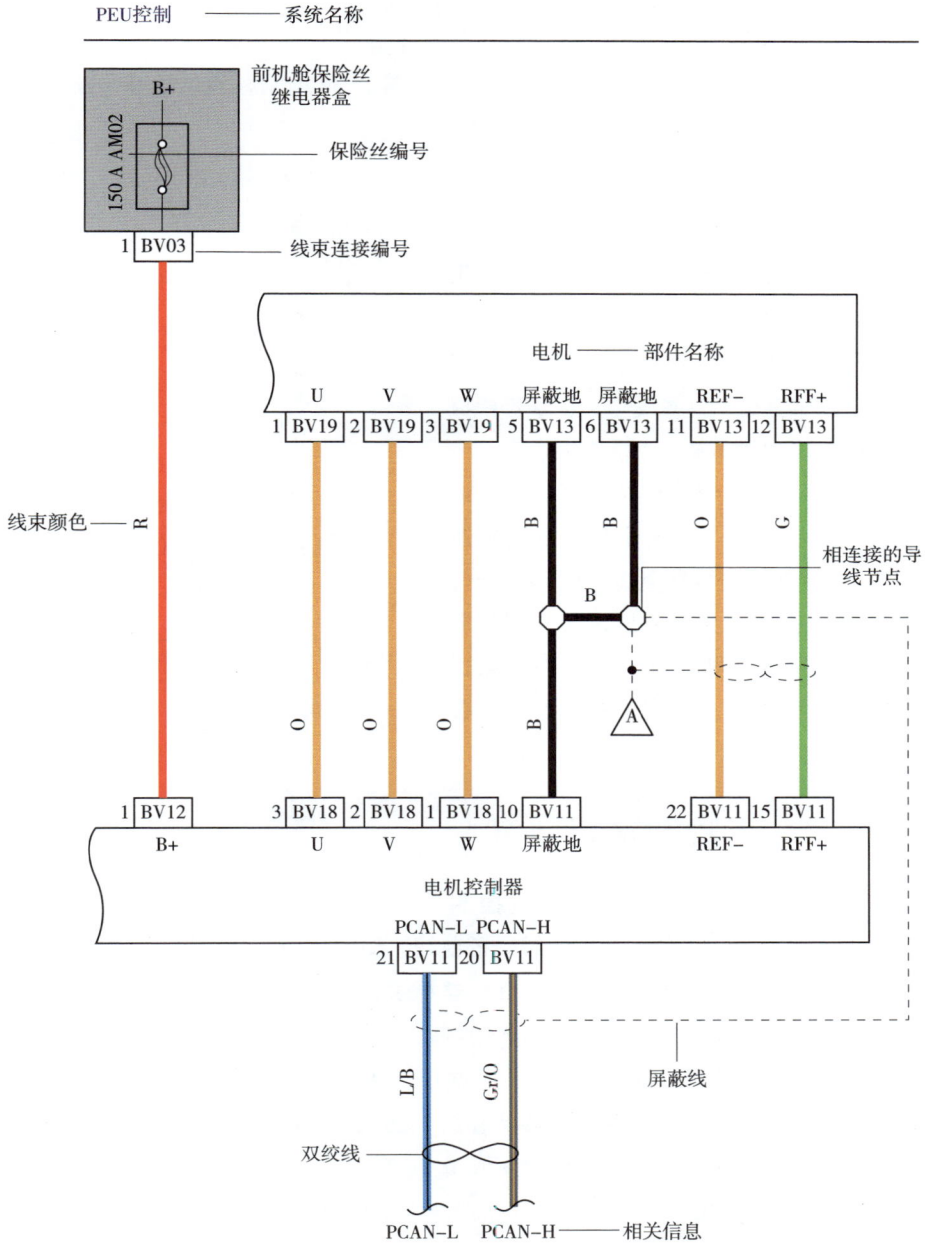

图 1-35　系统电路图（举例）

1.3.5 其他电动汽车电路识图举例

比亚迪 e5 引擎（发动机）音模拟器电路如图 1-36 所示，通过维修手册可以看到引擎音模拟器布置在防撞梁中间偏右的位置。

1. 引擎音模拟器的工作要求

熟悉元件的工作要求，更能判断元件工作是否正常。引擎音模拟器是声音警示装置，当车速小于 30 km/h 时，模拟发动机声音，用来提醒行人车辆靠近，注意安全。引擎音模拟器发出连续而均匀的声响，不能有振扰声。

车辆加速时，引擎音模拟器有加速声调的变化，车辆减速时，引擎音模拟器有减速音调的变化。当车辆速度达到 30 km/h 以上时，引擎音模拟器报警声为 0 分贝，当收到仪表关闭信号后，引擎音模拟器停止工作且发送关闭信号。当倒车时，发出倒车报警，报警声的声压级为一定值。

2. 引擎音模拟器电路图的识图

引擎音模拟器上带有可以通信的控制

图 1-36 引擎音模拟器

器，它上面连接四条线，分别是电源线、搭铁线、CAN-H 和 CAN-L。

引擎模拟器控制器的电源由 F2/16 保险丝提供，F2/16 保险丝是仪表板配电盒 16 号保险丝，其额定电流是 7.5 A，F2/16 描述的是"前舱 IG1"。电源逐步经过 F2/16 保险丝、B2B 连接器 7 号端子、B67 连接器 4 号端子，最后到引擎模拟器，B2B 连接器 7 号端子和 B67 连接器 4 号端子之间的导线线径为 0.35 mm，颜色为红色白条。 B2B 连接器第 1 个 B 代表前舱线束，2B 代表接仪表板配电盒 B。

引擎模拟器连接器 B67 的 3 号端子连接搭铁，搭铁点为 Eb7，查找维修手册或观察线束，可以找到具体的搭铁位置。

引擎模拟器连接器 B67 的 1 号（舒适网 CAN-H）、2 号（舒适网 CAN-L）端子分别通过 B2A 连接器 6 号、8 号端子连接到仪表配电盒。

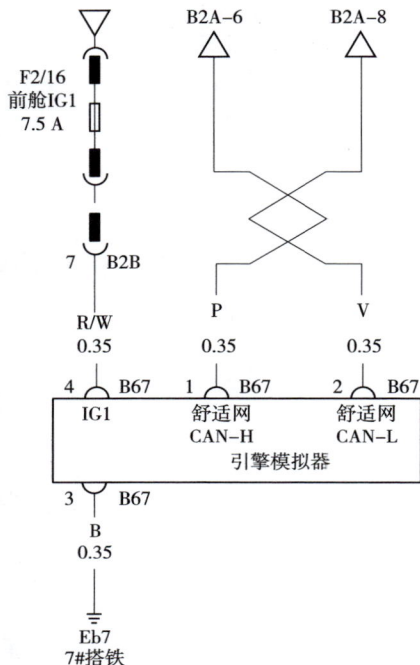

1.4 维修高压部分的安全防护

维修电动汽车的危险系数很高，不正规的操作可能会引起灼伤、火灾、电火花、爆炸、有毒气体等事故。电动汽车的蓄电池通常是用低电压蓄电池进行串联，以获得 300~400 V 的高电压，再转换成三相交流电，有些车型的高电压系统电压可达到 650 V 以上，因此在维修过程中必须对高压电进行防护。

1.4.1　维修场地的安全准备

（1）维修场地要求通风、干燥，地面整洁无水迹、油迹。

（2）维修工位应准备干粉灭火器或其他适合的灭火器材。电动汽车燃烧时不能用水来灭火，蓄电池的燃烧，用水起不到灭火作用。注意：要检查灭火器是否失效。

（3）维系工位应铺设绝缘胶垫。

（4）在维修工位外明显的位置，放上类似图 1-37 所示的安全警示牌。

图 1-37　安全警示牌

1.4.2　维修人员的个人防护

（1）操作人员上岗不得佩戴金属饰物，例如不能佩戴手表、戒指等。

（2）操作人员必须佩戴必要的防护用品，如绝缘手套（见图 1-38）、绝缘鞋、绝缘帽（见图 1-39）等，其电压等级必须大于需要测量的最高电压，通常要求高于 1 kV（千伏）。

图 1-38　绝缘手套　　　　　　图 1-39　安全帽

如图 1-40 所示，在佩戴防护用品前，需要对绝缘手套、安全帽、绝缘鞋的电压等级及完好情况进行检查。检查绝缘手套时可拉直开口，将其边卷 2~3 次，折叠开口以密闭手套，听绝缘手套是否漏气。

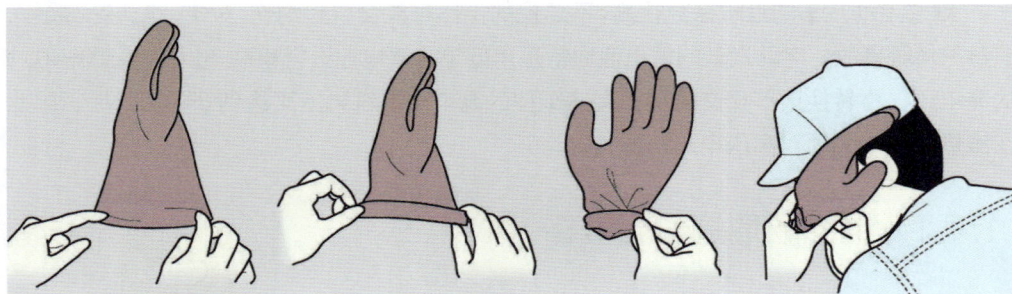

图 1-40　检查绝缘手套

注意： 用绝缘手套，不能抓拿表面尖利、带刺的物品，以免损伤绝缘手套。

（3）高压电池有高碱性电解液，不要徒手接触电池，需要佩戴防酸碱性的手套。

（4）出现触电事故，应该立即切断电源，拨打求助电话，并开展急救，建议维修等人员经常演练。

（5）拆卸动力电池时，尤其是拆卸存在泄漏的动力电池时，要佩戴防酸、碱的防护面罩，如图 1-41 所示。

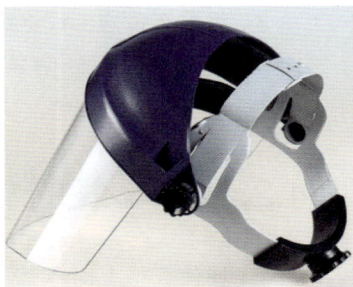

图 1-41　防护面罩

1.4.3　维修过程的安全作业

（1）所有橙色的电缆都带有危及生命安全的高电压，汽车上高压元件都有危险标志，维修高压元件要注意高压防护，如图 1-42 和图 1-43 所示。

不能直接对高电压元件喷水或者采用高压清洗液冲洗，不能在高电压连接线上使用机油、油脂、接触喷雾等。

在高电压带电部件附近作业前，必须先将系统断电，在断电后，要防止电气系统（高压系统）无意间或意外重新通电。在焊接、使用材料切割工具或者锋利工具作业之前，必须先将系统断电。所有断开的高电压连接线，如果时间较长，必须采用防尘和防潮措施。

（2）整车高压上电，必须两人以上进行，一人操作、一人监护。

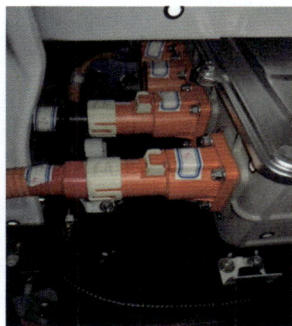

图 1-42　高压线束

图 1-43　危险标志

（3）在调试或维修过程中，如需要对高压部件进行移除或安装，在操作前必须测量部件输入/输出高压接口端的电压，以及高压接口中正负极端子分别对车身地的电压，确保无电压的情况下方可进行操作。

（4）拆卸或检测高压元件前，将点火开关置于 OFF 挡，断开 12 V 蓄电池，戴上高压防护手套，拔下紧急维修开关（有的车称为服务插销），如图 1-44 所示，自己保管好车钥匙和维修开关。

（5）拆卸的动力电池要远离水，否则引起短路产生热可能导致火灾。

（6）为防止意外触电，每次测量时只能用一只手握住表笔线或车的地线。

（7）使用的万用表一根表笔线上配备绝缘鳄鱼钳（要求耐压为 3 kV，过电流能力大于 5 A），如图 1-45 所示，测量时先把鳄鱼钳夹到电路的一个端子，然后用另一只表笔接到需测量端子测量读数。每次测量时只能用一只手握住表笔；测量过程中，严禁触摸表笔金属部分。

（8）高压系统直流电压的检测。维修人员戴好安全防护用品，万用表打到直流750 V 或 1 000 V 挡位，单手操作将红色表笔连接电池组正极，黑色表笔连接搭铁（可以使用鳄鱼钳），此时万用表应显示动力电池的实际电压值，如图 1-46 所示。

图 1-44　紧急维修开关

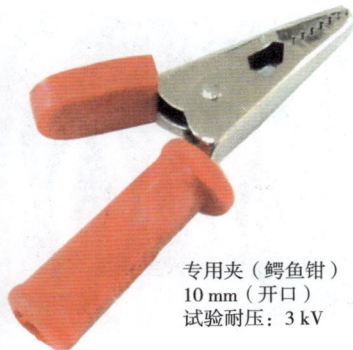

专用夹（鳄鱼钳）
10 mm（开口）
试验耐压：3 kV

图 1-45　专用的鳄鱼钳

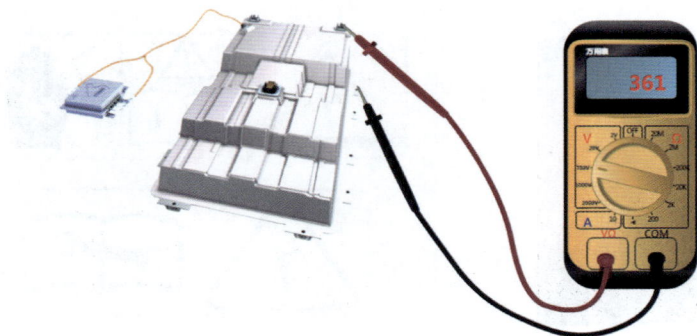

图 1-46　检查直流电压

（9）充电的注意事项。要查看确保充电接口干爽或没有其他杂物，否则充电时可能造成短路或电击，甚至引起火灾，造成严重的人身伤害。

为避免着火或电击，严禁使用外加线。在充电过程中可能会产生电弧，请勿将充电枪暴露于易燃气体中，以免发生危险。严禁将充电枪放在水里或雨雪中，用湿手插拔插头会造成严重的人身伤害。

充电前先插供电插头，待指示灯正常点亮后，再插充电枪；充电完成或停止充电，先拔充电枪，再拔供电插座，避免供电插座处出现拉弧的情况。

1.4.4　高压维修设备的使用

1. 测量量具的要求

所有测量量具必须适用于高电压系统，维修高压元件也应该使用绝缘工具，如图 1-47 所示，必须使用电动汽车维修专用尖嘴钳、专用螺丝刀等工具，这样才能确保检修过程中的人身和设备安全。

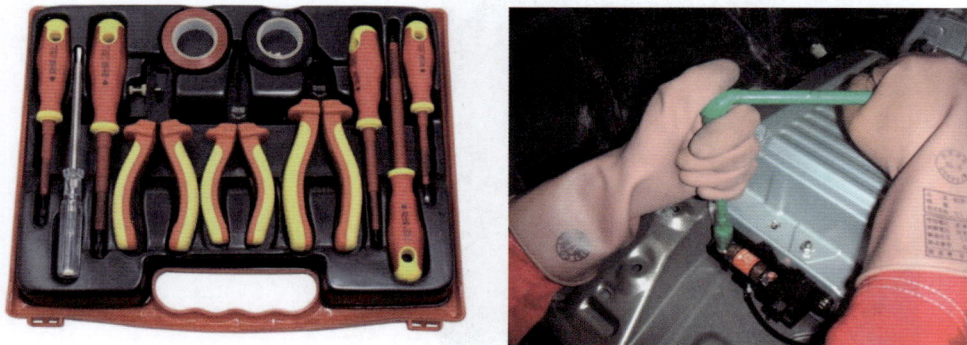

图 1-47　维修高压元件的部分工具和使用

2. 数字兆欧表的使用方法

数字兆欧表的结构如图 1-48 所示，兆欧表的连接线接法要正确，L（LINE）接在被测物和大地绝缘的导体部分，E（EARTH）接被测物的外壳或大地，G 接在被测物的屏蔽上或不需要测量的部分。测量绝缘电阻时，红色表笔连接 L，黑色表笔连接 E。测量电压时，红色表笔连接 V，黑色表笔连接 G。

（1）使用数字兆欧表前，检查数字兆欧表的外部，不能潮湿、有油迹，不能出现明显的损坏。

（2）对数字兆欧表做开路、短路试验，检查万用表显示是不是无穷大或小于 1 Ω。

（3）测量前必须将被测设备电源切断，并对地短路放电。绝不能让设备带电进行测量，以保证人身和设备的安全。对可能感应出高压电的设备，必须消除这种可能性后，才能进行测量。

（4）测量时可以在表笔上接上鳄鱼钳，再按下"TEST"按钮，设备显示"Err"表明有严重漏电，测量绝缘阻值时，其阻值应大于 20 MΩ。

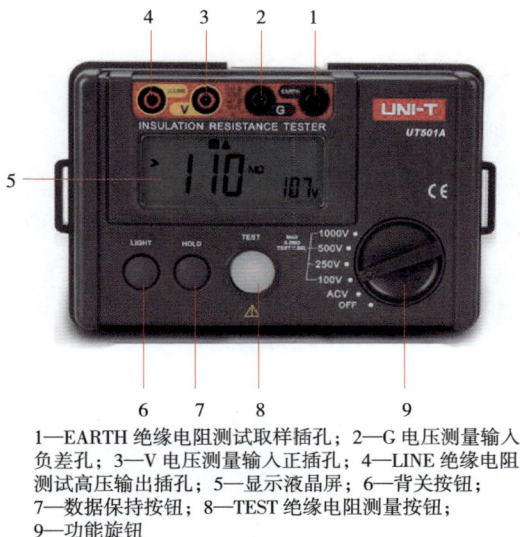

1—EARTH 绝缘电阻测试取样插孔；2—G 电压测量输入
负差孔；3—V 电压测量输入正插孔；4—LINE 绝缘电阻
测试高压输出插孔；5—显示液晶屏；6—背关按钮；
7—数据保持按钮；8—TEST 绝缘电阻测量按钮；
9—功能旋钮

图 1-48　数字兆欧表

第2章
动力电池管理系统电路识图和维修案例解析

动力电池管理系统较为复杂，诊断和维修动力电池管理系统故障前，需要读懂动力电池管理系统的电路图。动力电池需要在特定的温度下工作，所以需要电池冷却系统。熟悉动力电池管理系统的维修案例，有利于实际维修时顺利排除动力电池故障。

2.1 动力电池管理系统电路识图

动力电池管理系统主要是通过电控单元对内部温度信号、电压信号、电流信号、碰撞保护信号、紧急维修开关信号、漏电传感器信号等进行监控和处理，然后根据电控单元内部储存的数据信息对接触器进行控制，实现电池充电、输出等功能。

2.1.1 动力电池管理系统的功能

电源管理系统包括动力电池管理系统、交流充电系统、直流充电系统、电池冷却系统等。

纯电动汽车动力电池通常位于汽车底部，由若干个单体电池、电池模组连接片、连接电缆等组成。例如，比亚迪 e6 动力电池总成位于汽车底部，每个单体电池是 3.3 V，一共 96 个单体电池，电池包标称电压为 316.8 V，容量 200 Ah（安小时），一次充电63 度。

动力电池管理系统是为了保护动力电池的电力性能，合理地使用和管理电池组的电能，为电动汽车驾驶人提供和显示动力电池组的动态变化参数等，是电动汽车节能、减排和延长电动汽车续航里程的一个重要的管理机构。它的功能可以概括为：建立电池模型、数据检测及采集、能量管理、状态估算、热量管理、数据处理与通信、数据显示、安全管理。

（1）建立电池模型。描述电池参数的动态变化规律，用数学方程表达，用于动力电池系统仿真。

（2）数据检测及采集。包括集中式或分布式检测装置，用于单体电池电压、电流和动力电池组总体电压、总电流的检测及采集，控制均衡充电策略。

（3）能量管理。根据电池的电压、电流和荷电状态控制电池的充放电，防止过充电和过放电。

（4）状态估算。根据动力电池荷电状态和 SOH（健康状态）的算法，估算电池寿命（衰减）状态。

（5）热量管理。冷却系统和冷却装置（包括风扇或冷却液泵）的检测和控制。

（6）数据处理与通信。单体电池采用串行通信接口，整车管理系统采用 CAN 总线。

（7）数据显示。动力电池组实现对电压、电流、剩余电量、温度等数据的显示和故障报警。

（8）安全管理。动力电池组过充电、过放电、过电压、过电流、高温等危险状态自动切断电流及报警。

技师经验 1： 一辆比亚迪元 EV，该车无法上 OK 电，仪表显示 EV 功能受限。读取 BMS 系统故障码为 P1A1000：BIC5 电压采样异常故障，再读 BMS 数据流发现 66 号电池电压采样状态异常，66 节均衡状态为 0。检查 BMS 电源电路和通信电路正常。更换动力电池，故障排除。

技师经验 2： 一辆北汽 EX360 续航里程少了将近 50 km，续航里程少的主要原因是由于单个电池温度高、电池内部损坏、电池组间压差大等未能充满电。连接诊断仪，没有发现异常的故障信息。拆卸电池，发现 3 号模组电池电压 4.01 V，低于其他模组 0.1 V 左右，对其单独补充充电，重新安装动力电池。试车，故障排除。

2.1.2　温度信号电路识图

　　每个动力电池控制单元有很多个采集系统，采集系统用于监测单体电池或单体电池组的电压、温度信息并上报给 BMS，采集系统还能根据 BMS 的指令执行单体电压均衡。

　　动力电池包单体电池采用温度采样线采集单体电池的温度信号，通常是采用 NTC（负温度系数电阻）来采样，如图 2-1 所示，温度采样线和电压采样线不同，温度采样有两条线，一条是信号线，另一条是搭铁线。

如图 2-2 所示，温度采样信号线将采集到的信号传输给 BMS 或信息采集器，有的维修手册中没有温度采集器相关的电路，其信号是电池包通过 CAN 线传输给 BMS。

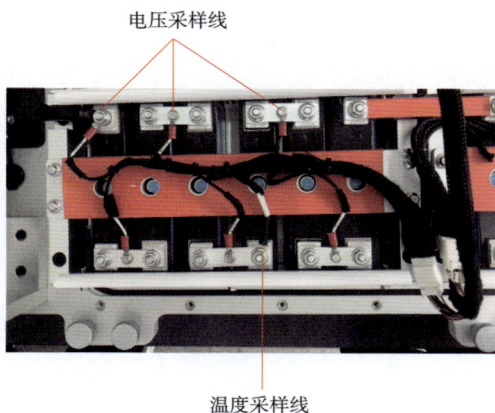

图 2-1　动力电池模组的采样线

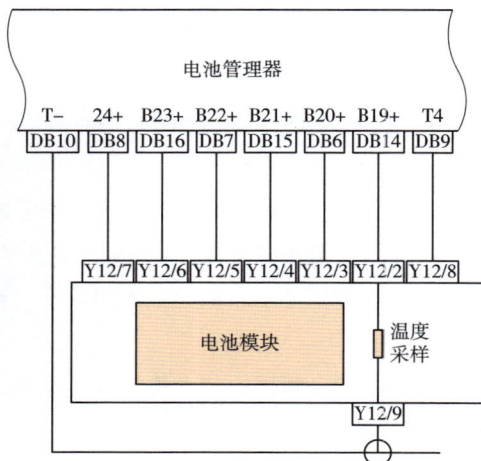

图 2-2　动力电池模组的采样线

电芯的温度范围在 0℃~55℃才可以充电，当温度点高于 55℃或低于 0℃时，电池管理系统将自动切断充电回路，此时将无法充电。

（1）充电状态下，如果电池组过热一般报警，即电池温度最大值为 65℃≤T＜70℃，电池管理系统会：充电设备降低当前充电电流；大功率设备（驱动电机、空调压缩机和 PTC）降低当前电流；仪表显示报警信息。

（2）充电状态下，如果电池组过热严重报警，即电池温度最大值为 T≥70℃，电池管理系统会：充电设备关断充电，直到清除报警；大功率设备停止用电；延迟一定时间切断主接触器、负极接触器；仪表灯亮；仪表显示报警信息。

（3）充放电状态下，电池组低温一般报警，即电池温度最小值为 -20℃≤T＜-10℃，电池管理系统会限功率充电；仪表显示报警信息。

（4）充放电状态下，电池组严重低温报警，即电池温度最小值为 T＜-20℃，电池管理系统会限功率充电；仪表显示报警信息。

有的动力电池带有加热系统，在充电前检测箱体内部温度，若有低于 0℃的温度点，启动加热模式：闭合加热片，进行加热内循环，待所有电芯温度点高于 5℃，停止加热，启动充电程序，过程中出现加热片温度差高于 20℃，则间歇停止加热，待加热片温度差低于 15℃，则重启加热片。加热过程中，正常情况下充电桩电流显示为 4 A~6 A。

技师经验： 一辆比亚迪唐 DM，偶发 EV 功能受限，BMS 报 1~9BIC 工作异常，部分 BIC 报电压和温度采样异常。检查插件、正极、搭铁、通信线正常，更换电池包后故障排除。

2.1.3 电压信号电路识图

如图 2-3 所示，电池管理系统通过 CAN 线采集单节电池电压信号，监控电池放电和充电时单节电池电压，进行如下控制。

（1）放电状态时，如果单节电池电压一般过低，即单体电池 2.5 V＜U＜2.75 V（标准值为 3.3 V），电池管理系统通过 CAN 和相关系统让大功率设备（电机、空调压缩机和 PTC）降低当前电流，限功率工作；仪表显示报警信息；电压低于 2.5 V 时，SOC 显示为 0。

（2）放电状态时，如果单节电池电压严重过低，即单体电池 U≤2.5 V，电池管理系统通过 CAN 和相关系统让大功率设备（主电机、空调压缩机和 PTC）停止放电；延迟一定时间切断主接触器，断开负极接触器；仪表灯亮；仪表显示报警信息。

（3）充电状态时，如果单节电池电压一般过高，即单体电池 3.8 V≤U＜3.9 V，电池管理系统禁止动力电池进行充电，仪表显示报警信息，电压达到一定值时，SOC 修正为 100，电机能量回馈禁止。

（4）充电状态时，如果单节电池电压过高严重，即单体电池 U≥3.9 V，电池管理系统延迟一定时间，断开充电接触器，断开负极接触器，禁止充电；仪表灯亮；仪表显示报警信息。

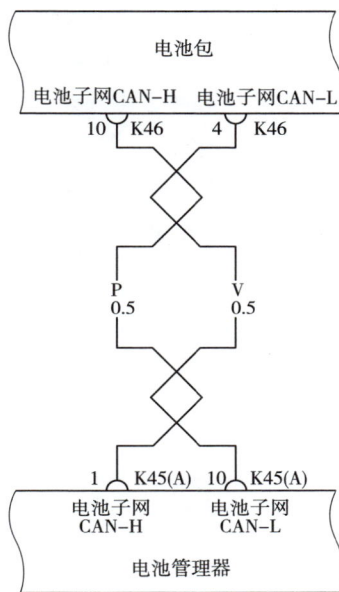

图 2-3　电池管理器和电池包通信线

技师经验： 混合动力汽车在 EV（纯电）模式下，通常当 SOC 值降到 5% 时，强制进入 HEV（混合）模式，起动发动机，这样能有效保护动力电池，不会造成亏电。如果发动机存在不能起动的故障，则会在 SOC 值降到 5% 时，无法起动发动机。

2.1.4 电流信号电路识图

霍尔传感器的工作原理如图 2-4 所示，在半导体薄片两端通以控制电流 I，并在薄片的垂直方向施加磁感应强度为 B 的匀强磁场，则在垂直于电流和磁场的方向上，将产生电势差为 U_H 的霍尔电压。

如图 2-5 和图 2-6 所示，电流霍尔传感器通常安装在高压配电箱内，它可以感应的动力电池正极线上的电流。电流霍尔传感器有三条接线，分别是电流霍尔 +15 V 电源，电流霍尔 -15 V 电源，电流霍尔信号，为防止信号干扰，电流霍尔传感器需要安装屏蔽线。

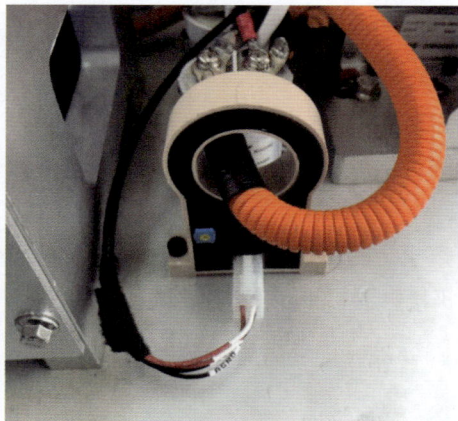

图 2-4　霍尔传感器原理

BMS 监控电流霍尔传感器信号，当电流过大时，BMS 会做出如下策略。

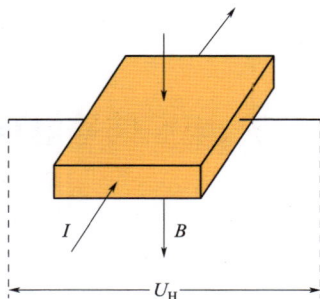

图 2-5　电流霍尔传感器

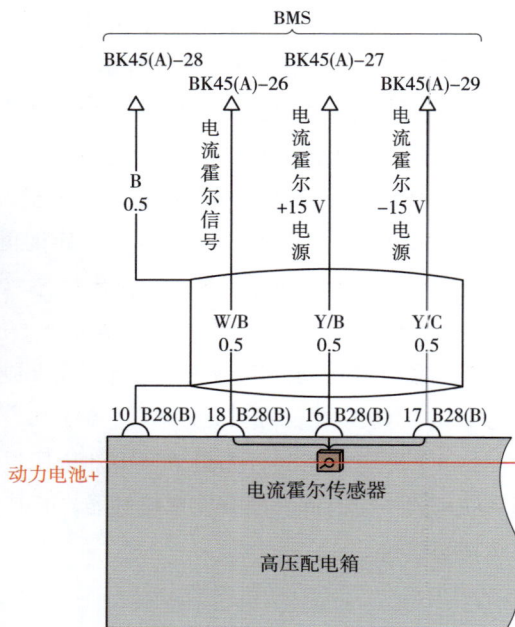

图 2-6　电流霍尔传感器

（1）电池放电时，电流过大，$I \geq 360$ A，则电池管理系统过流报警，要求大功率用电设备（电机、空调压缩机和 PTC）降低电流，限功率工作；如果在过流报警发出后，电流依然在过流状态并持续 10 s，断开主接触器，禁止放电。

（2）电池充电时，电流过大，$I \geqslant 100\ A$，则电池管理系统过流报警，电流在过流状态持续 10 s，断开充电接触器，禁止充电。

（3）回馈充电电流过大时，$I \geqslant 100\ A$，则电池管理系统过流报警，并要求电机控制器限制回馈充电电流；如果发出过流报警后，电流依然处于过流状态并持续 10 s，断开主接触器。

> **技师经验：** 一辆比亚迪唐 DM 行驶一段时间后，仪表显示 SOC 为 100%，明显 SOC 显示值为异常。在充电时，组合仪表显示充电功率也异常。SOC 值 BMS 根据霍尔电流传感器计算处理的值，检查出霍尔电流传感器在高压配电箱处的针脚松动，修复后故障排除。

2.1.5　碰撞保护信号电路识图

新能源车有碰撞断高压保护功能。如图 2-7 所示，在充电、放电状态下，电池管理器接收安全气囊系统的碰撞信号后，立即断开主接触器、分压接触器。当车辆发生碰撞时，动力电池管理器检测到碰撞信号大于一定阈值时，会切断高压系统主回路的电气连接，同时通知驱动电机控制器激活主动泄放，从而使发生碰撞时的短路危险、人员电击危险降到最低。

> **技师经验：** 一辆比亚迪唐 DM 车有时 EV 模式行驶时，仪表会提示 EV 功能受限，自动切换至 HEV 模式行驶车速不超过 60 km/h。查找故障信息"整车控制器报高压系统故障，BMS 放电不允许"，再现故障时，进入 BMS，发现"气囊 ECU 碰撞报警"，检查发现 BMS 至气囊 ECU 的碰撞信号线端子有锈蚀，修复此端子后，故障排除。

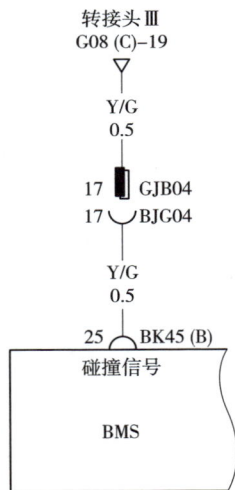

转接头 Ⅲ
G08 (C)-19

Y/G
0.5

17 GJB04
17 BJG04

Y/G
0.5

25 BK45 (B)
碰撞信号

BMS

图 2-7　BMS 碰撞信号电路

2.1.6　紧急维修开关电路电路识图

在维修电动汽车时，为防止高压触电，可以拔下高压电池组上红色的紧急维修开关，如图 2-8 所示。但紧急维修开关拔下后，由专职监护人员保管，并确保在维修过程中不会有人将其插到高压配电箱上。

紧急维修开关电路如图2-9所示，紧急维修开关连接动力电池组Ⅰ和电动电池Ⅱ，当紧急开关断开后，切断了从高压电控总成到各个高压用电设备的电源，但是并不能切断动力电池包到高压配电箱的电源。

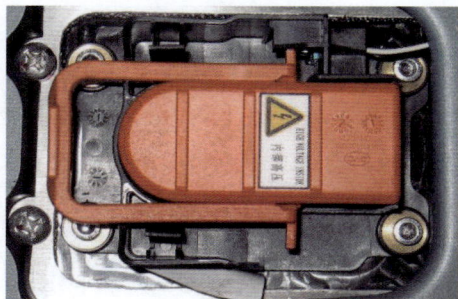

图 2-8 紧急维修开关

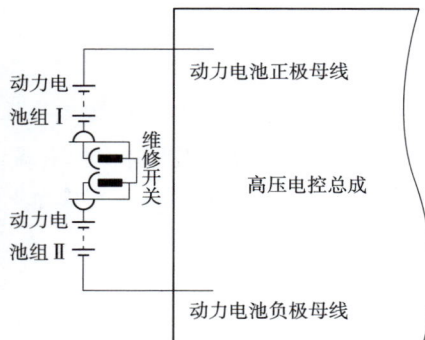

图 2-9 维修开关电路

当需要维修或更换高压配电箱时，应小心拔出连接动力电池包的电缆正、负极高压接插件，使用绝缘胶带包好裸露出的桩头，避免触电。

为了避免发生触电事故，除了车辆上设置紧急维修开关，有的车辆上还在整车控制器上设置了紧急下电处理程序，整车控制器可以向高压电池组发送紧急下电指令，广汽埃安紧急下电电路如图2-10所示。

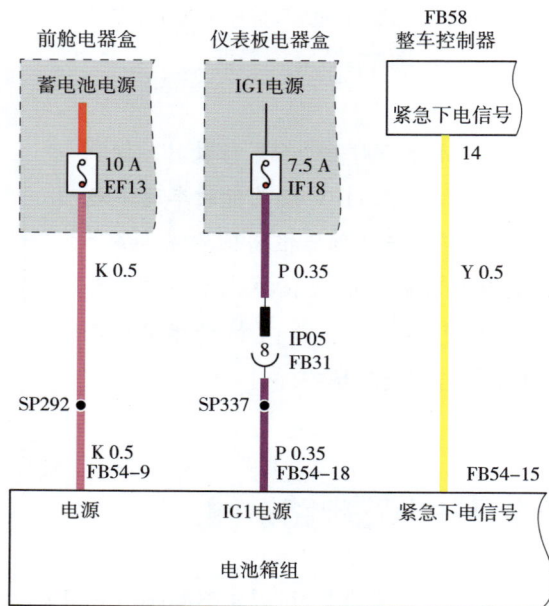

图 2-10 广汽埃安紧急下电电路

维修开关相当于一个大保险，检测时，可以测量维修开关导通性，正常维修开关应该为导通状态，如果维修开关不导通，可以确认维修开关故障。

2.1.7　漏电传感器的电路识图

1. 漏电传感器的功能

漏电传感器安装在高压电控总成内，如图 2-11 所示，主要由漏电传感器控制盒、动力电池直流母线、漏电传感器低压线路组成。漏电传感器含有 CAN 通信功能，主要监测与动力电池输出相连接的正极或负极母线与车身底盘之间的绝缘电阻判定高压系统是否存在漏电，漏电传感器将漏电数据信息通过 CAN 信号发送给电池管理器，采取相应保护措施，见表 2-1。

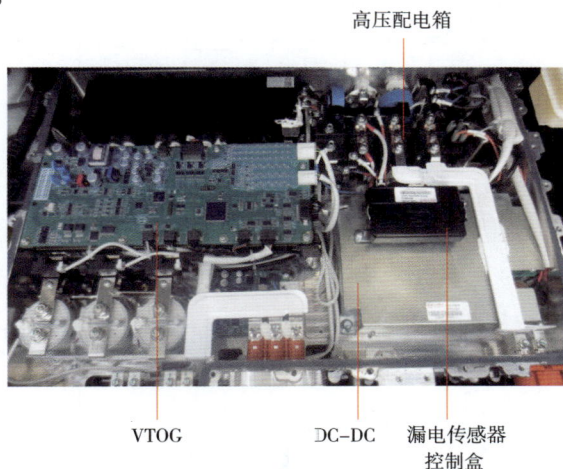

图 2-11　漏电传感器

表 2-1　比亚迪 e5 车型的绝缘阻值 R 检测标准

R（Ω/V）	漏电状态		措　　施
$R > 500$	正常		无
$100 < R < 500$	一般漏电报警		记录保存故障码，此时仪表灯亮，报动力系统故障
$R \leqslant 100$	严重漏电报警	行车中	仪表灯亮，断开主接触器、分压接触器、电池包内接触器和负极接触器
		停车中	禁止上电；仪表灯亮，报动力系统故障
		充电中	断开交流充电接触器、分压接触器、电池包内接触器和负极接触器；仪表灯亮，报动力系统故障

2. 漏电传感器工作原理

漏电传感器通过霍尔式平衡原理监测负载电路中的电流变化。如图 2-12 所示，从电池包流出的电流 I_+，流经直流全部负载后，返回负极直流电路 I_-，当漏电支路没有接地电路时，"I_+" 等于 "I_-"。漏电传感器不输入漏电信号给电池管理器，电池组正常工作。

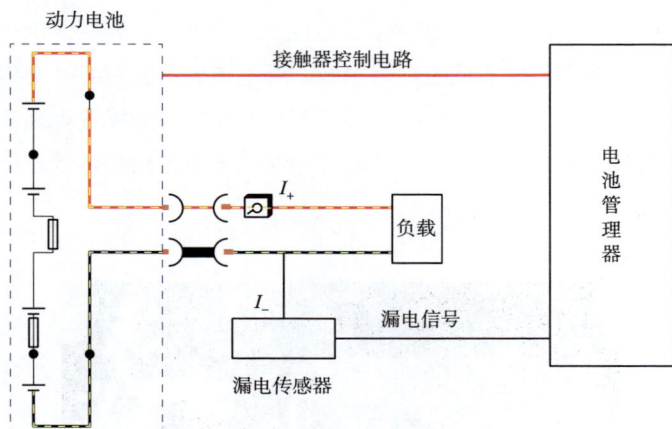

（a）不漏电

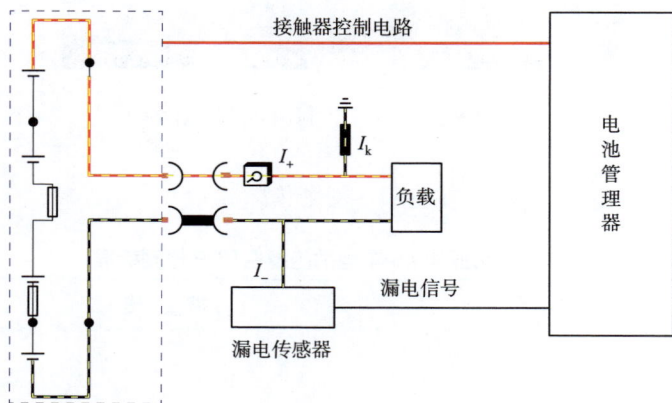

（b）漏电

图 2-12　漏电传感器检测原理

而当发生接地故障时，假设接在正极母线上的支路经电阻 R 接地，接地电流为 I_R，则 I_+ 等于 I_- 与 I_R 的和，流经传感器的电流大小不等，传感器输出一个反映该差值 I_R 大小和方向的信号。据此判断出接地电阻的大小和接地支路的极性。

3. 漏电传感器的电路

漏电传感器电路如图 2-13 所示，它连接一个 2 pin 和一个 12 pin 两个低压接插件，2 pin 高压接插件，1 号脚是漏电检测端，它连接电池包正极，2 号脚是自检端，连接电池包正极。3 号脚是 CAN-L，4 号脚是严重漏电，5 号脚是 GND（接地），6 号脚是双路电电源，9 号脚是 CAN-H，10 号脚是一般漏电，12 号脚是 GND（接地）。

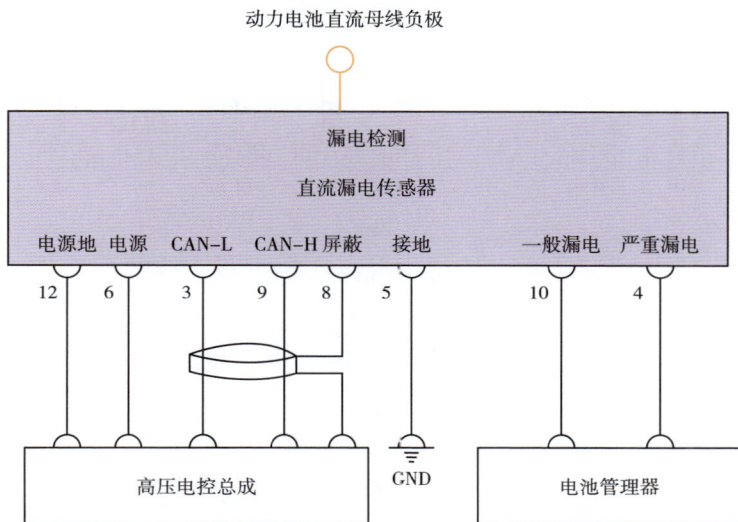

图 2-13　漏电传感器电路

4. 漏电传感器的诊断

电动汽车高压部分漏电会使动力电池剩余电量（SOC）下降很快；电池管理器会报出"严重漏电"等相关的故障代码；混合动力汽车还会因为高压部件漏电而停止使用纯电功能，仪表会报出"EV 功能受限"类似故障提示。

当出现严重漏电故障时，我们通过诊断仪表查看是 ON 挡漏电，还是车辆上电以后漏电，在 ON 挡时，高压元件工作的部分主要是动力电池，车辆上电以后，高压元件基本上都工作。

当车辆是上 OK 电后才漏电，可以使用排除法，依次检查空调电动压缩机、PTC、车载充电器、前后电机、前后电机控制器等绝缘电阻，通常绝缘电阻大于 1 MΩ（兆欧）即为正常。

当出现"高压继电器闭合的前提下，绝缘故障"，"高压继电器断开的前提下，绝缘故障（严重）"等故障时，可以按以下的检查步骤检修。

步骤 1 关闭点火开关，断开蓄电池负极电缆（使用胶布包裹），断开直流母线。

步骤 2 如图 2-14 所示，断开动力电池高压线束连接器 BV16，等待 5 分钟使静电电压下降。

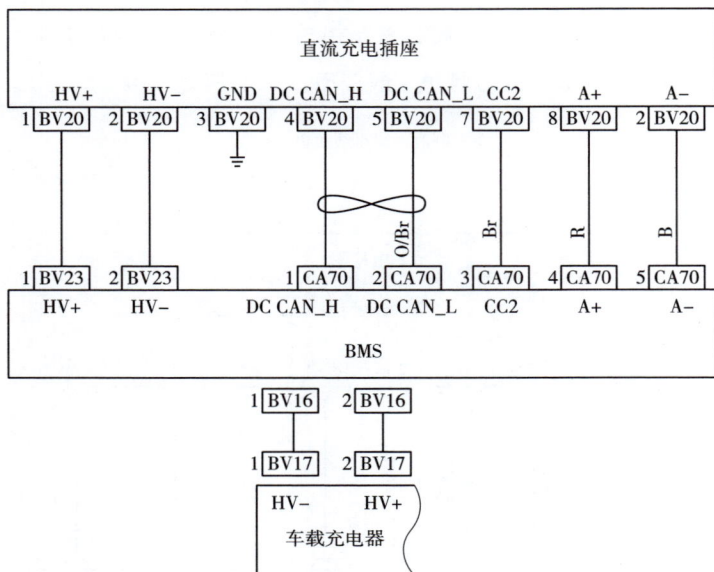

图 2-14 高压线束相关电路

步骤 3 戴上绝缘手套，用万用表检查 BV16 端子 1 和端子 2 之间的电压，电压值应该小于或等于 5 V，否则继续等待。

步骤 4 检查动力电池供电绝缘阻值。将高压绝缘检测仪的挡位调到 1 000 V，用高压绝缘检测仪测量动力电池高压线束连接器 BV16 的 1 号端子与车身接地之间的电阻不小于 20 MΩ。再检查 BV16 的 2 号端子与车身接地之间的电阻不小于 20 MΩ，否则修理或更换高压线束。

步骤 5 检测动力电池充电线路绝缘阻值。用高压绝缘检测仪测量动力电池高压线束连接器 BV23 的 1 号端子与车身接地之间的电阻不小于 20 MΩ。再检查 BV23 的 2 号端子与车身接地之间的电阻不小于 20 MΩ，否则修理或更换高压线束。

技师经验： 一辆比亚迪元 EV 轿车，上电后仪表提示"EV 功能受限"，空调不制冷，动力受限。读取电池管理器故障码为严重漏电故障，检查电动压缩机、PTC、电机控制器等都正常，怀疑电池包本身故障，在上 OK 电瞬间，正级对地电压为 281 V，负极对地电压为 −125 V，更换电池包后故障排除。

2.1.8　接触器电路的识图

接触器本质就是继电器，其外形类如图 2-15 所示，接触器和燃油汽车上常用的继电器不同的是，接触器是用低压电控制高压电，接触器通过的电流很大。电动汽车上常用的接触器通常包括在高压电控总成的接触器和在电池包内的接触器。接触器的线圈部分通常受 BMS 控制，所以它是 BMS 的执行器。

1. 高压电控总成内的接触器电路识图

如图 2-16 所示，比亚迪 e5 等电动汽车在高压电控总成内通常有五个接触器，分别是主接触器、交流充电接触器、直流正极接触器、直流负极接触器、预充接触器。

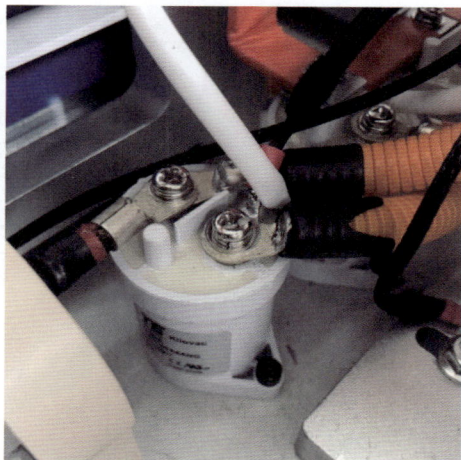

图 2-15　接触器

主预充接触器的触点下游串联了预充电阻，为方便预充电阻散热，通常预充电阻都带有散热片，其外形如图 2-17 所示。

技师经验： 一辆比亚迪唐 EV 功能受限，检查发现 BMS 报"主接触器烧结故障"，主接触器烧结可能是由其他原因造成，继续检查发现后电控保险丝阻值为无穷大，检查后驱动电机绝缘阻值较小，将后驱动电机、后电控保险丝、主接触器更换后，故障排除。

车辆高压电上电之前，BMS 需要收到 VTOG（电机控制器）反馈的预充满信号，其控制逻辑如下。

起动车辆时，为缓解动力电池内的高压电对高压系统的冲击，BMS 先吸合高压电控总成内的预充接触器，动力电池的高压电经过预充接触器触点串联的限流电阻后加载到 VTOG 母线上，VTOG 检测到母线上的电压达到电池包额定电压的设定值时（80% 左右），通过网线向 BMS 反馈一个预充满信号，BMS 收到预充满信号后，控制主接触器吸合，断开预充接触器。

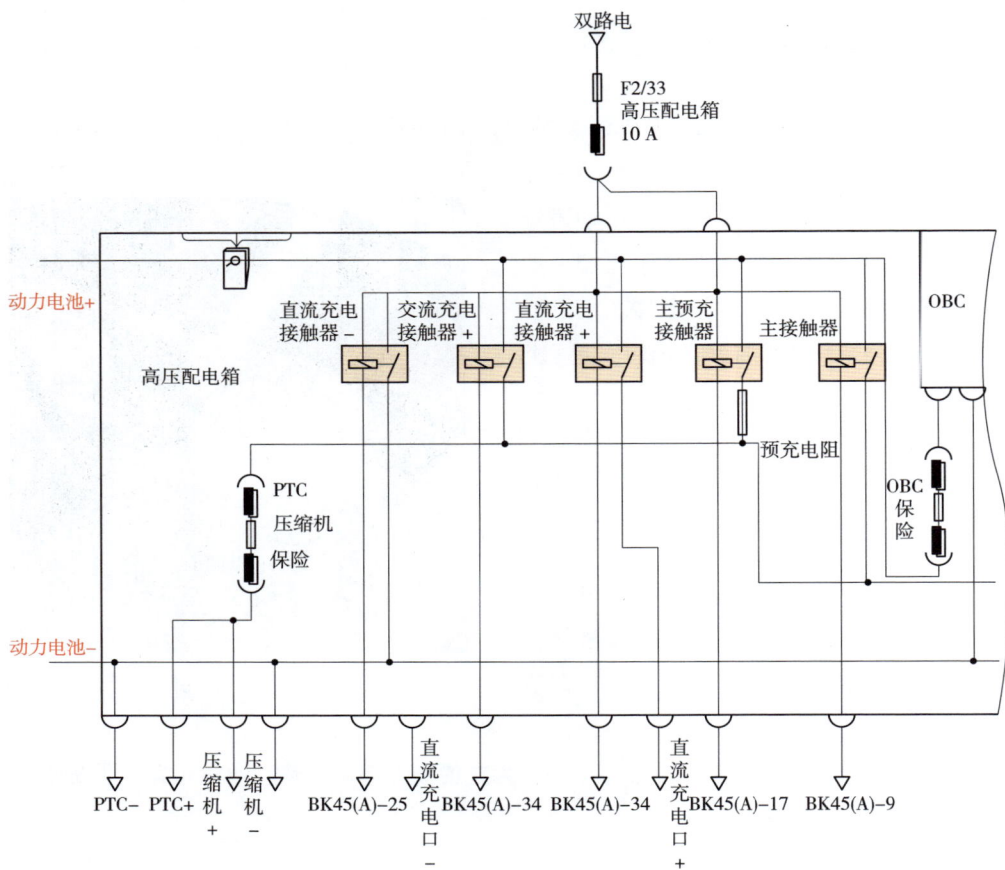

图 2-16　接触器控制电路

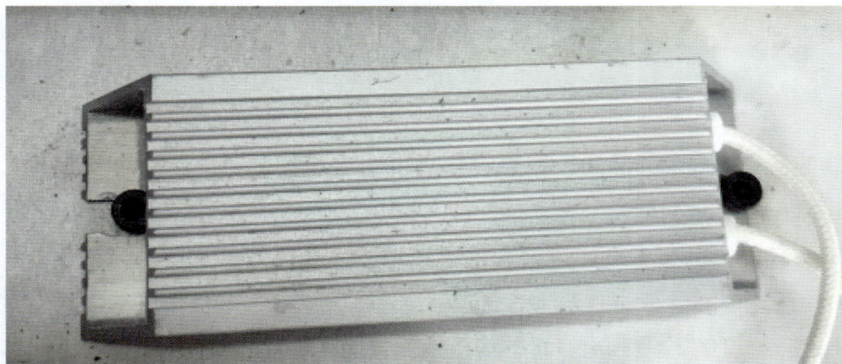

图 2-17　预充电阻

技师经验：一辆比亚迪唐 DM EV 功能受限，读取到"预充失败故障""高压系统故障 –BMS 放电不允许（当前故障）"，检查预充电阻为无穷大，正常预充电阻阻值为 200 Ω，更换预充电阻后，其故障排除。需要满足以下三个条件，才能预充完成。

（1）电池包电压、温度信号及容量正常，并且电池不存在漏电现象；

（2）预充回路正常，即预充接触器及负极接触器控制端及供电端线路正常；

（3）驱动控制器与 DC 总成、高压 BMS 通信正常，高压互锁，整车高压回路正常。

2. 电池包内的接触器电路识图

比亚迪 e5 等电动汽车电池包内有正极接触器、负极接触器、两个分压接触器。分压接触器影响电池组是否可以串联，如图 2-18 和图 2-19 所示。

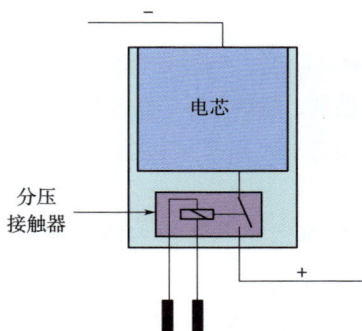

图 2-18　有分压接触器模组示意图　　　　图 2-19　无分压接触器模组示意图

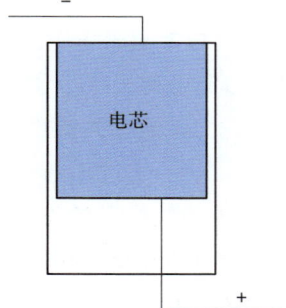

这四个接触器和分压器结构都有控制脚和电源脚，这四个元件的伸出动力电池包有 8 条线，分别连接到 BMS，如图 2-20 所示。电池管理器通过控制线连接电池包内的接触器，如果控制线断路或其他故障，将会引起电池包内的接触器工作异常。

技师经验：一辆比亚迪秦混动无 EV 模式，发动机起动，仪表提示请检查动力系统。连接解码仪，读取电池管理器中报出故障码为 P1A3400：预充失败故障。查看在上 OK 电瞬间（预充过程，预充接触器工作）驱动电机控制器的数据流，读取到母线电压最高为 14 V，说明没有高压输入。退电后，做好高压防护，对模组电压进行测量，发现 3 号模组正负极柱之间无电压，更换 3 号模组后故障排除。

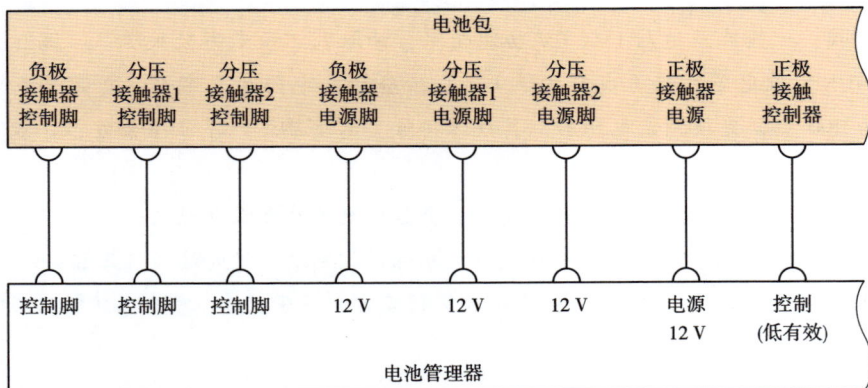

图 2-20　电池包接触器电路

2.1.9　电池管理系统电路的识图

BMS 对动力电池组总电压、总电流、每个监测点温度、电池单体的电压参数进行监控，并进行故障监测、SOC 计算、短路保护、漏电监测、报警显示、充放电模式选择等。BMS 还可以将动力电池相关参数上报 VCU（整车控制器），用于 VCU 控制动力电池的充电和放电功率。

BMS 相当于传统汽车的发动机电控单元，有电源电路、通信电路、诊断接口电路，传感器信号输入电路及执行器电路，吉利 EV450BMS 部分电路如图 2-21 所示。BMS 的 B+ 端子连接常电，IGNITION 端子连接 IG 电源，GND 端子连接接地，PCAN-L 端子和 PCAN-H 端子连接通信线，CRASH signal 端子连接碰撞信号。

BMS 还有其他和交流充电口、直流充电口、动力电池等连接电路，这些电路会在后文中一一叙述。

技师经验：一辆比亚迪秦偶发 SOC 显示为 0，没有 EV 模式，在维修厂检查时数据又正常。SOC 是 BMS 根据相关传感器计算的，查找 BMS 内故障信息，读取到"动力电池单节电压严重过低""动力电池单节电压一般过低""电池管理系统自检故障"等故障，读取数据流，1 号 BIC 单节电池电压有时为 0，估计 1 号 BIC 线路偶发故障或本身偶发故障或 1 号电池故障。下电，做好安全防护，检查 1 号 BIC 线路接触不良，修复后故障排除。

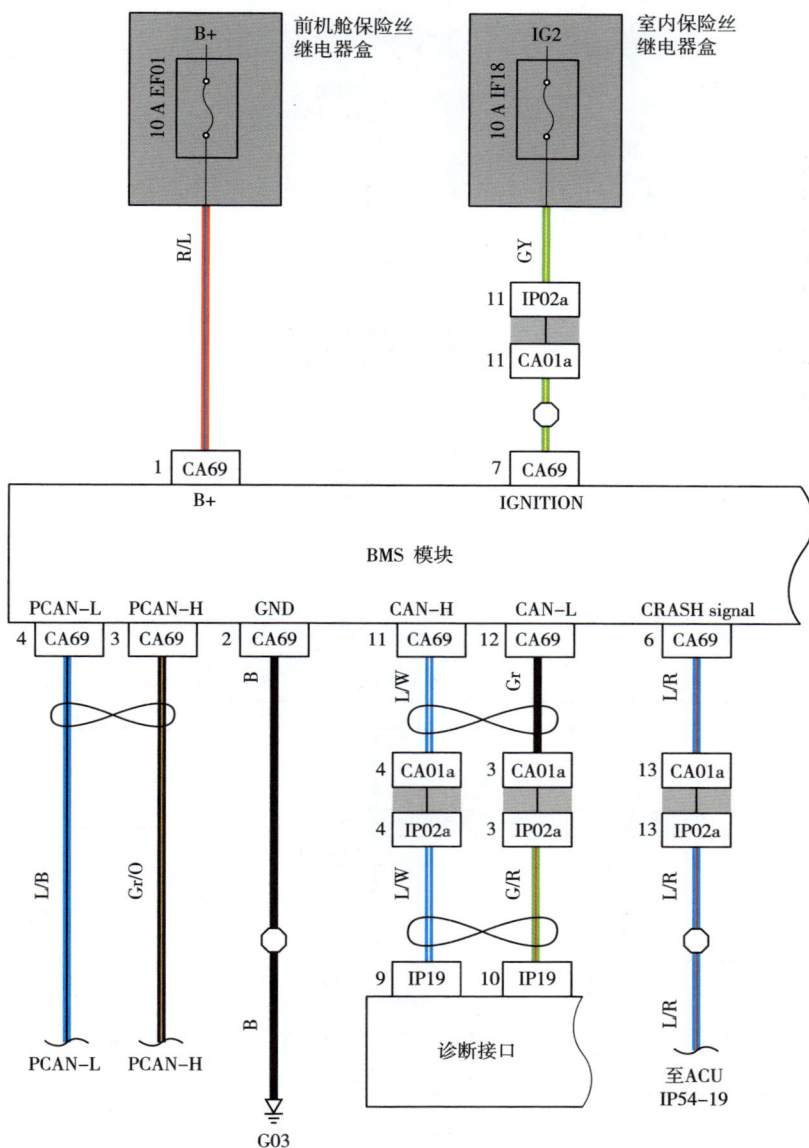

图 2-21 电池管理器部分电路

BMS 上还有唤醒线。例如，上汽荣威 eRX5 BMS 有两条唤醒线，一条是整车控制单元提供的，用于点火开关打开状态下唤醒 BMS，BY122/10 端子，标注为 WkupEnb；另一条是车载充电器提供的，可以在充电枪有效连接后，向 BMS 发出唤醒信号，图中 BY122/8 端子，标注为 OnbdChrgr Wkup。若唤醒信号异常，则 BMS 无法充电，如图 2-22 所示。

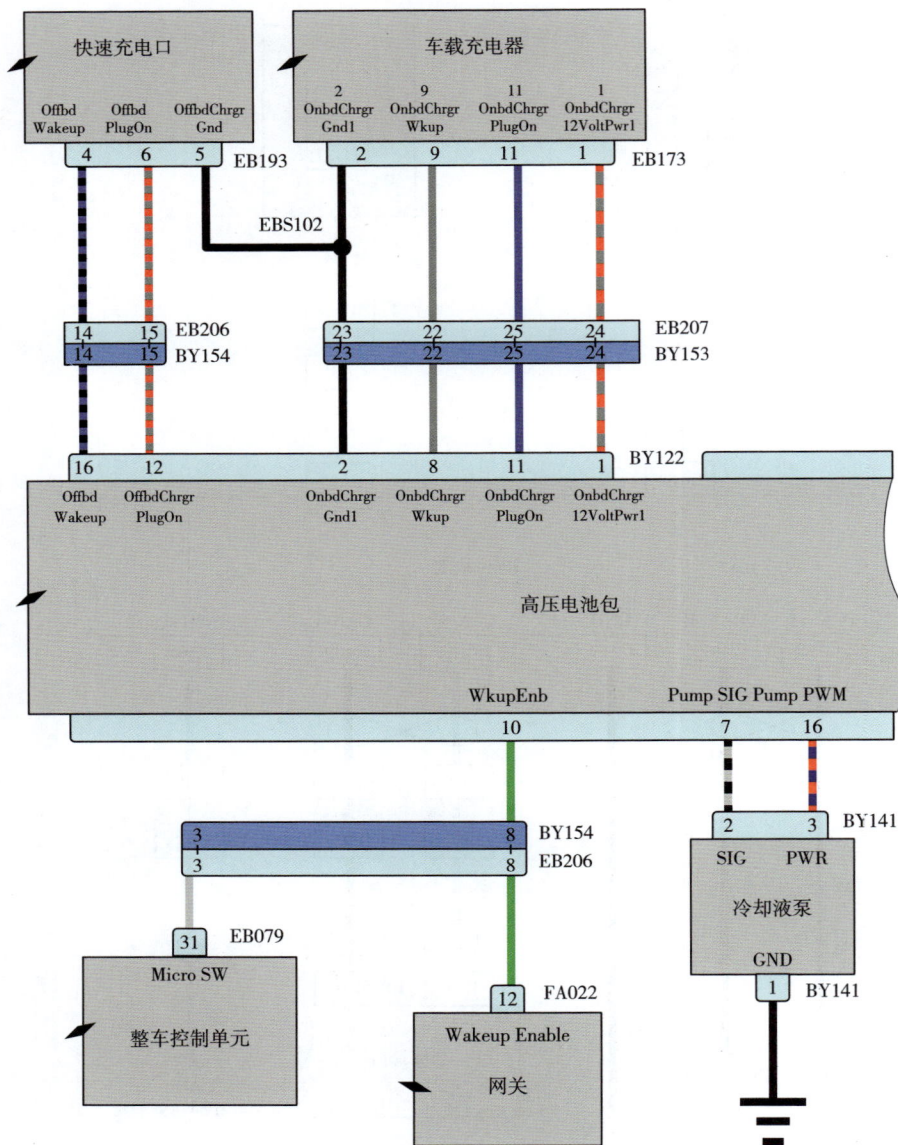

图 2-22 上汽荣威 eRX5 BMS 唤醒电路

2.2 电池冷却系统的电路识图

电池冷却系统是电池的"空调器",既可以在电池需要冷却时给电池降温,又可以在电池需要加热时给电池升温。

2.2.1　电池冷却系统的功能

比亚迪元电池冷却系统工作原理如图 2-23 所示，电池冷却系统（也称为电池热管理系统）可以维持动力电池一定的工作温度。

当动力电池需要冷却时，电控单元控制空调系统的电子膨胀阀 2 开启，空调的板式换热器中制冷剂就可以带走冷却液的热量，低温的冷却液被电动水泵带到动力电池的冷却板后，将热量带走。此时四通阀，AB 导通，CD 导通。

当动力电池需要加热时，电控单元控制四通阀 AC 导通，BD 导通，经过 PTC 加热的冷却液被电动水泵带到动力电池的冷却板，加热动力电池。

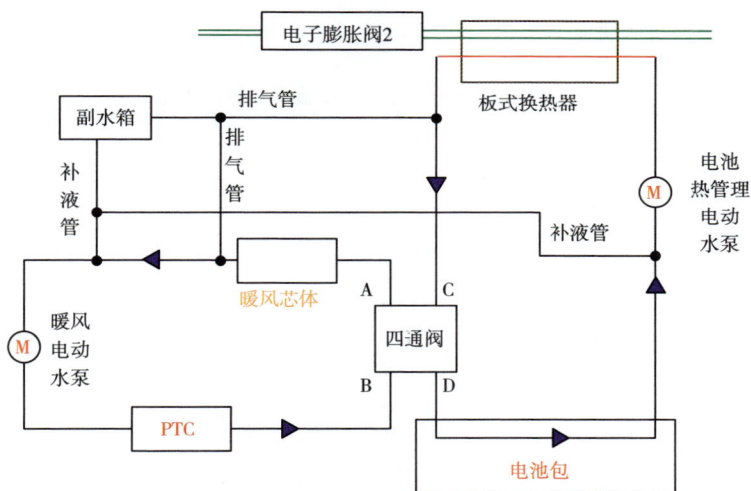

图 2-23　比亚迪元电池冷却系统

技师经验：一辆比亚迪唐 DM EV 功能受限，读取到冷却水温过高、高压系统故障等故障代码，又读取到电池加热器故障，加热器会影响到水温高、EV 功能受限，更换电池加热器，故障排除。

2.2.2　电池热管理水温传感器的电路识图

电池热管理水温传感器将电池的水温信号传给空调及电池热管理控制器，空调及电池热管理控制器根据该水温信号来控制空调电子膨胀阀 2、PTC 等。电池热管理水温传感器采用的是负温度系数传感器，温度越高，电阻越小，其电路如图 2-24 所示，该水温传感器有两条连线，一条线通过 B29（A）3 号端子连接到 Eb03 搭铁点搭铁，另一条线通过 B29（A）1 端子及 GJB05 连接器连接到空调及电池热管理器。

当需要检查该水温传感器时，可以关掉点火开关，断开该水温传感器连接传感器，取下水温传感器。测量其阻值，见表 2-2。

端子线束两端的连接器，检查 G214 和 B29（A）1 之间的电阻值，检查 B29（A）3 和车身接地之间的电阻值，其标准值都应小于 1 Ω，检查 B29（A）1 与车身接地之间的电阻值应大于 10 kΩ。

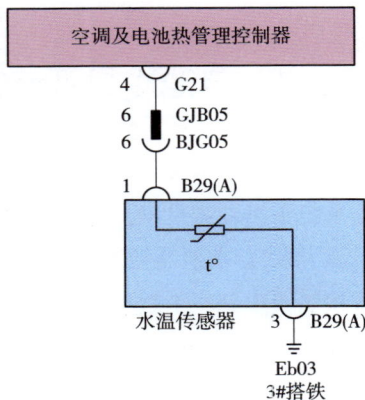

图 2-24　比亚迪元电池热管理器水温传感器的电路

表 2-2　比亚迪元电池热管理水温传感器的标准阻值

端　子	条　　件	下限值（kΩ）	上限值（kΩ）
1~3	0 ℃	5.67	6.34
	10 ℃	3.64	4.03
	20 ℃	2.41	2.63
	30 ℃	1.63	1.77
	40 ℃	1.13	1.21
	50 ℃	0.80	0.85
	60 ℃	0.57	0.60

2.2.3　板式换热器出口温度压力传感器的电路识图

板式换热器出口温度压力传感器的电路如图 2-25 所示，该传感器包括温度传感器和压力传感器两个部分，该传感器有四条连线，一条是空调及热管理控制器提供给传感器 5 V 的电源线，一条是传感器提供给空调及热管理控制器制冷剂压力信号，一条传感器提供给空调及热管理控制器温度信号，还有一条搭铁线。

需要检查温度压力传感器时，断开线束两端的连接器，检查温度压力传感器 B55(A) 2 号端子和空调及热管理控制器 G21（B）连接器 23 号端子之间的阻值应小于 1 Ω，否则检查该导线和 BJG03 、GJB03 连接器。按同样方法检查其他线束。

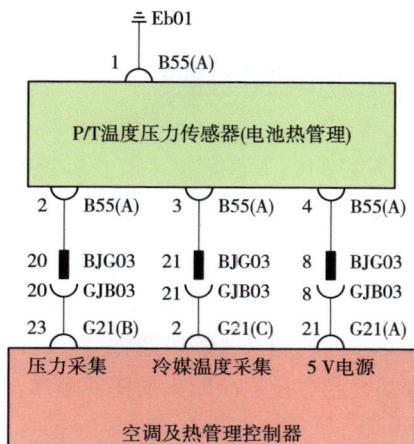

图 2-25　比亚迪元电池热管理器温度压力传感器的电路

连接温度压力传感器线束到空调及热管理控制器的连接器，打开点火开关，检查 B55（A）4 的电压应为 4.5 V~5.5 V，否则检查空调及热管理控制器的电源电路。

2.2.4　电池冷却控制器的电路识图

有的车型电池冷却系统的电池冷却控制器和空调控制器是分开的，如图 2-26 所示，电池冷却控制器和空调控制器之间有空调子网的 CAN 总线，可以在两个电控单元之间通信。前文已经介绍 CAN 总线的检查，此处不再赘述。控制单元都有电源线和搭铁线，检查方法基本相同。

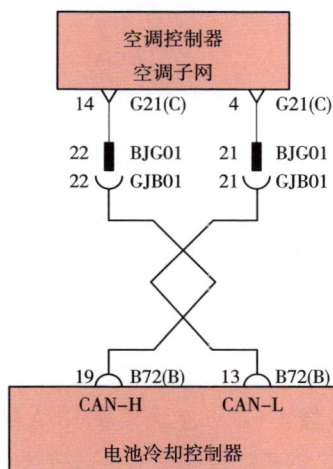

图 2-26　电池冷却控制器

2.2.5 电子膨胀阀 2 的电路识图

为了区别电子空调制冷系统的电子膨胀阀，电池热管理系统的电子膨胀阀被称为电子膨胀阀 2，其工作原理和空调制动系统的电子膨胀阀相同，通常采用步进电机型电磁阀，如图 2-27 所示，它包括转子、线圈、阀杆、阀芯、阀座等。

电子膨胀阀 2 的电路如图 2-28 所示，它有五条连线，连接器 54（B）3 号端子连接保险丝 F1/39 空调模块 10 A，其他四条线是电池冷却控制盒控制电池冷却电子膨胀阀四个线圈的搭铁线，电池冷却控制盒控制此四条的搭铁顺序，就可以通过该电磁阀线圈控制阀芯的位置。

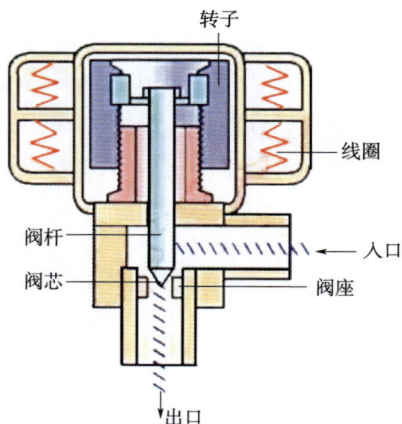

图 2-27 电子膨胀阀 2 的结构

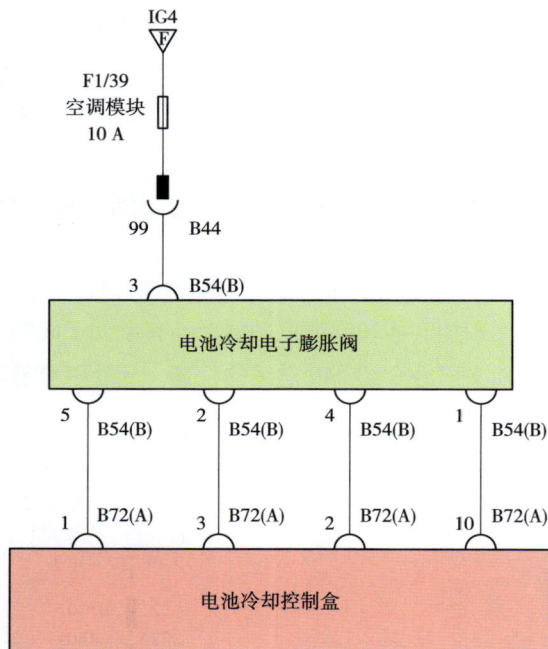

图 2-28 电池冷却电子膨胀阀的电路

检查该电子膨胀阀时，可检查 B54（B）连接器 3 号端子电压，点火开关打开时，其测量电压应为 12 V，检查各条导线的阻值应小于 1 Ω，检查电磁阀的阻值应符合维修手册的规定。

冷却液液位传感器也是保险丝 F1/39 空调模块 10 A 供电，冷却液液位传感器另一条连线连接到电池冷却控制盒，它是将冷却液液位信号传给电池冷却控制盒，当冷却液不足时，电池冷却控制盒报出故障代码。

2.2.6　电池冷却电动水泵的电路识图

电池冷却电动水泵的电路如图 2-29 所示，电动冷却水泵的电源是 K1-7 电池水泵继电器提供，K1-7 电池水泵继电器由 F1/28 电池水泵保险丝供电，电池冷却控制盒控制 K1-7 电池水泵继电器线圈部分搭铁，电池冷却控制盒通过 LIN 信号来控制电池冷却电动水泵的运转。

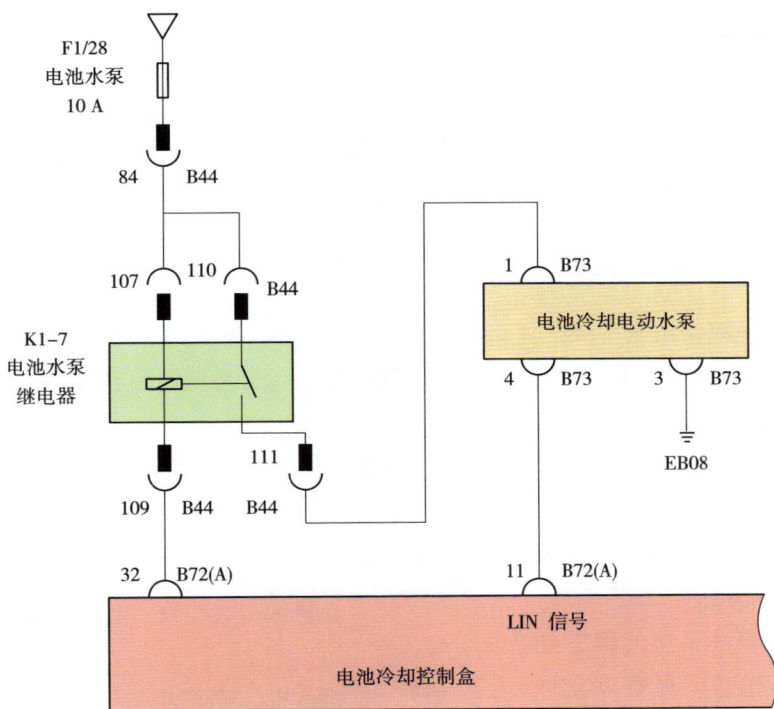

图 2-29　电池冷却电动水泵电路图

电池冷却系统除了以上元件的电路，还有四通阀的电磁阀电路，有的车辆采用了单独的 PTC，当电池需要加热时，电池冷却控制盒对加热器进行控制。

技师经验：一辆比亚迪秦仪表报动力系统故障及风扇常转，检查发现 IGBT（电机控制器）温度过高，检查冷却液内没有空气，电机的散热器未发现堵塞，检查电动水泵，不工作。根据电路查找到冷却水泵继电器，检查该继电器，发现该继电器触点烧蚀，将其更换后，故障排除。

2.3 动力电池管理系统维修案例解析

　　初学动力电池管理系统在诊断故障时常因缺乏经验而无从下手，通过学习多个动力电池管理系统的维修案例，可以积累动力电池管理系统的故障排除经验。

2.3.1 比亚迪唐 DM 剩余电量异常减少的故障

1. 故障现象

　　一辆比亚迪唐 DM 停驶一晚动力电池剩余电量下降了 3%，连续三天停驶动力电池剩余电量下降了 14%，即便是原地不动（EV 模式），上 OK 电后，不打开空调、灯光等用电电器，仪表的功率表也显示 1。

2. 故障诊断与解析

　　动力电池剩余电量下降，其原因包括：动力电池内部故障、高压元件漏电、低压电器漏电。低压电器设备漏电会使低压蓄电池亏电，低压蓄电池亏电后，动力电池用通过 DC（电压转化器）给低压蓄电池充电。

　　用钳形万用表夹在低压蓄电池的正极柱上，关闭所有的电器，测量低压蓄电池静态耗电量，发现测量的电流竟然高达 2 A，该值正常情况下应该小于 0.05 A，说明低压电器设备有漏电现象。

　　在测量低压蓄电池静态电流的同时，依次断开保险丝，观察电流的变化，当断开 F2-45 室内灯保险丝时，静态电流急降到 0.04 A，说明某个通过 F2-45 室内灯保险丝提供电源的电器在"偷偷用电"。

　　拔下 F2-45 室内灯保险丝提供电源的电气设备，当拔下左右化妆镜插头、后室内灯等发现电流没有变化。当拔下前室内灯 ECU 时，静态电流急降，说明前室内灯 ECU 损坏，前室内灯 ECU 部分电路如图 2-30 所示。

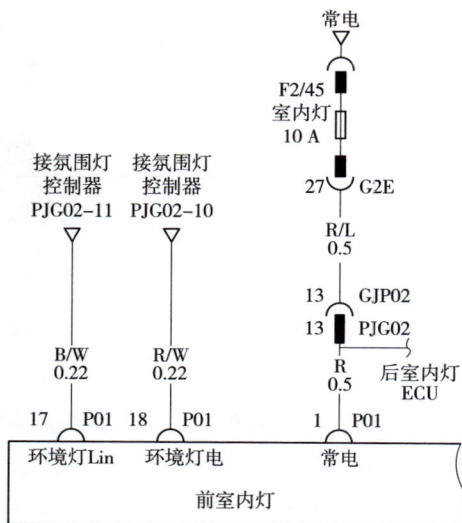

图 2-30　氛围灯 ECU 部分电路

3. 故障排除

将前室内灯 ECU 进行更换，再次测试低压蓄电池静态电流为 0.04 A，车辆放一晚后，观察仪表内 SOC 没有异常下降，故障排除。

2.3.2　比亚迪唐 DM 行驶一段时间后 EV 功能受限的故障

1. 故障现象

一辆比亚迪唐 DM 在启动 EV 模式行驶一段时间后，仪表提示 EV 功能受限故障，车辆自动切换至 HEV 模式，尝试切换至 EV 模式，多次失败。将车辆熄火，重新启动，车辆能进入 EV 模式，但行驶一段时间后故障再次出现。

2. 故障诊断和解析

使用原厂诊断仪 VDS 读取到历史故障代码 PID7100，该故障代码含义为"高压系统故障 -BMS 放电不允许"。读取整车控制器的数据，发现发动机异常启动原因是：动力电池放电功率过低、主接触器断开、动力电池放电不允许等。

清除故障代码，进行路试，在路试故障产生时，监控到 BMS 产生 PIA0000 气囊 ECU 碰撞报警。故障代码 PIA0000 气囊 ECU 碰撞报警是否与故障现象相关呢？电动汽车为了保护动力电池和乘坐人员的人身安全，通常设计有碰撞高压保护功能，当车辆发生碰撞事故时（即车辆动力电池管理器接收到碰撞信号时），若达到触发条件，车辆会自动切断高压电，所以，车辆从 EV 模式自动切换至 HEV 模式。

查找该车维修手册电器原理图，查到电池管理器上的碰撞解锁信号线，也查到安全气囊系统电控单元（SRS ECU）上的碰撞解锁信号 +G10A 10 相关电路，如图 2-31 所示，它连接前电控、BCM、整车控制器等，碰撞解锁信号线 G10A 10 连到电池管理器（BMS）是 GLK05-18。

检查安全气囊系统电控单元端子 G10A 10 到 BMS 端子 GLK05-18 的连线，其阻值小于 1 Ω，检查气囊 ECU 连接器发现有少量水渍。

3. 故障排除

询问车主，前段时间在汽车美容店里清洗驾驶室和空调，可能清洗剂渗漏到安全气囊系统电控单元的连接器，将安全气囊系统电控单元的连接器彻底吹干清理，重新试车，车辆能进入 EV 模式，故障排除。

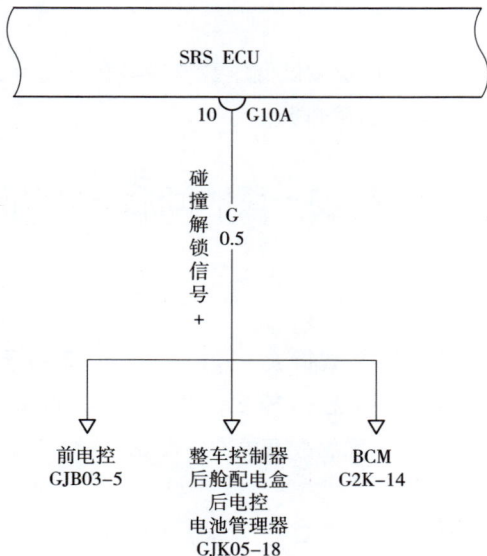

图 2-31　比亚迪唐 SRS 碰撞解锁信号

2.3.3　教学用车比亚迪 e5 不能上高压电的故障

1. 故障现象

一辆比亚迪 e5 教学用车不能上高压电，踏下制动踏板，起动按钮变成绿色，按下起动按钮，车辆仪表上的"OK"灯不亮。

2. 故障诊断与解析

使用比亚迪电动汽车专用的诊断仪读取动力系统故障信息，没有发现影响不能上"OK"电的故障码，读取 BMS 数据信息，也没有看到限制充放电。

汽车上电之前，先要预充接触器工作，达到设定预充电压才能上电，因此查看预充接触器工作情况。在车辆起动开关按下"OK"挡的瞬间，用诊断仪观察预充接触器的状态，发现预充接触器一直处于断开状态（不正常）。

预充接触器处于断开状态，主接触器应该不会接合工作。进入 BMS 读取数据流，发现主接触器果然一直处于断开状态。从 VTOG 查看主接触器状态，发现也是"异常断开"。

检查主接触器的供电及控制线路，如图 2-32 所示，检查到在 BMS 主接触器控制针脚 BK45（A）-9 虚接，可能是多次设置故障引起。

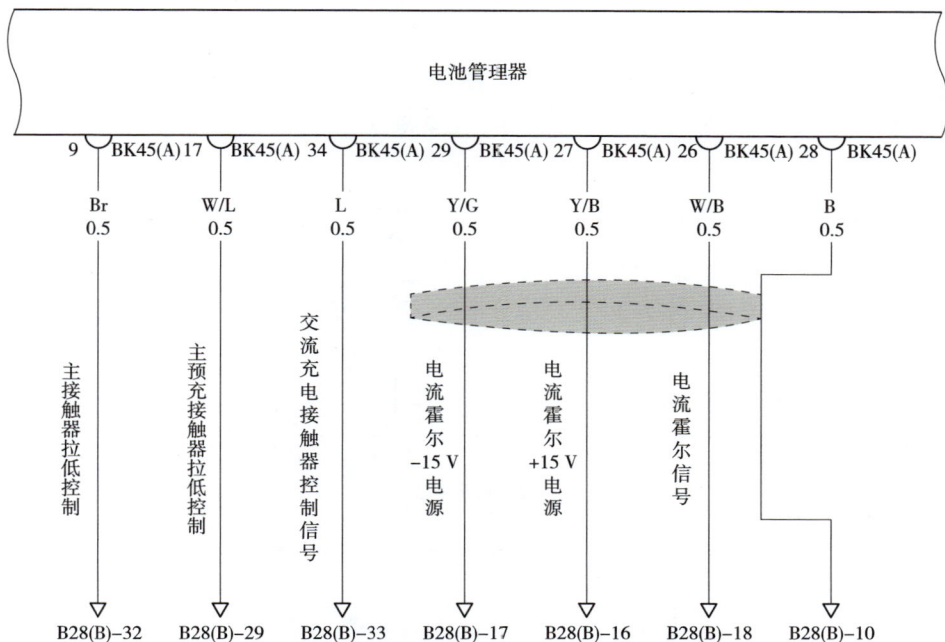

图 2-32　电池管理器对接触器控制电路（部分）

3. 故障排除

修复 BMS 主接触器控制针脚 BK45（A）-9，重新上电，仪表上能亮"OK"灯，试车，车辆能正常起步行驶，故障排除。

2.3.4　比亚迪秦无 EV 模式，剩余电量显示为 0

1. 故障现象

一辆比亚迪秦行驶过程中仪表提示请检查动力系统，EV 强制切换到 HEV，同时仪表的 SOC 会显示为 0。

2. 故障诊断与解析

（1）使用诊断仪无法扫描 BMS、BIC 和漏电传感器。

（2）通常使用诊断仪读取不到电控单元信息是由于电控单元电源电路，电控单元本身或通信线故障。

（3）BMS、BIC 和漏电传感器三个元件同时出现故障的可能性不大，于是先检查这三个元件低压供电线路是否存在故障。

（4）查找漏电传感器的电路图，如图 2-33 所示，检查漏电传感器的 CAN-H、CAN-L 的电压，检查 CAN-H 和 CAN-L 阻值都正常搭铁。

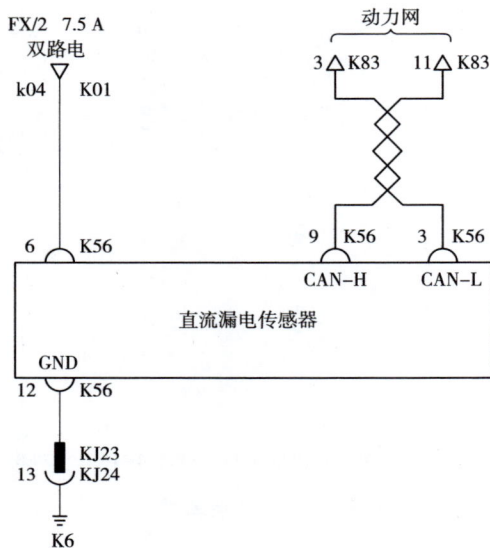

图 2-33　比亚迪秦漏电传感器电路

（5）检查漏电传感器的电源，测量 K56-6 的电压，测量结果为 3.1 V，K56-6 端子是双路电给直流漏电传感器供电端子，正常应该是 12 V 左右。

（6）查看电路图 K56-6 号供电的是在行李厢右侧的 FX/2 号保险丝（在行李厢右侧），测量 FX/2 号保险丝的电压为 3.1 V 左右。检查该保险丝没有熔断，而且保险丝和保险丝座接触良好。

（7）查找比亚迪秦双电路，如图 2-34 所示，FX/2 号保险供电的是 F4/3 保险丝双路电保险，F4/3 保险丝还给网关、组合仪表、BMC（车身控制器）等供电，测量该保险丝有 12 V 电压。

（8）F4/3 保险丝有 12 V 左右的电压，并不代表其保险丝座接触良好，试着拔下该保险丝，发现配电盒针脚（保险丝座）间隙较大。

3. 故障排除

修复保险丝接触位置的弹片，仪表上的 SOC 恢复 35%，试车，故障排除。

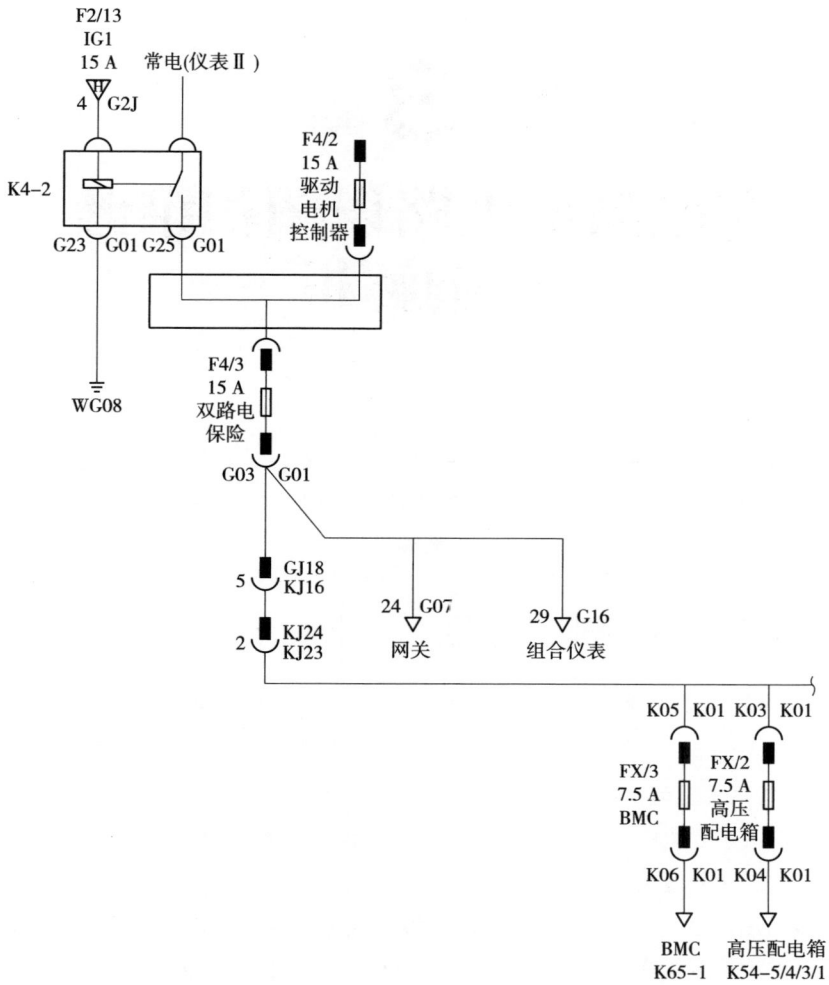

图 2-34　比亚迪秦双电路（部分）

第3章
充电系统电路识图和维修案例解析

电动汽车电池充电系统一直是汽车厂家一个重要的研究方向，充电故障在电动汽车故障中的占比较高，掌握好充电系统的直流充电电路和交流充电电路及相关控制逻辑，有利于维修人员快速排除充电系统的故障。

3.1 交流充电系统电路识图

充电系统从功能上分为快充（直流充电）、慢充（交流充电）、低压充电和制动能量回收四项。

电动汽车交流充电也称为慢充，其交流充电枪和交流充电接口已经标准化，交流充电通常有交流 220 V 和交流 380 V 两种，交流 380 V 会比 220 V 充得快一些。如图 3-1 所示，高压电经过变压器、电表、非车载充电机后到达充电枪接口，交流电经过车上的交流充电接口后再经过车载充电机（OBC）转换成直流电后，再输入汽车高压蓄电池。慢速充电系统的特点为充电功率小、充电时间长，但充电设备成本低。

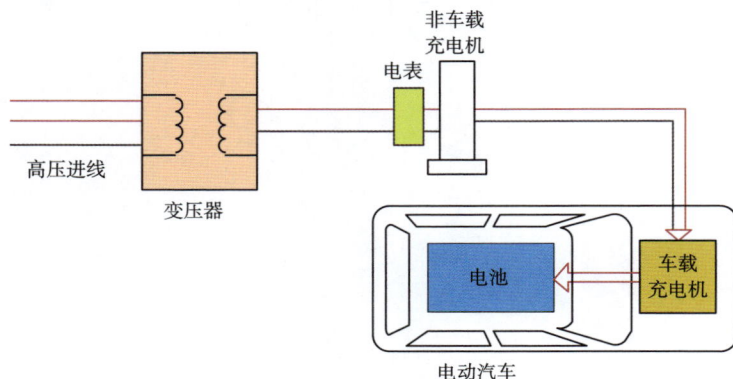

图 3-1　交流充电系统

3.1.1　交流充电接口认知

交流充电接口如图 3-2 所示，其中 CC 是车辆控制装置充电连接确认端子，CP 是充电桩连接确认端子，PE 是保护接地（搭铁）端子，连接供电设备地线和车辆充电平台，L1（或 L）是三相交流电"U"端子，N 是三相交流电"中性"端子，L2 或标注为 NC1 是三相交流电"V"端子，L3 或标注为 NC2 是三相交流电"W"端子。L1、N 就是接家用 220 V 的两根线。交流充电枪结构如图 3-3 所示，其接线端子和车上交流充电接口是一一对应的。

图 3-2　交流充电接口

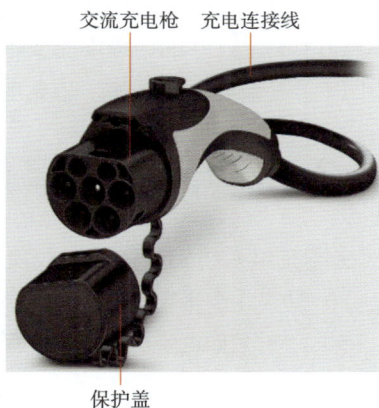

图 3-3　交流充电枪

电动汽车交流充电系统主要由供电设备（交流充电桩或家用交流电源）、充电枪、交流充电接口、车载充电机、高压线束、高压控制盒、动力电池、VCU 和低压控制线束等部件组成，如图 3-4 所示。

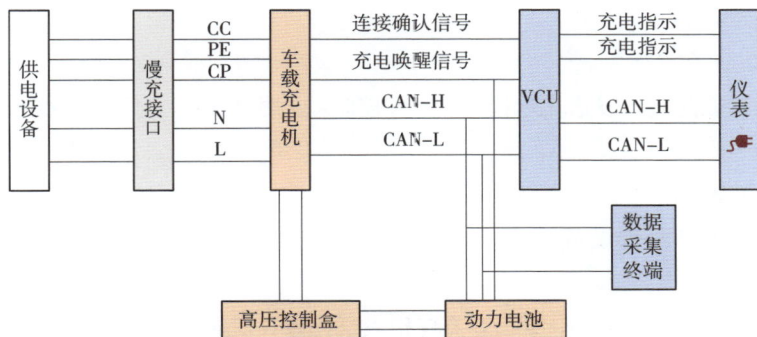

图 3-4　交流充电系统

3.1.2 交流充电系统的工作要求

交流充电系统的工作要求包括以下六个方面：

（1）220 V/380 V的供电电源和充电机工作正常。

（2）交流充电桩、VCU、BMS间通信正常。

（3）动力蓄电池电芯温度在规定的范围内，例如0 ℃~45 ℃；单体电池最大电压差在规定范围内，例如，小于0.3 V，单体电池最高电压不能高于额定电压规定范围，例如，0.4 V；单体电池最大温度差小于规定范围，例如，小于15 ℃。

（4）充电连接确认信号和充电唤醒信号正常。

（5）高压元件的绝缘性能要符合要求，例如，绝缘阻值大于20 MΩ。

（6）其他要求。例如，与充电有关的高低压电路正常等。

3.1.3 交流充电系统工作过程

交流充电系统工作过程比较复杂，各种交流充电系统的工作过程也有区别，其可大致分为以下几个步骤。

（1）交流供电。

将充电枪连接到电动汽车上，充电桩经充电枪向电动汽车提供交流电。

（2）充电唤醒。

通过CC充电连接确认后，车载充电机向VCU、BMS发出连接确认信号和充电唤醒信号，VCU唤醒仪表显示连接状态。

（3）检测充电需求。

BMS检测动力蓄电池是否需要充电，是否符合充电工作要求的温度、电压等参数，并计算所需充电电流。

（4）发送充电指令。

BMS向车载充电机发送充电指令，BMS控制动力蓄电池正、负继电器闭合，开始进行充电。

（5）充电过程。

车载充电机将外部设备提供的交流电整流为高压直流电存储到动力蓄电池中。

（6）停止充电。

BMS检测到充电完成后，给车载充电机发送指令，车载充电机停止工作，蓄电池正、负继电器断开，充电结束。

3.1.4　吉利帝豪交流充电系统的电路识图

吉利帝豪 EV450 的交流充电系统包括交流充电口、随车交流充电设备、动力电池、车载充电机等部件来实现。车载充电机内有分线盒，如图 3-5 所示，它的作用相当于保险丝盒，包括对高压的回路进行过载和短路保护，将动力电池总成输送的电能分配给电机控制器、空调压缩机和 PTC。交流充电时，充电电流经过分线盒再进入动力电池为其充电。

车载充电机的输出最大电流为 32 A，家用充电插座额定电流可能会小于充电插座额定电流，使用家用充电插座给电动车充电可能导致发生火灾，应避免使用。

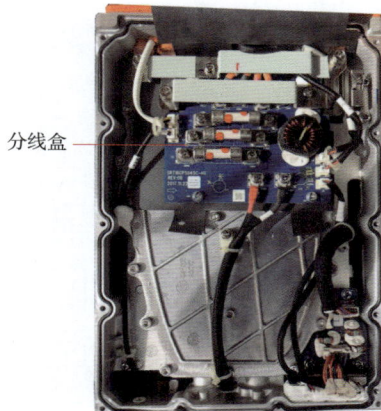

图 3-5　分线盒

吉利帝豪 EV450 交流充电系统的工作原理和上述介绍基本相同，其电路如图 3-6 和图 3-7 所示，当充电枪插入整车交流充电滚口时，车辆处于交流充电模式，车载充电机检查交流充电接口的 CC 信号（充电枪连接信号）、CP 信号（导通信号）并唤醒 BMS，BMS 根据动力电池的可充电功率向车载充电机发送指令充电，同时闭合主继电器，交流充电插座通过 L 和 N 母线、车载充电机开始向动力电池充电。车载充电机上有 PCAN-H 和 PCAN-L 两条通信线，可以让车载充电机和 BMS 等模块进行通信交流。

交流充电插座上还有灯光控制器 +，灯光控制器 −，信号线 1，信号线 2，信号线 3，车身开关信号线六条线，这些线分别控制充电指示灯和充电照明灯。

技师经验：充电口温度传感器或电路异常，会产生"充电口温度采样异常"等故障代码，在充电时，功率会被限制（车门未关也会限制充电功率）。

吉利帝豪 EV450 交流充电口安装在车上左前翼子板上，充电指示灯位于车辆充电接口上方，用于指示不同的充电状态。在任意电源挡位，当 BCM 收到 BMS 的充电状态信息时，驱动充电指示灯工作，显示充电状态。充电指示灯状态显示定义见表 3-1。

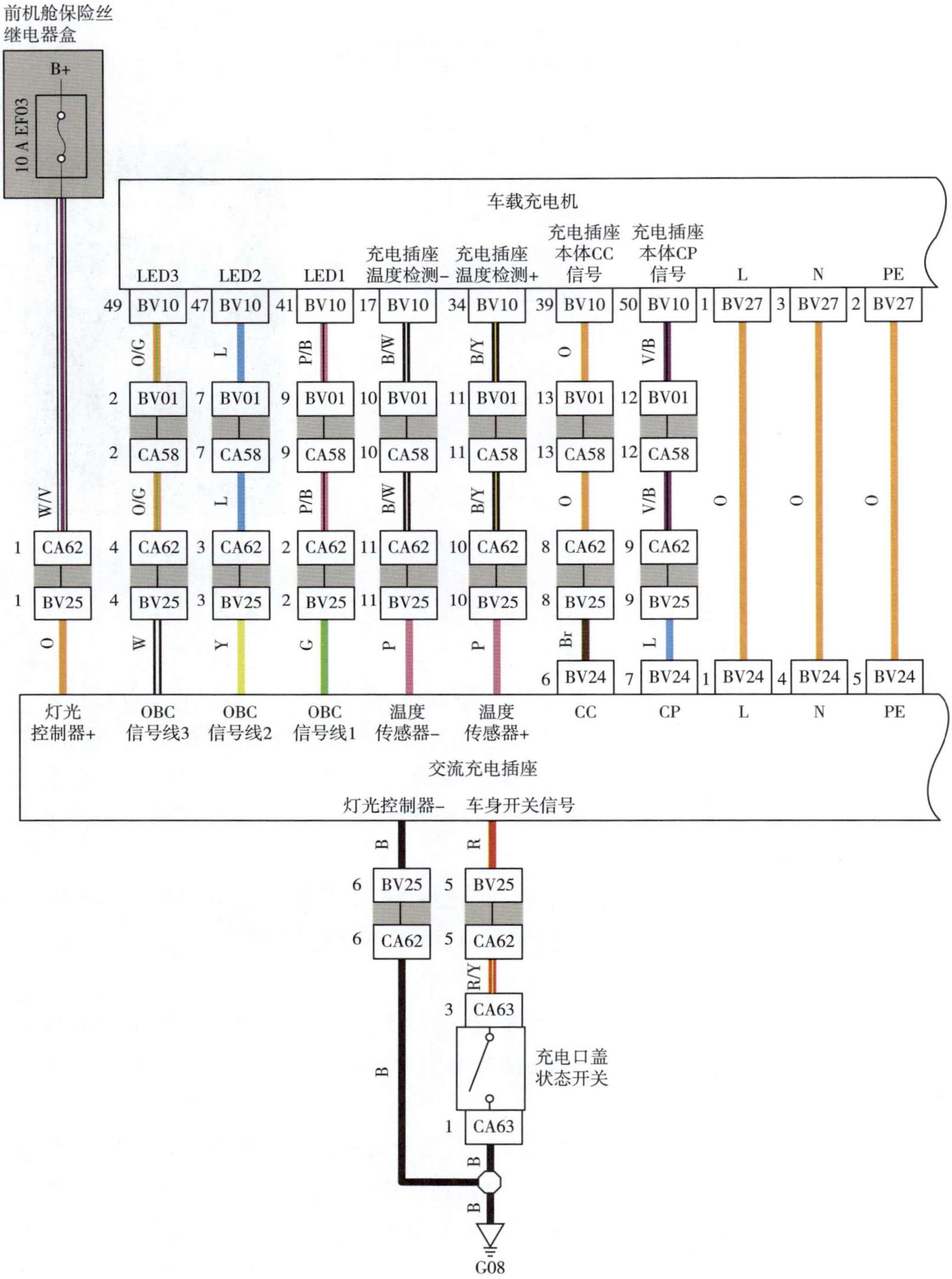

前机舱保险丝
继电器盒

B+

10 A EF03

车载充电机

			充电插座温度检测–	充电插座温度检测+	充电插座本体CC信号	充电插座本体CP信号			
LED3	LED2	LED1					L	N	PE
49 BV10	47 BV10	41 BV10	17 BV10	34 BV10	39 BV10	50 BV10	1 BV27	3 BV27	2 BV27
O/G	L	P/B	B/W	B/Y	O	V/B			
2 BV01	7 BV01	9 BV01	10 BV01	11 BV01	13 BV01	12 BV01			
2 CA58	7 CA58	9 CA58	10 CA58	11 CA58	13 CA58	12 CA58			
O/G	L	P/B	B/W	B/Y	O	V/B			

W/V

1 CA62	4 CA62	3 CA62	2 CA62	11 CA62	10 CA62	8 CA62	9 CA62	O	O	O
1 BV25	4 BV25	3 BV25	2 BV25	11 BV25	10 BV25	8 BV25	9 BV25			
O	W	Y	G	P	P	Br	L			

						6 BV24	7 BV24	1 BV24	4 BV24	5 BV24
灯光控制器+	OBC信号线3	OBC信号线2	OBC信号线1	温度传感器–	温度传感器+	CC	CP	L	N	PE

交流充电插座

灯光控制器–   车身开关信号

B   R

6 BV25	5 BV25
6 CA62	5 CA62

R/Y

3 CA63

充电口盖
状态开关

1 CA63

B

B

G08

图 3-6 吉利帝豪 EV450 交流充电系统 1

前机舱保险丝
继电器盒

B+

10 A EF27

R/L

22 CA58

22 BV01

R

4 BV10

KI30

电机控制器

HVIL OUT

4 BV11

W

26 BV10

HVIL IN

空调压缩机

HVIL IN

6 BV08

Br/B

27 BV10

HVIL OUT

至车载充电
机PCB板

40 A HF03

车载充电机

PCAN-L　PCAN-H　　GND　　Plug interlock　Plug interlock　电子锁
　　　　　　　　　　　　　　motor+　　　motor−　　LOCK1　　　　　　HV−　　　HV+

54 BV10　55 BV10　6 BV10　44 BV10　57 BV10　30 BV10　　　1 BV17　2 BV17

L/B　　Gr/O　　B　　W/L　　W/B　　W/R

　　　　　　　　　　4 BV01　6 BV01　5 BV01　　　1 BV16　2 BV16

　　　　　　　　　　4 CA58　6 CA58　5 CA58　　　动力电池

　　　　　　　　　　W/L　　W/B　　W/R

　　　　　　　　　　1 CA65　3 CA65　5 CA65

　　　　　　　　　　1 BV26　3 BV26　5 BV26

PCAN-L　PCAN-H　　B　　Y/R　　Y/G　　Y/W

G18

正极　　负极　　检测

交流充电插座

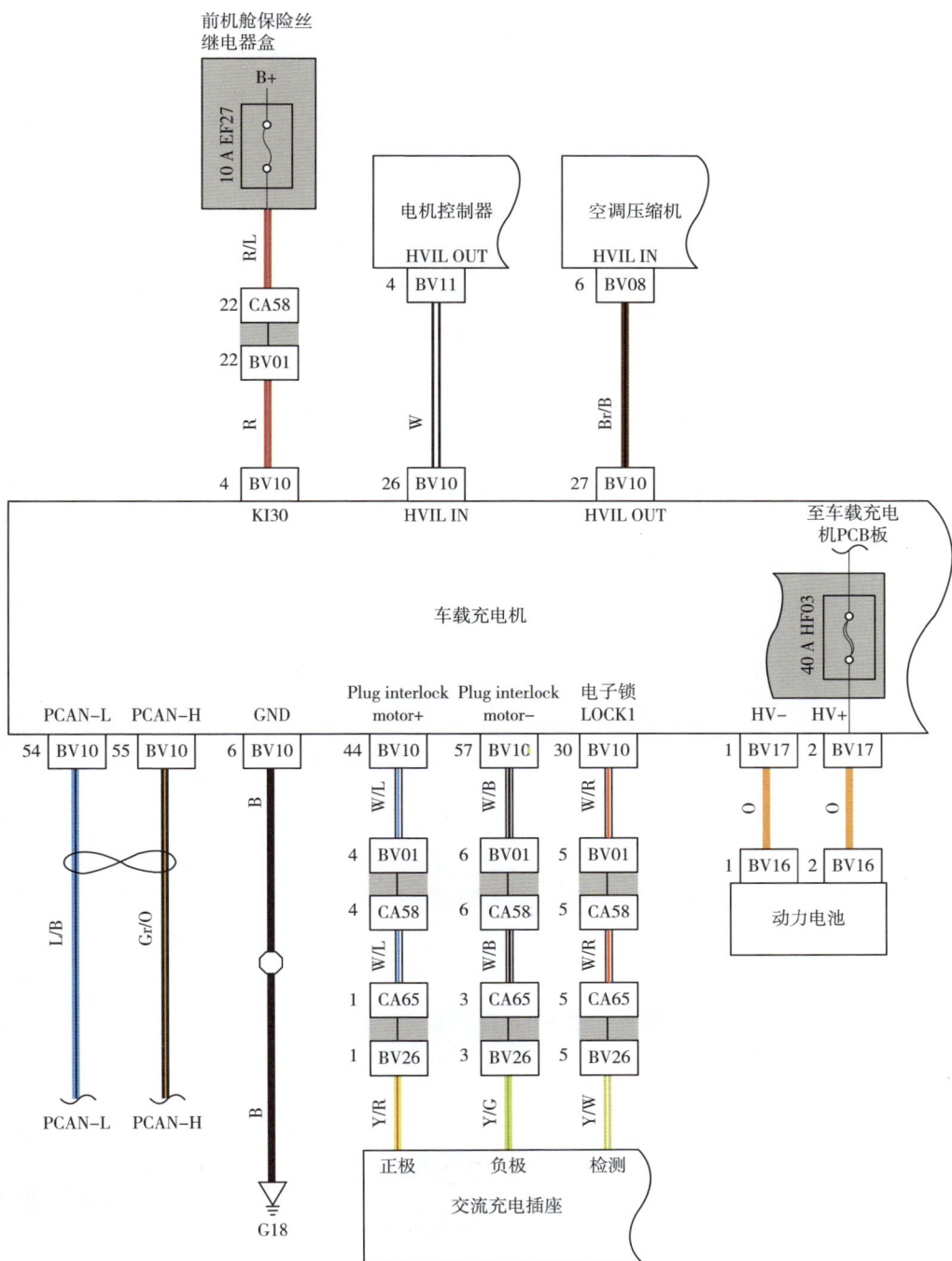

图 3-7　吉利帝豪 EV450 交流充电系统 2

表 3-1　充电指示灯状态显示定义

颜　色	状　态	说　明	颜　色	状　态	说　明
蓝色	常亮 2 分钟	预约充电	绿色	闪烁 2 分钟	充电过程
蓝色	闪烁 2 分钟	放电过程	绿色	常亮 2 分钟	充电完成
红色	常亮 2 分钟	充电故障	黄色	常亮 2 分钟	充电加热
白色	常亮 2 分钟	充电照明			

上述显示信号中，如果是充电指示灯闪烁 2 分钟，其状态是"正在充电"，这种状态为即时显示。但充电指示灯显示为绿色"常亮 2 分钟"，表示"充电完成"，充电指示灯显示为红色"常亮 2 分钟"，表示"充电故障"，这两种状态显示为"非即时显示"，即收到相应的状态信号时，显示相应的状态 15 分钟后自动熄灭。在"非即时显示"期间，充电状态会发生变化，则立即切换为相应的状态。例如，当偶发故障，充电指示显示红色"常亮 2 分钟"，此时代表"充电故障"，如果故障消失，则充电指示灯立即显示为绿色，"闪烁 2 分钟"，表示"正在充电"。

充电指示灯由 BMS 信号提供给 BCM，BCM 控制指示灯的状态，充电指示灯控制流程如图 3-8 所示。

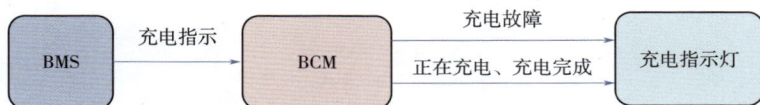

图 3-8　充电指示灯的控制流程图

充电口照明灯为白色，直接由 BCM 控制，充电口照明灯控制流程如图 3-9 所示，充电口照明灯控制逻辑如下：

（1）当高压电池处于未充电状态时，充电口盖打开（由充电口盖开关检测），BCM立即驱动该灯亮 3 分钟，在此期间，如果充电枪插入，3 秒后熄灭，如果充电口盖关闭，则立即熄灭。

（2）当充电口盖打开，将关闭的车门打开，BCM 立即驱动该灯亮 3 分钟，在此期间，高压电池转变为充电状态，3 秒后熄灭，如果充电口盖关闭，则立即熄灭。

（3）OFF 挡时，当打开充电口盖，BCM 收到 PEPS（智能进入和起动系统）发来的解锁信息，此时 BCM 立即驱动该灯亮 3 分钟，在此期间，BCM 收到车辆上锁信息，或是关闭充电口盖，该灯立即熄灭。

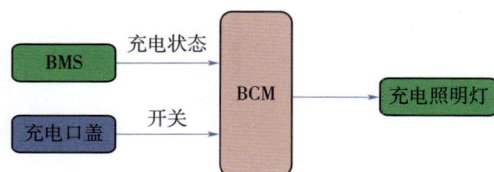

图 3-9　充电照明灯控制流程图

（4）OFF 挡时，当打开充电口盖，BCM 收到 PEPS 发送的遥控寻车信息，则该灯亮3 分钟，在此期间，收到车辆上锁信息 3 秒后熄灭，如果充电口盖关闭，则立即熄灭。

（5）任意情况下，充电口盖关闭，或车速大于 2 km/h，该灯立即熄灭。

为了防止车辆充电过程中充电枪丢失或掉落，很多电动车具有充电枪锁功能，如图 3-10 所示，充电枪锁电机工作时，它通过推杆伸入充电枪锁孔，可以防止充电枪拔出。插入充电接口后，只要驾驶人按下只能钥匙闭锁按钮，充电枪的防盗功能将开启，如图 3-11 所示。充电枪防盗控制 BCM 收到智能钥匙的闭锁信号后通过 CAN 总线将该信号传递到车载充电机，车载充电机通过 Plug interlock motor+（充电枪锁止电机插头正极）、Plug interlock motor-（充电枪锁止电机插头负极）、电子锁 LOCK1 三个端子及连线控制充电枪锁止电机锁止充电枪，此时充电枪无法拔出。

如果需要拔出充电枪，需要按下智能钥匙解锁按钮，解锁充电枪。如果电动解锁失效，还可以通过前舱左前大灯附近的机械解锁拉索解锁。

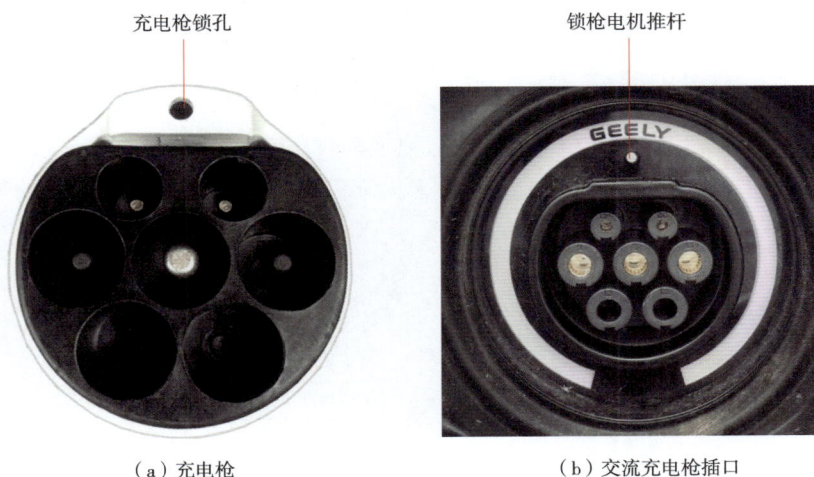

（a）充电枪　　　　　　　　（b）交流充电枪插口

图 3-10　锁枪电机

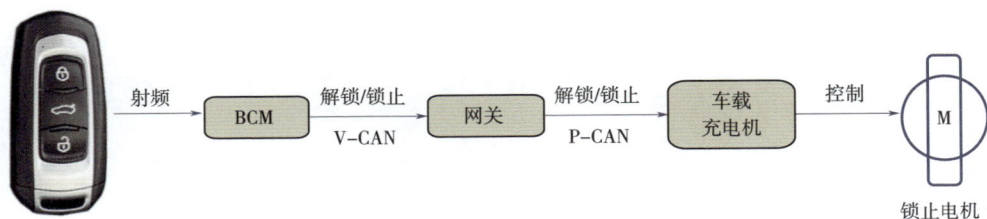

图 3-11　锁枪电机控制流程图

技师经验：一辆比亚迪 e6 交流充电一段时间后，SOC 不再增加。使用直流充电剩余电量可以正常增加，说明动力电池无故障，交流充电系统有故障。断开高压维修开关，等待 5 分钟，对交流充电口的充电控制确认信号（CP）进行检测，测量 CP-PE 间的电阻为 0.58 MΩ（正常值为 0.5 MΩ~0.6 MΩ），检查 CP 线电压正常。检查 CC 线电压为 0.2 V，正常为 12 V，继续检查 CC 控制线发生了搭铁。修复后 CC 控制线，故障排除。

3.1.5 交流充电系统故障的诊断流程

当出现交流充电故障时，连接充电枪，观察汽车仪表。此时仪表通常会出现两种情况：一种是仪表无任何显示；另一种是仪表充电连接指示灯点亮，充电指示灯不亮。

当仪表无任何显示时，可以按图 3-12 所示的流程进行检查。检查充电枪包括以下部分：检查充电枪 CC 和 PE 间的电阻是否随充电枪开关的状态发生改变，如果没有发生改变更换充电枪再次充电。如果充电枪正常，再检查 CC 信号线，如果 CC 信号线不正常，则进行相应的检修；如果 CC 信号线正常，更换车载充电器（OBC）模块。

当仪表充电连接指示灯点亮，充电指示灯不亮，可以按图 3-13 所示的流程进行检查。

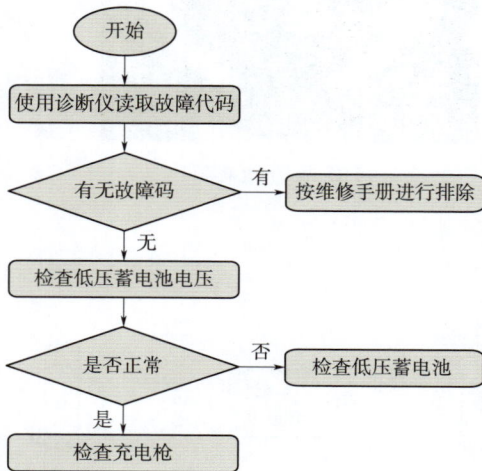

图 3-12 交流充电仪表不显示的检查流程

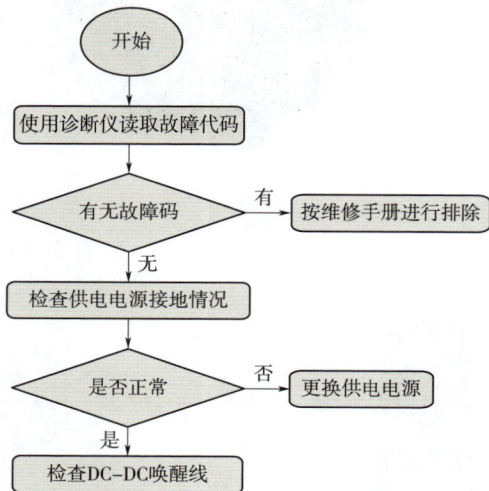

图 3-13 充电指示灯不亮的检查流程

电源插头或充电器输出插头松动、接触面氧化等现象都会导致插头发热，发热时间过长会使插头短路或接触不良，损害充电器和电瓶，带来不必要的损失。当发现上述情况时，应及时清除氧化物或更换接插件。

> **技师经验：** 一辆比亚迪 e6 交流充电时常跳枪，检查有 "PIB3700 VTOV（车对车充电）三相电缺电"，充电过程中，充电口温度高达 98 ℃。更换充电口，故障依旧。怀疑充电电缆通流面积不足，引起发热。戴上高压防护手套，触摸充电高压电缆，明显感觉很烫。将充电电缆更换，故障排除。

3.2 直流充电系统电路识图

电动汽车直流充电是指充电设备将直流电输入车辆动力电池的充电行为，直流充电功率可以在一定范围内变化，只要电网（输入端）和车辆（输出端）支持，充电功率可以做得很大，所以也被称为快充。

3.2.1 直流充电接口认知

吉利帝豪 EV450 直流充电口安装在车身左后侧，当充电口连接后形成检测回路，当出现故障时，系统可以检测该故障。直流快充系统主要包括直流充电口（带高压线束）和动力电池，如图 3-14 所示，直流充电系统高压电直接从充电系统流入动力电池，不需要经过车载充电机。

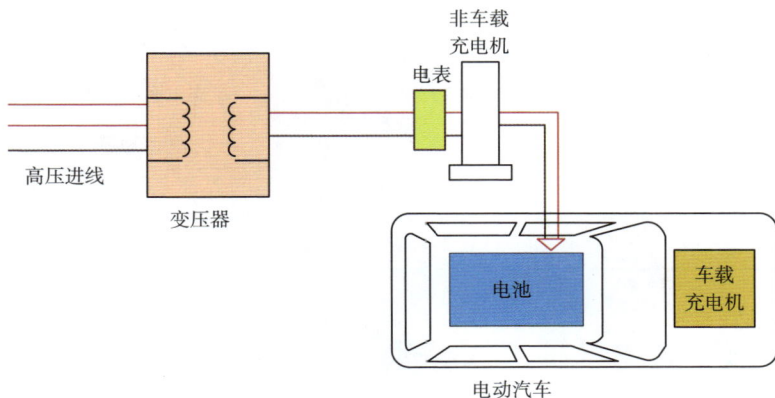

图 3-14　直流充电系统

直流充电接口如图 3-15 所示，一共有 9 个端子，其含义见表 3-2，其中，DC CAN-H 与 DC CAN-L 为通信端子，CC2 为连接确认端子，CC1 在 EV450 中没有启用，HV+ 和 HV- 为直流高压电端子，GND 为搭铁端子，A+ 和 A- 是辅助低压电端子（A+ 也称为快充唤醒信号，A- 也称为快充唤醒接地），吉利 EV450 的高压电池为 346 V。

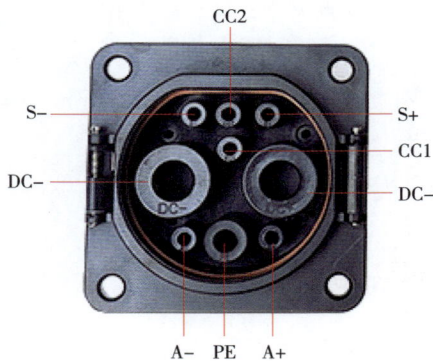

图 3-15　直流充电接口

表 3-2　直流充电接口各端子含义

编号 / 标识	额定电压与额定电流	功能定义
DC+	750 V/1 000 V 80/125 A/200/250 A	直流电源正极
DC-	750 V/1 000 V 80/125 A/200/250 A	直流电源负极
PE-		保护接地
S+	30 V 2 A	充电通信 CAN-H
S-	30 V 2 A	充电通信 CAN-L
CC1	30 V 2 A	充电连接确认 1（充电柜）
CC2	30 V 2 A	充电连接确认 2（车辆）
A+	30 V 2 A	低压辅助电源正
A-	30 V 2 A	低压辅助电源负

3.2.2　直流充电系统工作原理

直流快充系统的工作原理如图 3-16 所示，当充电站的直流充电设备接口连接到整车直流充电接口，直流充电的充电设备会发送充电唤醒信号给 BMS，BMS 根据动力电池

的可充电功率，向直流充电设备发送充电电流指令，同时 BMS 会吸合电源系统的高压
正极接触器和高压负极接触器，动力电池开始充电。

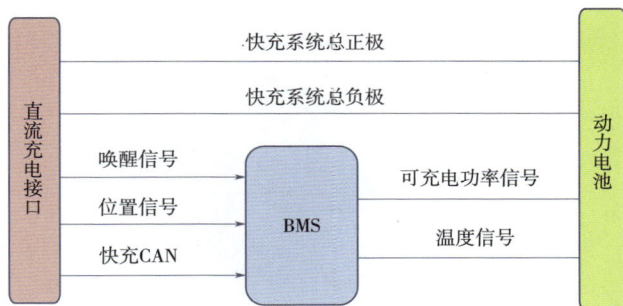

图 3-16　快充系统工作原理图

VCU 发送允许直流充电信号后直流快充系统才能工作，VCU 发送允许直流充电条件
如下，其工作过程如图 3-17 所示。

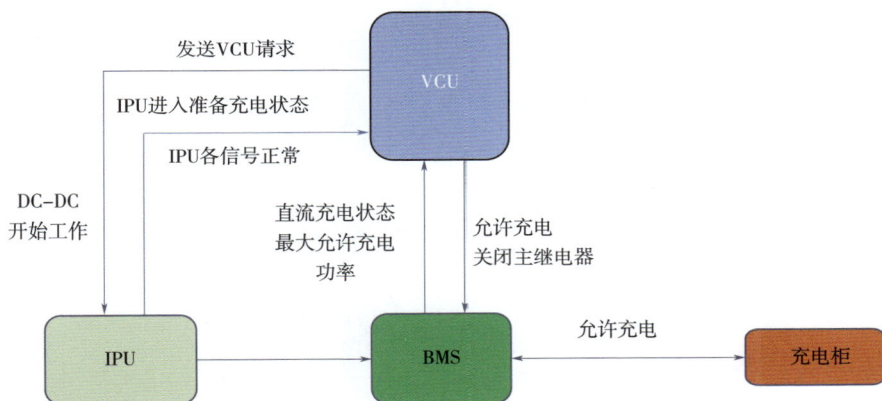

图 3-17　VCU 控制直流充电开始过程

（1）非车载充电器接收到 BMS 的 CC1（充电连接确认 1）和 CC2（充电连接确认 2）
信号。

（2）BMS 接收到快充枪已连接信号。

（3）BMS 接收 VCU 发送的允许充电状态和关闭主继电器状态。

（4）BMS 接收到 IPU（电机控制器）准备就绪状态。

（5）VCU 接收到快充枪连接且有效。

（6）ON 挡或 READY 挡时，VCU 接收到 P 挡或 EPB（电子驻车开关）拉起信号或车
速小于 1.8 km/h。

（7）VCU 接收到 IPU 发送的准备就绪状态及 DC-DC 请求状态。

（8）无影响直流充电的故障。

VCU 控制直流充电结束过程如图 3-18 所示，VCU 收到充电柜消耗功率为 0 和 BMS 结束充电信号时，通知 IPU 结束 DC-DC 工作，通知 BMS 断开高压继电器（接触器）。

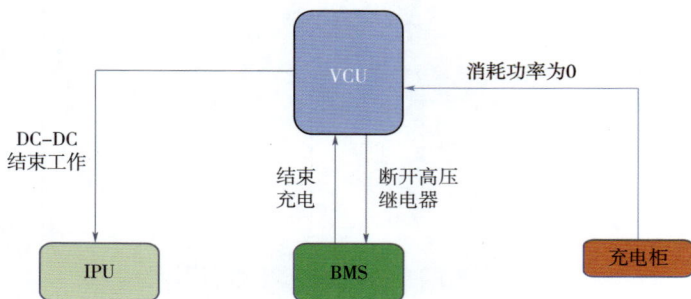

图 3-18　VCU 控制直流充电结束过程

3.2.3 直流充电系统工作过程

直流充电系统工作过程如图 3-19 所示，K1、K2 是充电桩高压正负继电器，K3、K4 是充电桩的低压唤醒正负极继电器，可以输入低压电给 VCU 将其唤醒；K5、K6 是电池包高压正负极继电器。检测点 1 是充电桩检测快充插头与车辆连接状态的识别信号，检测点 2 是 VCU 检测快充插头与车辆连接状态的识别信号。

直流充电系统工作过程步骤如下：

（1）检测点 1 和检测点 2 检测电压是否符合要求，当电压符合要求后，充电桩与车辆互认连接可靠。

（2）K3、K4 充电桩低压唤醒正负极继电器吸合，充电桩输出 12 V 的低压唤醒信号，通过 A+ 和 A- 给 VCU，唤醒 VCU。

（3）VCU 会报送电池充电的需求，充电桩会报送要输出的充电参数。

（4）VCU 和充电桩两者进行匹配之后，动力电池的 BMS 会控制动力电池 K5、K6 继电器吸合一次，充电桩会控制 K1、K2 吸合一次，进行漏电检测，自检各自绝缘情况。

（5）VCU 和充电桩绝缘符合要求后，K1、K2、K5、K6 继电器继续吸合，正式进入充电阶段。

（6）VCU 发出充电请求和充电报文状态，充电桩反馈充电机的状态和报文，当充电桩和车辆之间判定充电结束后，就会断开 K1、K2 和 K5、K6，充电停止，K3、K4 也随即断开，充电结束。

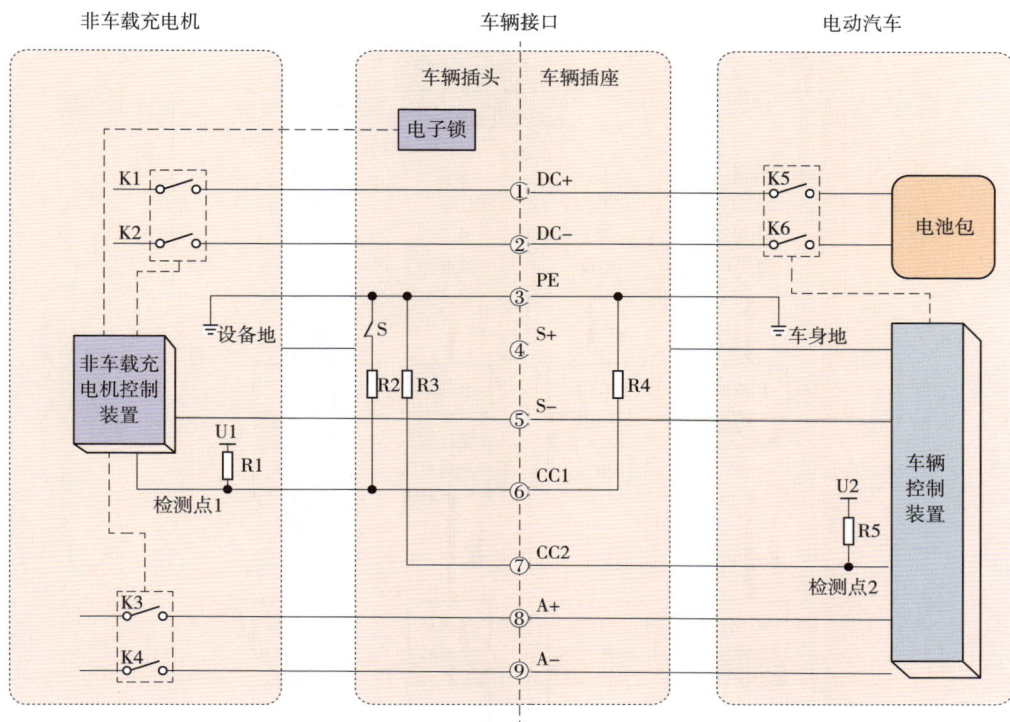

图 3-19　快充系统工作过程原理图

K1—充电桩高压正继电器；K2—充电桩高压负继电器；K3—充电桩低压唤醒正极继电器；

K4—充电桩低压唤醒负极继电器；K5—电池包高压正极继电器；K6—电池包高压负极继电器

3.2.4　吉利帝豪直流充电系统的电路识图

吉利帝豪直流充电系统的电路如图 3-20 和图 3-21 所示。BMS 的 CA70/12 和 CA70/11 分别是直流快冲口负极温度 + 信号和直流快冲口负极温度 - 信号，它们是用来传递直流快冲口负极母线的温度信号；BMS 的 CA69/9 和 CA69/10 分别是直流快充口正极温度 + 信号和直流快冲口正极温度 - 信号，它们是用来传递直流快充口正极母线的温度信号。

如果出现"快充口温度传感器故障""充电口过温"等故障，可以按以下顺序进行检查：①为防止其他故障影响所致，应优先排除其他故障；②检查温度传感器和 BMS 线束，应该没有短路，没有断路；③检查温度传感器和 BMS 线束对电源的短路情况，断开线束两端的连接器，检查温度传感器各导线对地电压应为 0 V。

BMS 的 CA70/1 和 CA70/2 是网络通信线，分别是 DC CAN-H 和 DC CAN-L，它们连接直流充电插座的 BV20/4 和 BV20/5，用来传递充电需求等信号。

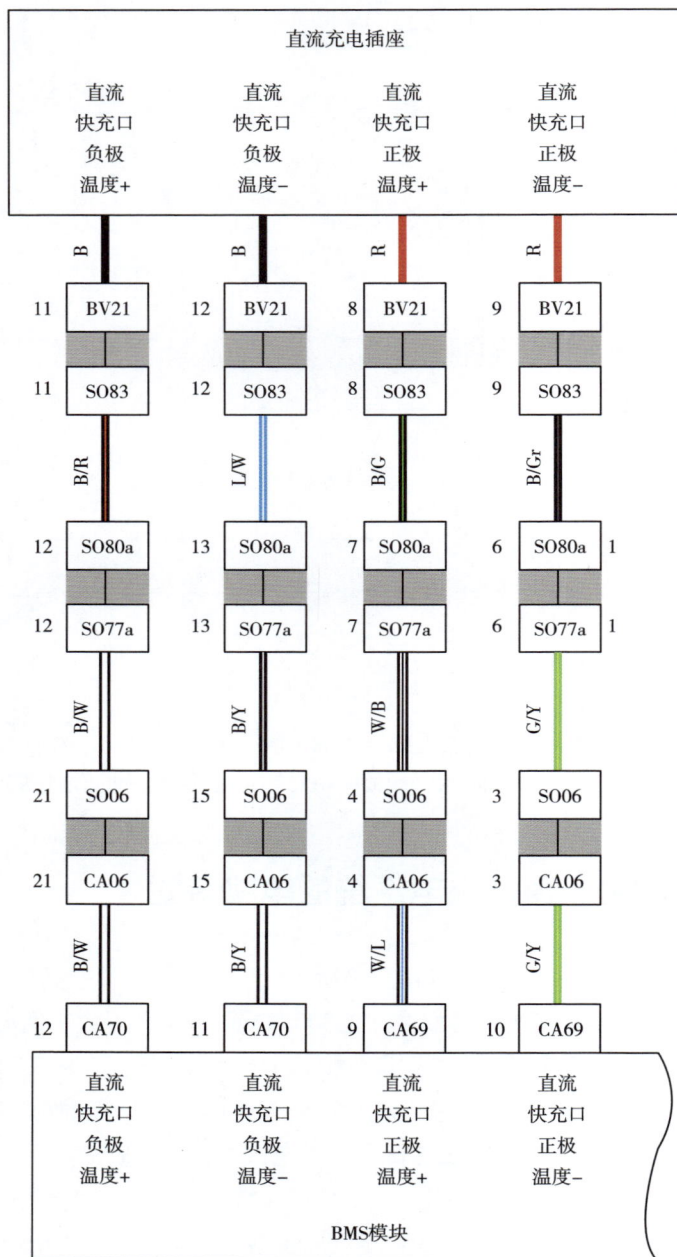

图 3-20 吉利 EV450 直流充电口温度传感器电路

	直流充电插座						
HV+	HV−	DC CAN_H	DC CAN_L	CC2	A+	A−	GND
1 BV20	2 BV20	4 BV20	5 BV20	7 BV20	8 BV20	9 BV20	3 BV20

		Br	L	Y	R	B	
		3 BV21	4 BV21	2 BV21	5 BV21	6 BV21	
		3 SO83	4 SO83	2 SO83	5 SO83	6 SO83	

		V	O	Br	R	B	
		10 SO80a	11 SO80a	5 SO80a	8 SO80a	9 SO80a	Y/G
		10 SO77a	11 SO77a	5 SO77a	8 SO77a	9 SO77a	

O	O	O/L	O/G	Br	R	B/R	
		17 SO06	16 SO06	22 SO06	18 SO06	9 SO06	
		17 CA06	16 CA06	22 CA06	18 CA06	9 CA06	

		O/L	O/G	Br	R	B/R	G40

1 BV23	2 BV23	1 CA70	2 CA70	3 CA70	4 CA70	5 CA70	
HV+	HV−	DC CAN_H	DC CAN_L	CC2	A+	A−	
动力电池		BMS模块					

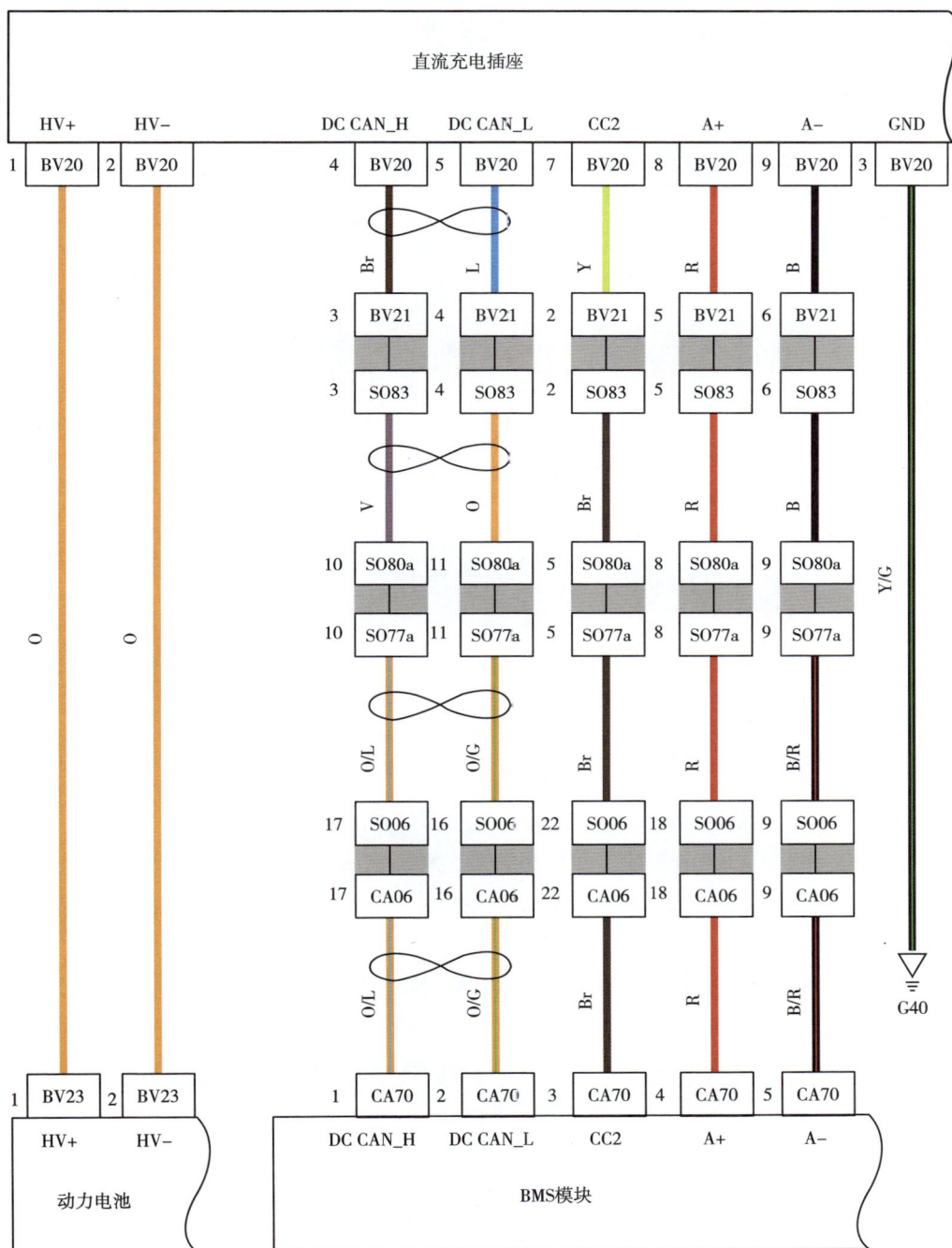

图 3-21 吉利 EV450 直流充电电路

3.2.5 直流充电系统故障的诊断

当直流充电系统出现无法充电故障时，如图 3-22 所示。直流充电系统出现无法充电故障常见现象包括：直流充电桩端显示未连接车辆；ON 挡和 READY 挡能充电，OFF 挡和 ACC 挡不能充电；车辆仪表不显示插枪信号等情况。

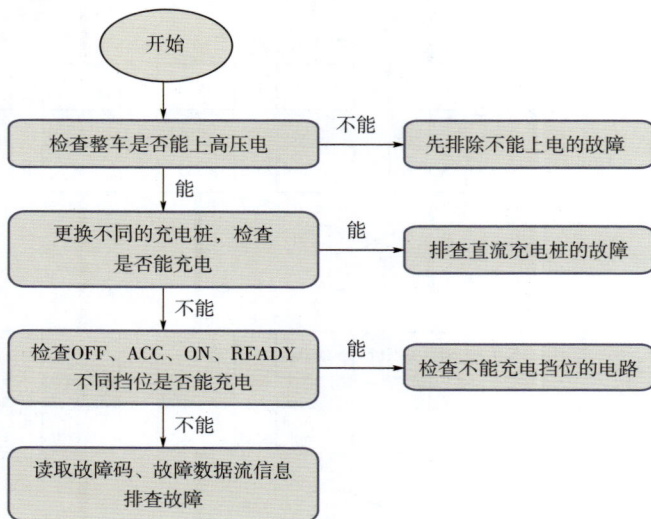

图 3-22　排除直流充电系统故障一般流程

（1）直流充电桩端显示未连接车辆。

此时需要检查快充插座 CC1 是否有磨损、烧损等情况，如果有，则需要更换充电枪线束。测量 CC1 和 PE 之间的阻值，正常电阻值约为 1 000 Ω，如果阻值不正常，建议更换充电枪线束。

（2）车辆 ON 挡、READY 挡能充电，OFF 挡、ACC 挡不能充电。ON 挡、READY 挡时，BMS 已经被唤醒，OFF 挡、ACC 挡时，如果 BMS 不能被唤醒，则车辆不能充电，需要检查相关的电路。检查快充插座 A+、A- 动力电池端线束阻值应不大于 1 Ω，与车身阻值应该在 1 k Ω 以上，测量结果异常排除线束。

（3）车辆仪表界面未显示插枪信号。

检查快充插座 A+、A- 到动力电池端线束阻值应小于 1 Ω，与车身阻值应大于 1 k Ω，如果测量结果异常，应排查线束。检查快充插座 CC2 信号与动力电池端线束阻值应小于 1 Ω，车辆上 ON 挡电后，测量 CC2 与 PE 端子之间的电压为 6 V 左右，测量结果异常，应排查线束。

（4）车辆直流插枪后，仪表显示插枪信号，一会显示充电完成，车辆无法正常充电。

此时需要检查快充插座快充 CAN 线 S+、S− 到动力电池端线束终端电阻应在 120 Ω 左右，车辆上 ON 挡电，分别测量 S+、S− 与接地之间电压应为 2.5~3.5 V，1.5~2.5 V，测量结果异常，则排查线束。

（5）充电时跳枪。

查看充电桩是否报出相关的故障代码，提示维修充电桩或联系充电桩供应商进行维修；用诊断仪读取 BMS 是否有故障代码，根据故障代码排查相关故障；用诊断仪查看 BMS 数据流，读取最高、最低单体电压，以及最高单体温度，查看单体电压是否有跳变现象，单体最高电压为 4.25 V 左右，如果单体电压突然跳变为 4.25 V 左右，需要对单体电池做均衡修复；记录跳枪阶段的 SOC、单体电压数据，因电池改变电流阶段，充电桩本身相应过慢会导致 BMS 判定为过流。

3.3 充电系统维修案例解析

电动汽车充电系统故障涉及动力电池、充电系统等很多方面，排查电动汽车充电系统故障时，多结合故障出现时车辆发生的其他故障现象，这样能更快找到排除充电系统故障的切入点。

3.3.1 比亚迪 e5 "请检查充电系统" 且无法充电的故障

1. 故障现象

一辆 2017 款比亚迪 e5 在插入交流充电枪充电时，仪表显示"充电连接中，请稍后"，整车上电以后，仪表提示请"检查充电系统"，无法充电。

2. 故障诊断与解析

车辆可以上电，仪表中 "OK" 指示灯能正常点亮，车辆能正常行驶。插上交流充电枪后，用故障诊断仪读取故障信息，发现无故障。故障诊断仪读取可正常读取 BMS 及 VTOG 等数据流，双路电供电正常。

比亚迪 e5 交流系统工作原理如图 3-23 所示，当充电枪插到交流充电口之后，高压电控总成和车外交流充电装置进行通信，然后高压电控总成会发送充电连接信号到 BMS 和 BCM。BCM 控制双路电继电器工作，给 DC-DC（变换器模块）、BMS、网关和组合仪表等模块提供电源，让其完成自检。BMS 在被唤醒之后检测高压电控总成发送的充电连接信号，然后控制分压接触器、正极接触器、负极接触器、预充接触器、交流充电接触器工作，实现外部电源对车辆的交流充电。

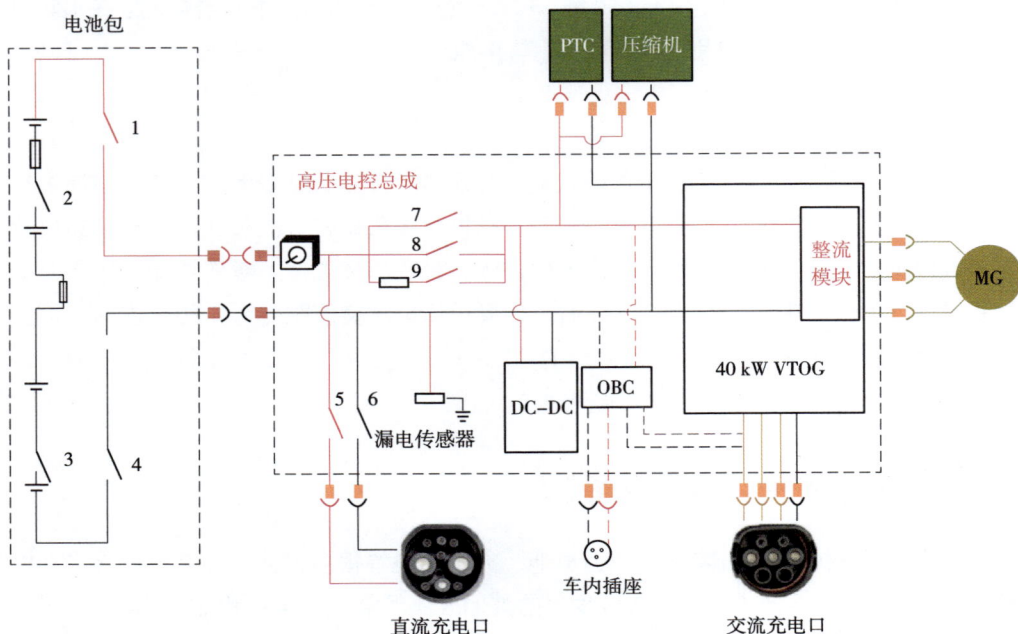

图 3-23　充电系统示意图

1—正极接触器；2—电池包分压接触器；3—电池包分压接触器；4—负极接触器
5—直流充电接触器；6—直流充电接触器；7—主接触器；8—交流充电接触器；9—预充接触器

读取数据流发现，VTOG 中 CP（充电桩连接确认信号）占空比信号 0%，此数据异常，正常车辆此数据为 9% 左右。

检查 CP 信号线，查找维修手册，CP 信号线的电路如图 3-24 所示，检查交流充电口 2 号端子和高压电控总成 B28（A）47 端子之间阻值，发现为无穷大。

3. 故障排除

从维修手册中的"线束图"中找到"前舱线束"图，BJB01（A）插接器在前舱右侧，检查该插接器，发现针脚松动，将其修复后，故障排除。

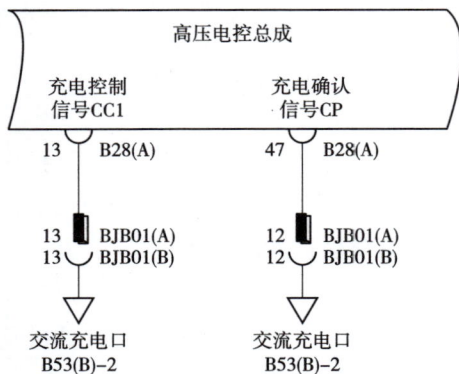

图 3-24　CP 充电确认信号线电路

3.3.2　比亚迪 e5 诊断仪无法进入且无法充电的故障

1. 故障现象

一辆 2017 款比亚迪 e5 电动汽车行驶了 50 000 km，该车能行驶正常，在充电站充电正常，使用家用充电桩不能进行充电。车主将该车用其他同型号家用充电桩充电，发现还是无法充电。

打开点火开关，仪表上 "OK" 指示灯点亮， "OK" 指示灯如图 3-25 所示，车辆能正常行驶。 连接交流充电枪，仪表上不显示动力电池充电连接指示灯，该指示灯结构如图 3-26 所示，车辆无法充电。

图 3-25　"OK" 指示灯

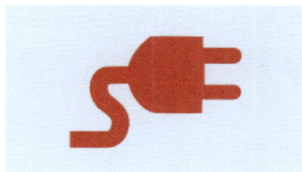

图 3-26　动力电池充电连接指示灯

故障出现在交流充电状态下，连接充电枪，用诊断仪诊断控制的故障，发现诊断仪无法进入 VTOG（双向逆变充放电式控制器）、BMS、DC-DC（变换器模块）等高压控制模块。

2. 故障诊断与解析

根据维修经验，诊断仪和电控单元无法通信，通常故障原因包括以下几点：①诊断接口 DLC 和诊断仪连接不良；②控制模块有故障；③控制模块的电源电路异常，控制模块的电源电路包括给控制模块的正极供电电路和负极搭铁电路；④相关的通信线异常，等等。

电动汽车不能交流充电的故障原因包括：①充电桩的故障；②车载充电装置故障（e5 车载充电机集成于电控总成中）；③ VTOG 有故障，或是电源电路故障；④ BMS 等高压控制模块有故障，或是电源电路故障；⑤通信故障等。

综合故障现象和维修经验分析：车主试换过其他交流充电桩还是无法充电，所以排除交流充电桩故障的可能性；车上充电装置故障，引起诊断仪无法进入的可能性比较小，所以也可以排除车上充电装置故障的可能性；VTOG 和 BMS 如果有故障，会影响车

辆的正常行驶，所以其故障的可能性较小；综合车辆故障现象和维修经验，先着手检查
VTOG 和 BMS 等高压模块的供电电路。

查找维修手册，找到 BMS 和 VTOG 等的供电电路，BMS 和 VTOG 都是保险丝 F2/32 供电，BMS 的正极供电电路如图 3-27 所示。

双路电继电器控制"双路电"，在车辆充电时和车辆正常启动时，双路电继电器工作，给相关器件提供电源。

检查低压蓄电池的电压为 13 V 左右，检查保险丝 F2/32 的两端电压为 0 V，正常时该电压应该是 12 V 左右，说明在充电时 BMS 和 VTOG 没有正常工作。

检查保险丝 F2/32 没有熔断，检查保险丝座接触片没有松旷。查找双路电继电器电路图，如图 3-28 所示，双路电继电器Ⅱ(图中为 KG-1 IG3继电器)控制保险丝 F2/32 电路，拔下双路电继电器Ⅱ，给该继电器线圈部分施加 12 V 电压，发现继电器开关阻值小于 1 Ω，说明该继电器没有烧坏。检查双路电继电器Ⅱ线圈部分对应的继电器座输入接脚，检查电压为 0 V，说明双路电继电器Ⅱ线圈部分无电源输入，检查双路电继电器Ⅱ开关部分对应的继电器座输入接脚，检查电压为 12 V 左右。

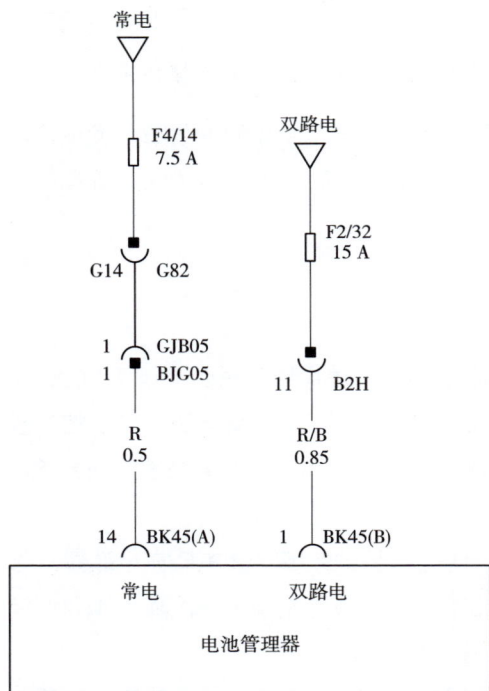

图 3-27　BMS 正极供电电路　　　　图 3-28　双路电继电器Ⅱ控制电路

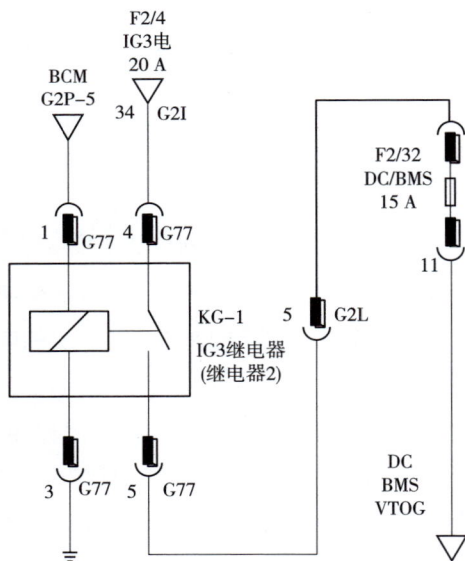

经过上面检查说明 BCM G2P-5 不能正常供电给双路电继电器 II 线圈。检查 BCM G2P-5 与 G77-1 之间的电阻小于 1 Ω，正常。检查 BCM 的 G2P-5 的针脚和对应的接口也正常。说明 BCM 根本没有输出控制双路电继电器 II 的电压。

BCM 是在插入交流充电枪后，被 VTOG 用充电连线信号唤醒, BCM 被唤醒后控制双路继电器工作。查找维修手册中 BCM 的电路，如图 3-29 所示，检查 VTOG 的 B28（B）-12 与 BCM G2R 17 之间的阻值为无穷大。查找维修手册，找到"线束图"中"仪表板线束"GJB05 插接器，发现有退针现象。

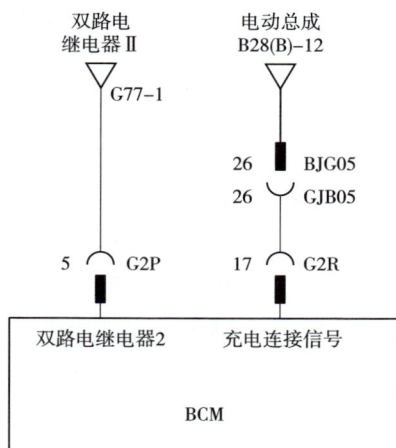

图 3-29　BCM 部分电路

3. 故障排除

将"仪表板线束"GJB05 插接器推针处进行修复，重新检查该线阻值小于 1 Ω。检查车辆充电情况，发现已经能正常充电，故障排除。

3.3.3　比亚迪 e5 仪表显示无充电功率且无法充电的故障

1. 故障现象

一辆 2017 款比亚迪 e5 轿车无法使用交流充电，插上充电枪后，仪表显示动力电池充电连接指示灯，但显示充电功率为 0 kW，不显示充电时间，车辆无法使用交流充电。

2. 故障诊断与解析

初步检查充电枪，交流充电口外观，没有发现异常。直观检查充电线束和前舱内元部件、插接器连接情况，均正常。使用万用表检查低压蓄电池的电压为 13 V，正常。在插上交流充电枪后，使用诊断仪读取系统故障代码，没有发现故障码。读取相关的数据流，也没有发现异常的地方。检查动力电池安装部位，没有发现破损、凹陷的地方。

（1）诊断仪能和 BMS 正常通信，这说明 BMS 已经被唤醒，BMS 被唤醒后是由双路电继电器供电的，所以 BMS 能被唤醒，说明双路电继电器能正常工作。检查由双路电继电器控制的保险丝 F2/32，其两端电压为 12.8 V，说明正常。

（2）双路电继电器是由 BCM 控制的，双路电继电器能正常工作，说明 BCM 也能正常工作。

（3）BMS 控制动力电池盒内部的分压接触器、正极接触器、负极接触器、预充接触器、交流充电接触器才能充电，BMS 控制分压接触器等的前提条件就是要接收高压电控总成发送的充电连接信号。

怀疑 BMS 没有收到高压电控总成发送的充电连接信号，查找维修手册，充电连接信号的电路如图 3-30 所示，检查高压电控总成 B28（A）-19 和 BMS 的 BK45（B）-18 之间的阻值，发现其断路。

3. 故障排除

仔细检查 BMS 插接器 BK45（B），发现 BK45（B）-18 有退针现象，将其修复后，故障排除。

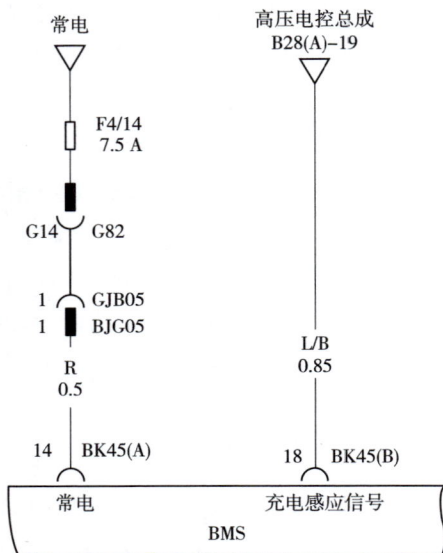

图 3-30　充电感应信号电路

3.3.4　帝豪 EV450 散热风扇高速运转无法交流充电的故障

1. 故障现象

一辆吉利帝豪 EV450 汽车插上交流充电枪时，无法进行充电，随车充电器绿色指示灯常亮，仪表不显示任何充电相关信息，车辆散热风扇高速运转。

2. 故障诊断与解析

使用故障诊断仪对车载充电器（OBC）进行基本诊断，读取到"与 ECU 连接失败"的信息。推断故障原因包括：车载充电器 OBC 电源电路故障、通信故障、OBC 本体故障等。查找维修手册，车载充电器（OBC）的电路如图 3-31 和图 3-32 所示，断开低压蓄电池负极，用电胶布缠好负极连接桩头。

戴好绝缘手套，将动力电池和车载充电机之间的电缆连接器 BV17 断开，等待 30 分钟，等待高压系统完全放电。再次戴好绝缘手套，单手操作测量车载充电机 OBC BV17-1 端子和 BV17-2 端子之间的电压，测量值为 0.1 V，放电已经结束，可以进行下一步检查。

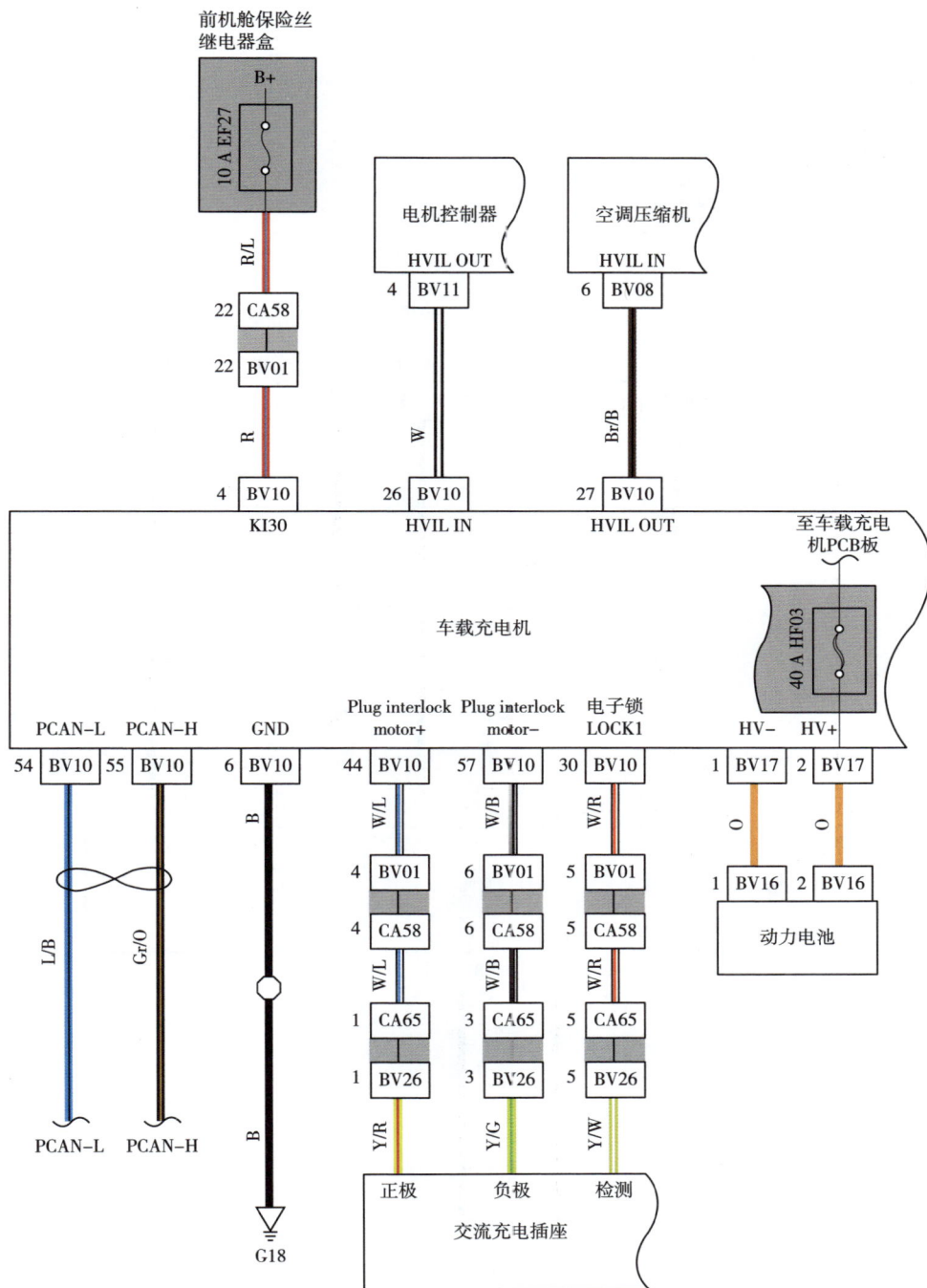

图 3-31　吉利帝豪 V450 车载充电机部分电路 1

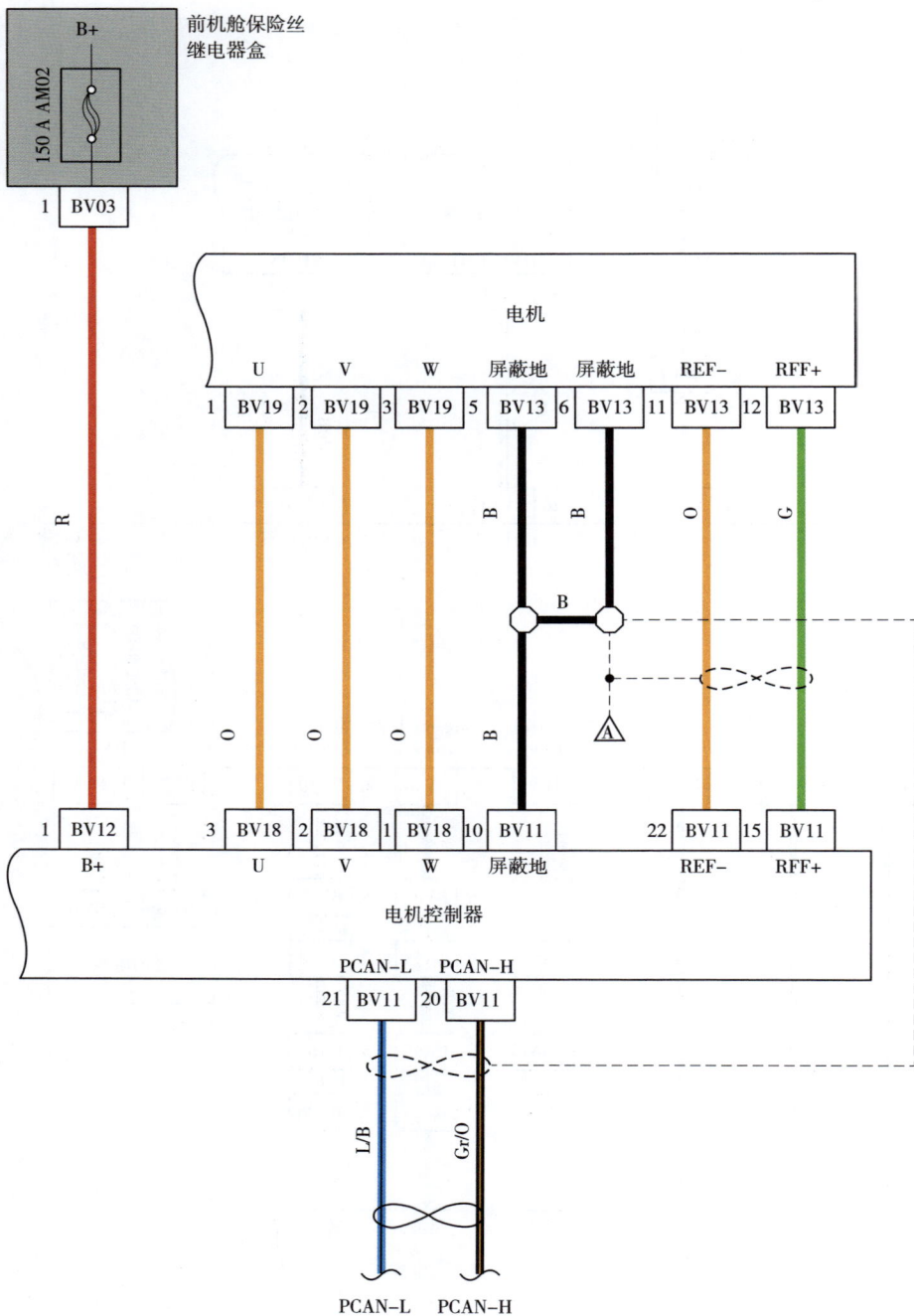

图 3-32 吉利帝豪 V450 电机控制器部分电路 2

车载充电机 OBC 是 BV10-4 提供电源，BV10-6 提供搭铁。断开 BV10 连接器，连接器低压蓄电池，检查 BV10-4 和 BV10-6 之间的电压，测量值为 12.3 V，正常。断开蓄电池正负极，分别检查 BV10-4、BV10-6 和蓄电池正极接头、负极接头之间电阻为 0.1 Ω，说明车载充电机 OBC 供电正常。

检查车载充电机 OBC 的通信线，车载充电机 OBC 的通信线连接其连接到电机控制上。如图 3-31 所示，断开车载充电机上 BV10 连接器，断开电机控制器上 BV11 连接器，检查 PCAN-H 的阻值，在 BV10-55 和 BV11-20 端进行测量，发现阻值为无穷大，检查 PCAN-L 的阻值，在 BV10-54 和 BV11-21 端进行测量，发现阻值小于 1 Ω。

3. 故障排除

检查 BV10-55 端子，发现存在虚接，对其进行修复。重新测量其两端阻值，其阻值小于 1 Ω，正常。连接充电器进行充电，发现仪表显示能充电。风扇不再高速运转，故障排除。车载充电机工作时，将输入的高压交流电转化成高压直流电，其转化过程中产生大量的热量，因此车载充电机内部也有冷却液通道，通过冷却液的循环降低车载充电机的工作温度。车载充电器 OBC 通信故障，为了防止高温受损，其电控单元控制风扇高速运转。

3.3.5　帝豪 EV450 可以直流充电不能交流充电的故障

1. 故障现象

一辆吉利帝豪 EV450 在插入家庭便携式交流枪后，车辆仪表充电枪已经插入，充电指示灯亮起，但车辆无法充电，充电口指示灯为红色。将车开到充电站用直流充电，发现充电正常，充满电后，将车开往了维修厂。

2. 故障诊断与解析

使用故障诊断仪读取车载充电器（OBC）和 VCU 的故障信息，读取到 P1C2C04- 车载充电器故障，紧急关闭，当前故障为 P1A8998- 热敏电阻失效。读取数据流，"VCU 发出的 BMS 放电状态请求"为"下高压"。

连接充电枪，读取相关数据流"外部能量状态 CP 信号"为"连接并允许充电"，"外部线缆连接状态 -CC 信号"为"已连接"。

想检查温度传输的数据，查找维修电路如图 3-33 和图 3-34 所示，发现没有单独的温度传输线，其信号是通过 CAN 线传递的。检查 CAN 通信线，正常。P1A8998 的原因可能是车载充电机低压电源故障或车载充电机内部故障。检查车载充电机的电源电路，正常。

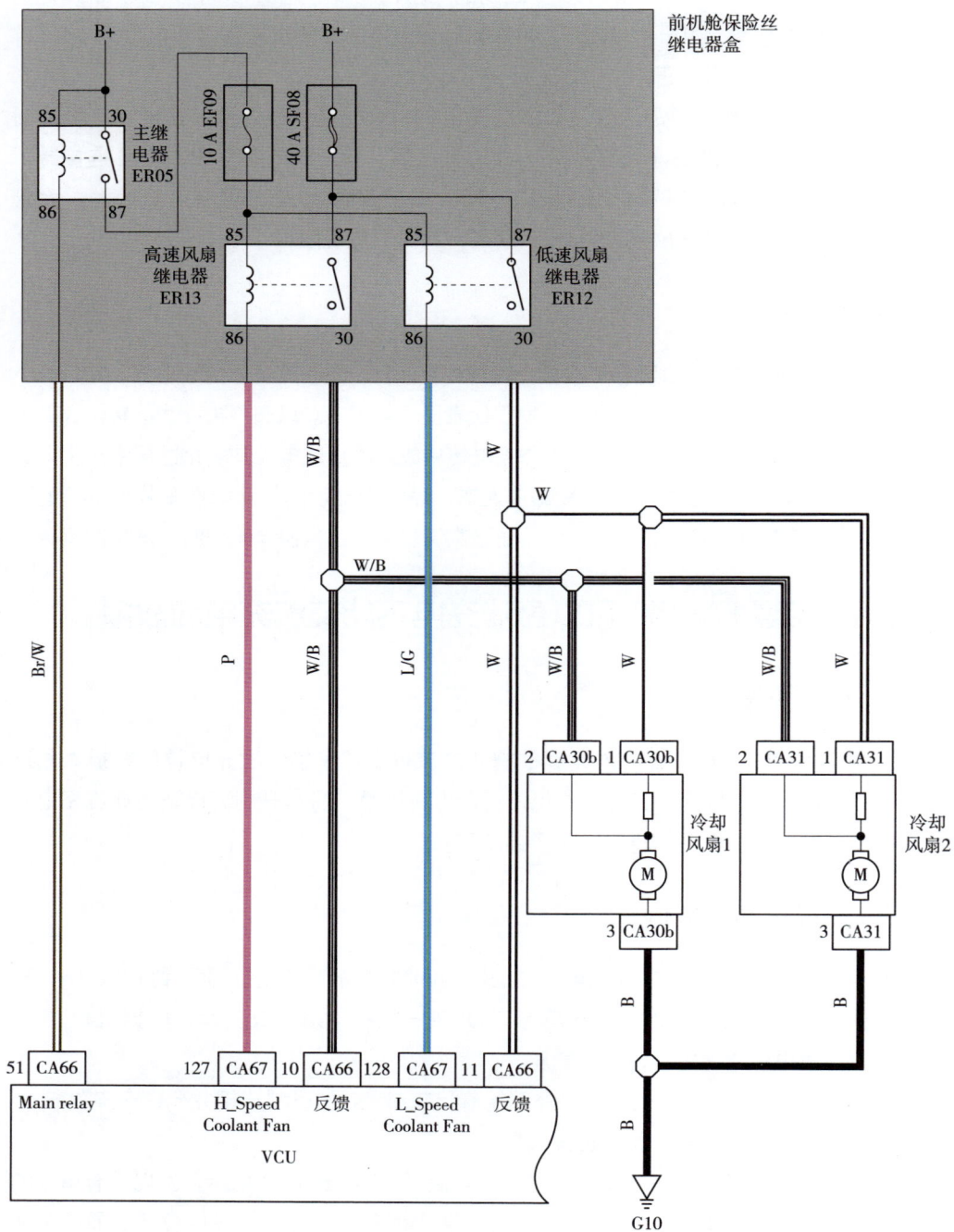

图 3-33 EV450 冷却风扇电路

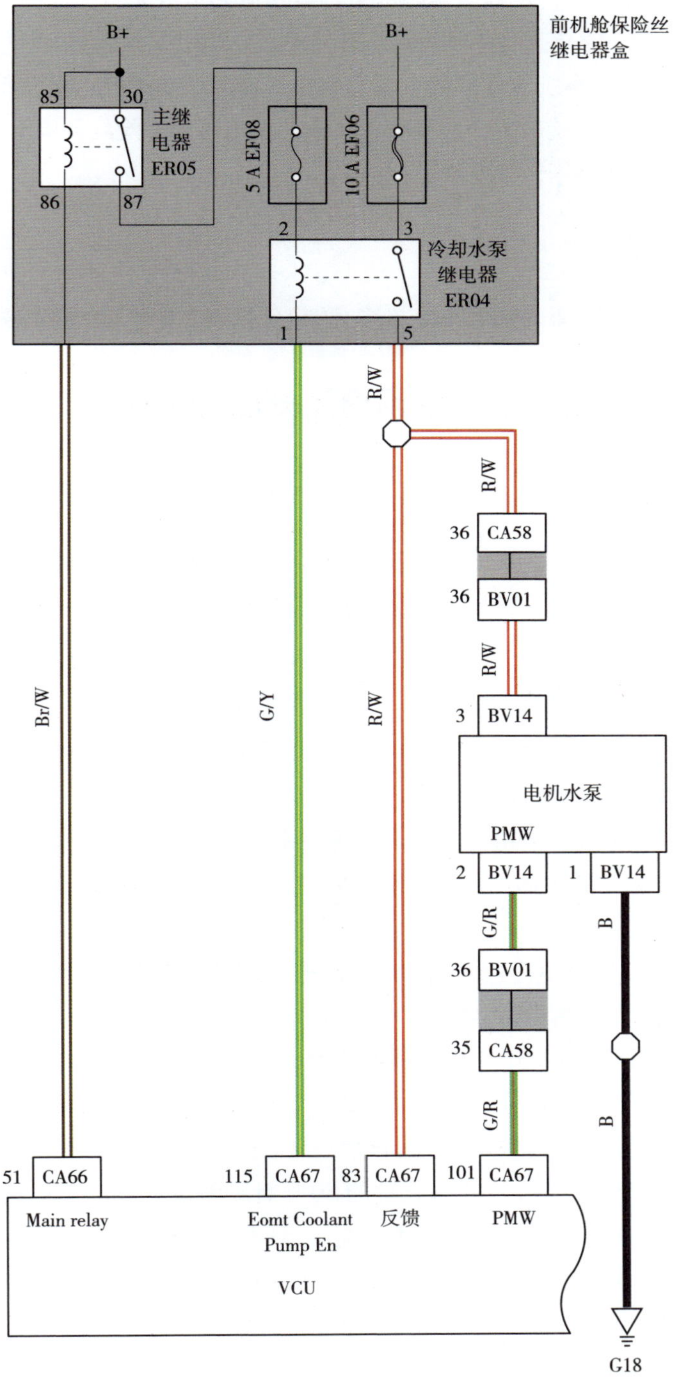

图 3-34　EV450 电机水泵电路

推断是车载充电机内部热敏电阻故障，为了避免交流充电出现高温现象，系统不让车载充电机充电。直流充电无须经过车载充电机，所以不受影响。

现在担心是冷却系统故障引起车载充电机工作时过热受损，对冷却系统进行了检查。查找 EV450 冷却系统电路，检查冷却风扇、继电器、保险丝、电机水泵、VCU 的连接器等，没有发现虚接等异常现象。

3. 故障排除

更换车载充电机，重新加入了冷却液，连接便携式充电枪，车辆能充电，故障排除。

3.3.6 比亚迪 e5 不能使用直流充电的故障

1. 故障现象

一辆比亚迪 e5 可以使用交流充电桩充电，使用直流充电桩充电时，充电桩显示启动充电未能成功，无法实现快充，更换过多个充电桩，故障依旧。

2. 故障诊断与解析

分析故障原因包括：直流充电口故障，直流充电低压 CAN 通信线路故障，BMS 故障或者控制直流充电的低压线路故障。

插上直流充电枪，车辆仪表上显示充电连接指示灯，没有其他相关信息。观察充电桩，充电桩上显示充电启动未能成功。因为车辆可以使用慢充，估计 BMS 上能正常工作。

车辆亮起了充电指示灯，而充电桩上却报出充电未能成功启动，推断充电桩和车辆不能正常通信，需要检查通信线。

（1）查找比亚迪 e5 直流充电系统电路，如图 3-35 所示。接下来插上充电枪充电，测量 BMS 的 BK45（B）接插件的 20 号针脚（CAN-L）无电压，测量 14 号针脚（CAN-H）2.9 V 电压，通信 CAN 线电压正常应为 2.5 V 左右，两条通信线电压和为 5 V。

（2）测量 BMS 的 BK45（B）接插件的 20 号针脚到充电口 S- 端子不导通，电池管理系统 BK45（B）接插件的 14 号针脚到充电口 S+ 端子导通正常。

（3）测量充电口的 S- 端和 S+ 端到前舱线束 BJB01（B）接插件 4 号端子和 5 号端子都导通正常，可以排除直流充电口故障。

（4）再测量前舱线束 BJB01（A）-5 号端子到电池管理器 BK45（B）-14 号端子导通正常，BJB01（A）-4 号端子和电池管理器 BK45（B）-20 号端子不导通。

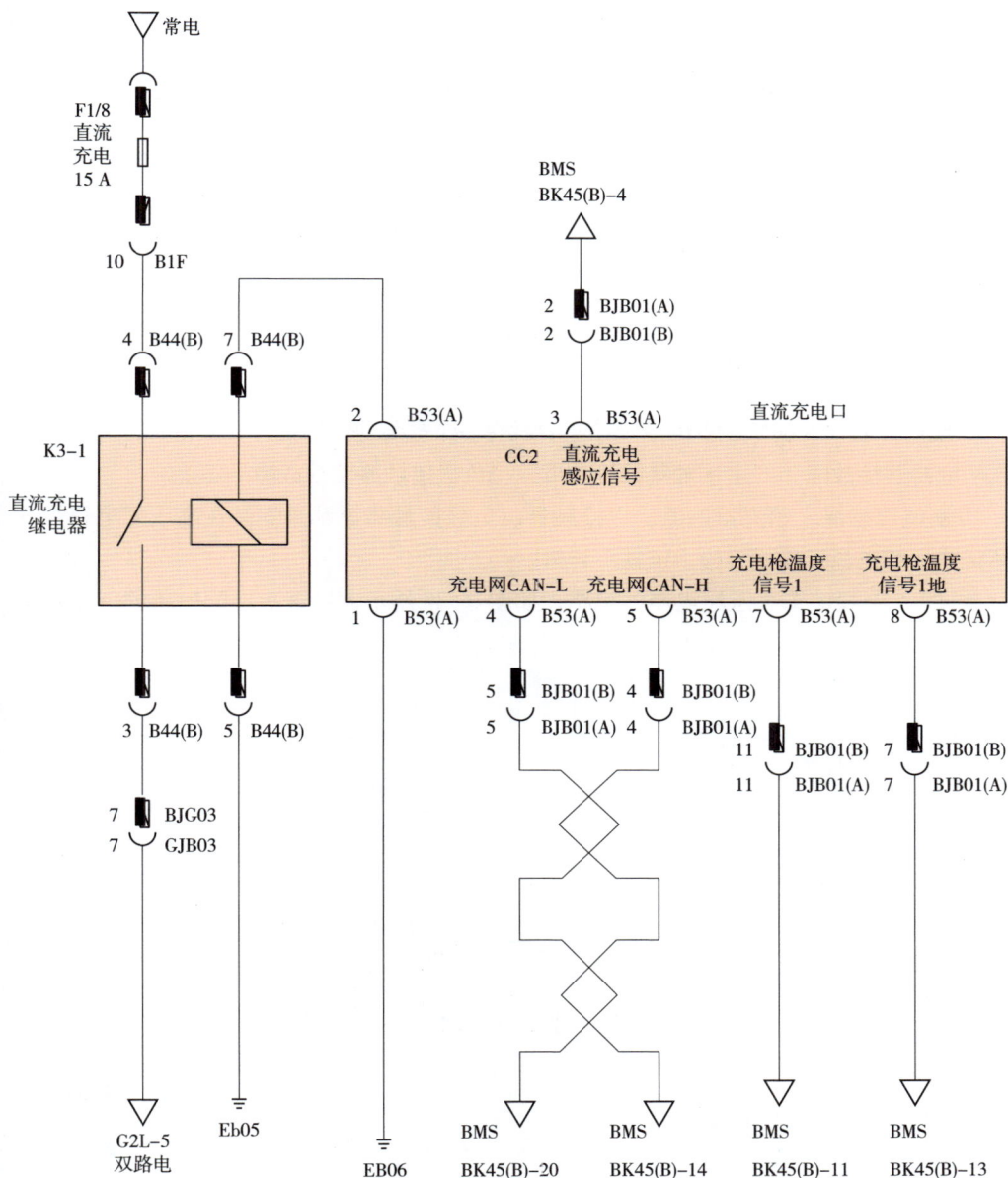

图 3-35　比亚迪 e5 直流充电系统电路

3. 故障排除

　　根据以上检修结果，判断插接器 BJB01（A）-4 号端子和电池管理器 BK45（B）-20 号端子线路断路，更换前舱线束后，故障排除。

3.3.7 比亚迪秦不能充电无 EV 模式

1. 故障现象

一辆比亚迪秦轿车 EV 模式受限，仪表中提示"请检查动力系统"，使用充电桩无法充电。

2. 故障诊断与解析

使用诊断仪，读取 BMS 的故障信息，发现多个故障码"漏电传感器通信故障""预充接触器回检故障""主接触器回检故障""负极接触器回检故障"等。

漏电传感器、预充接触器、主接触器、负极接触器等都是安装在高压配电箱内，怀疑共用的电源正极或负极（搭铁）异常。

（1）查找该车高压配电箱的电路，如图 3-36 所示，检查高压配电箱的低压供电保险丝 F2/33，检查发现 F2/33 保险丝已经熔断。

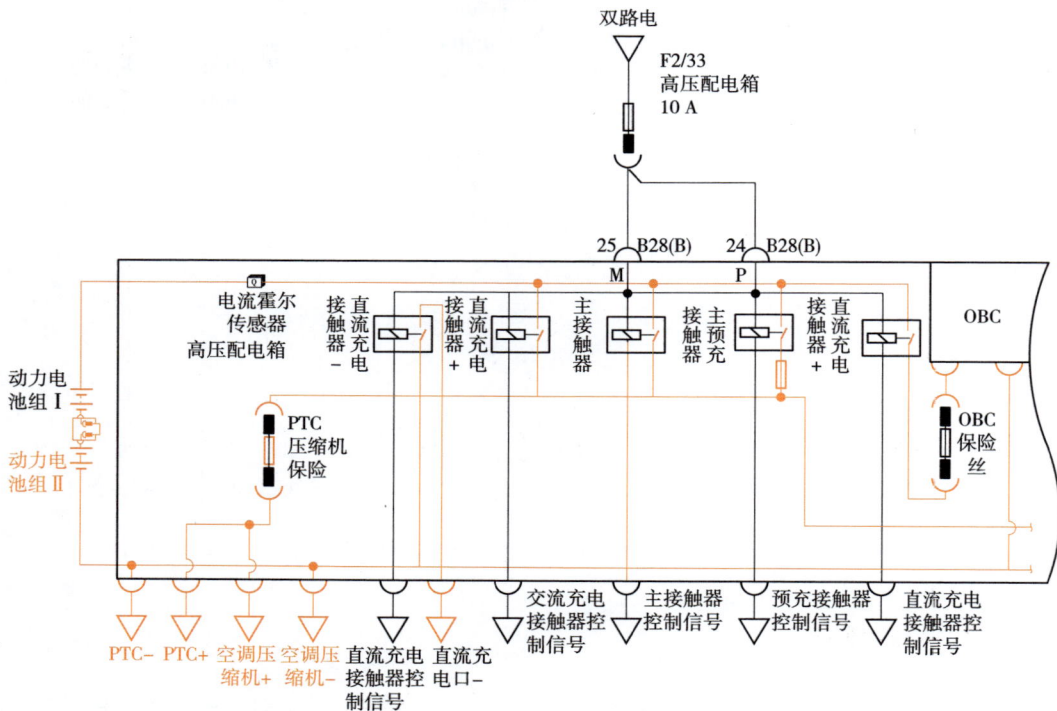

图 3-36 比亚迪秦高压配电箱电路

（2）F2/33 保险丝给高压配电箱内部的凌触器和漏电传感器供电，保险丝熔断通常是由于电路短路造成的，测量保险座发现其对地短路。

（3）拔下高压配电箱低压接插件 B28（B）连接器，测量保险丝座，发现不再对地短路。

（4）测量高压配电箱 B28（B）/25 端子，发现其对地短路，说明高压配电箱内部短路。

3. 故障排除

更换高压配电箱总成，试车时 EV 模式不再受限，仪表中不再提示"请检查动力系统"，使用充电桩可以进行正常充电，故障排除。

3.3.8 比亚迪元不能直流充电

1. 故障现象

一辆比亚迪元 EV 轿车，不能直流充电，交流充电正常。

2. 故障诊断与解析

（1）更换直流充电桩再试，故障依旧，排除直流充电桩故障。

（2）读取数据流和故障代码，没有发现异常故障信息。

（3）查看充电柜上显示了故障代码 10，查看故障代码含义，国家电网故障码对应的是 BMS 通信故障。

（4）打开点火开关，测量 S+ 为 2.5 V 左右，如图 3-37 所示，S+ 即电路图中 B53（A）-5（CAN-H），测量 S- 也为 2.5 V 左右，S- 即 B53（A）-5（CAN-H），测量 S+ 和 S- 之间的阻值为 120 Ω，正常。

（5）检查充电口没有锈蚀等情况。

（6）检查 BMS 的 K45（B）连接器，感觉有些松动。

3. 故障排除

清理 BMS 的 K45（B）上面的灰尘，重新固定连接好，试车，故障排除。

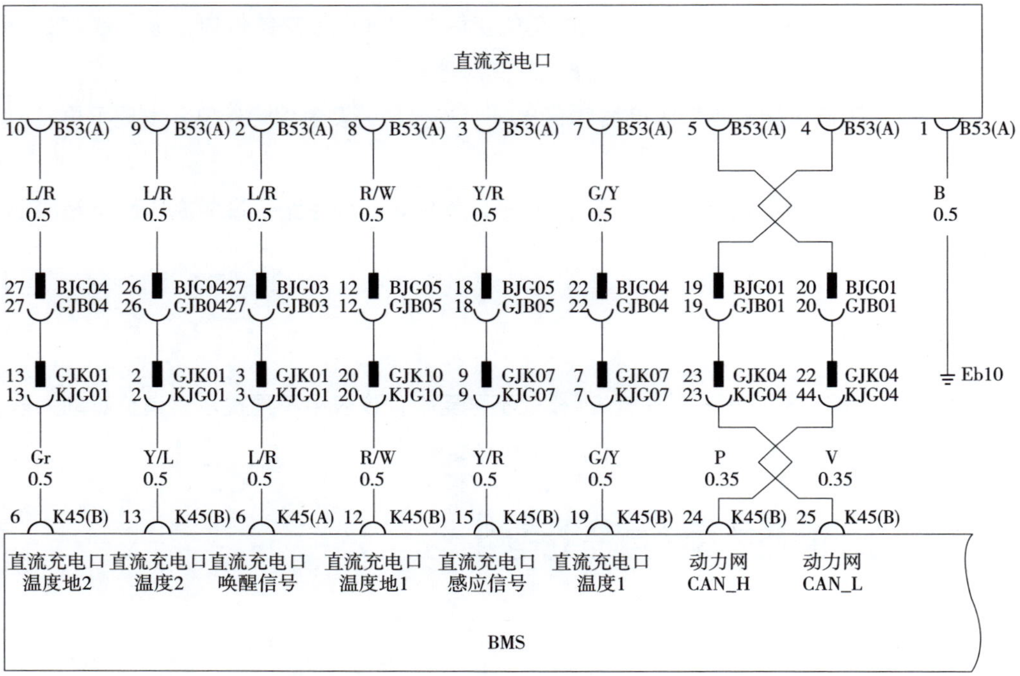

图 3-37　比亚迪元直流充电电路

3.3.9　北汽 EV200 交流充电亮动力电池断开指示灯

1. 故障现象

一辆北汽 EV200 在交流充电时，仪表上动力电池断开警示灯点亮，动力电池断开警示灯如图 3-38 所示。

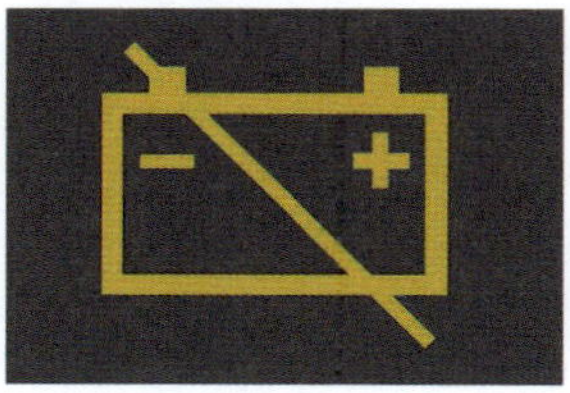

2. 故障诊断与解析

（1）交流充电时动力电池断开警示灯点亮表示交流充电系统引起了高压故障。

图 3-38　动力电池断开指示灯

（2）观察仪表，充电时亮起 "充电连接指示灯"，但没有亮起 "充电指示灯"。

（3）打开汽车前舱盖，观察车载充电机只有 Power 电源红色指示灯点亮。

Power 灯为电源指示灯，当接通交流电后，电源指示灯亮起。Charge 灯是充电指示灯，当充电机接通电池进入充电状态后，充电指示灯亮起。Error 灯是充电机内部故障报警指示灯，当充电机内部有故障时亮起。

（4）多次开关电源，确认没有听到正、负接触器吸合声。查阅维修手册，电池接触器未吸合，需检查连接器是否连接，充电机唤醒是否正常。仪表上充电连接指示灯点亮，说明连接基本正常。

（5）查找该车电路图，VCU 集成控制器上慢充唤醒信号如图 3-39 所示，车载充电机慢充唤醒信号如图 3-40 所示，从图 3-39 和图 3-40 可以看出，VCU 集成控制器 V113 连接车载充电机 A15。断开点火开关，拆下 VCU 集成控制器的连接器，拆下车载充电机的连接器，端对端测量 V113 和 A15 的阻值，小于 1 Ω，正常。

（6）晃动线束检查 A15 对搭铁的阻值，有时出现几欧姆的情况，正常应该大于 1 MΩ。没有发现搭铁的地方，查找电路图，发现慢充信号还连接仪表和数据采集终端，数据采集终端电路如图 3-41 所示。检查数据采集终端处的线束，发现该处几条导线绝缘胶裂开，故障应该在此处，图 3-41 中 A20 端子连接搭铁线。

3. 故障排除

修复数据采集终端处的线束，交流充电正常，故障排除。

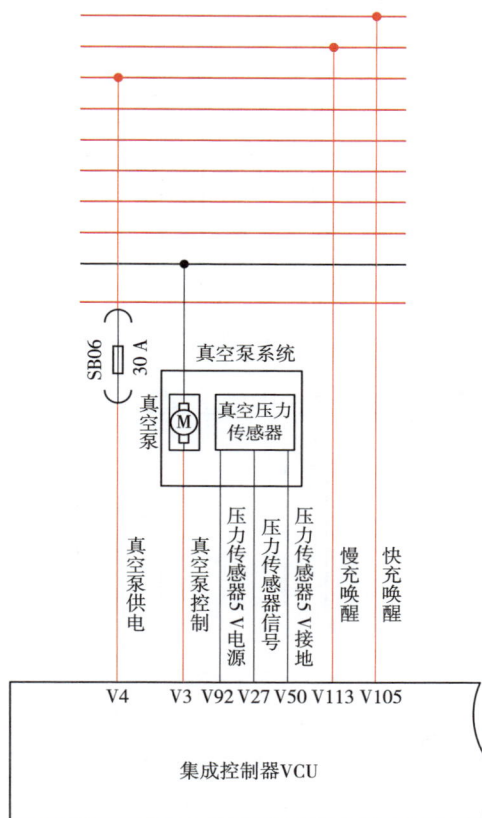

图 3-39　集成控制器 VCU 慢充唤醒电路

3.3.10　吉利帝豪 EV300 不能交流充电

1. 故障现象

一位驾驶吉利帝豪 EV300 的客户反映车辆不能使用便携式充电盒进行交流充电。

2. 故障诊断与解析

（1）连接交流充电枪，观察仪表中充电连接灯点亮，说明充电连接线基本连接良好。

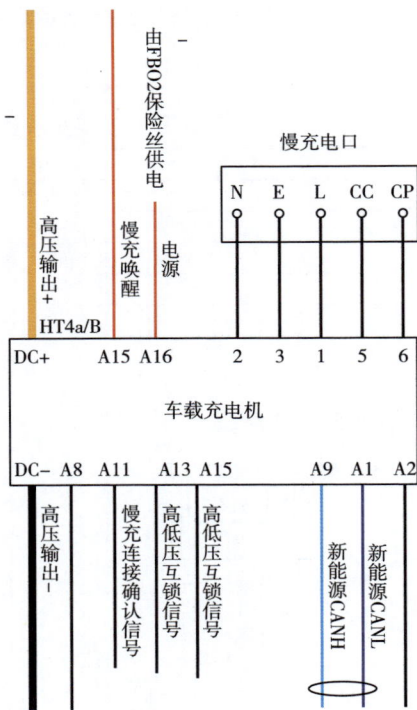

图 3-40　车载充电机慢充唤醒电路

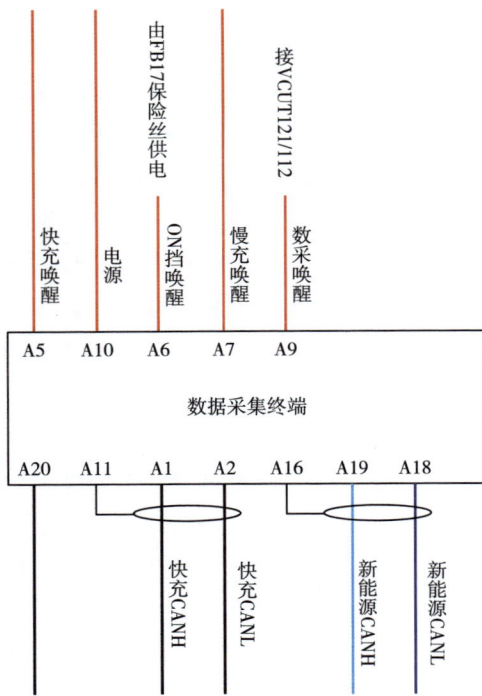

图 3-41　数据采集终端部分电路

（2）仪表中充电指示灯未点亮，充电系统自检发现故障，系统不允许充电。

（3）使用其他车辆便携式充电盒，还是不能充电，说明不是便携式充电盒的故障。

（4）重新连接交流充电枪，在交流充电插座上亮起了红色的充电指示灯，说明确实存在故障。

（5）使用诊断仪读取故障代码，发现"充电过程中充电枪插座温度过高""充电枪插座温度无效"等故障代码。

（6）根据以上故障信息，检查交流充电系统的温度传感器电路，如图 3-42 所示，断电时拔下车载充电机的 EP66 连接器，拔下交流充电插座 EP22 连接器。测量 EP66/12 和 EP22/7 之间的阻值小于 1 Ω，测量 EP66/11 和 EP22/8 之间的阻值小于 1 Ω，正常。

（7）分别测量 EP66/12 和 EP66/11 对地阻值大于 1 MΩ，正常。

（8）测量 EP66/12 和 EP66/11 之间的电阻大于 1 MΩ，正常。

（9）测量交流充电插座端 EP22-7 和 EP22-7 的阻值为 0.6 Ω，查找维修资料，没有找到此温度传感器的标准电阻，此处测量的是温度传感器的阻值，通常温度传感器采用的是负温度系数 NTC（热敏电阻），其阻值通常较大，电流较小。

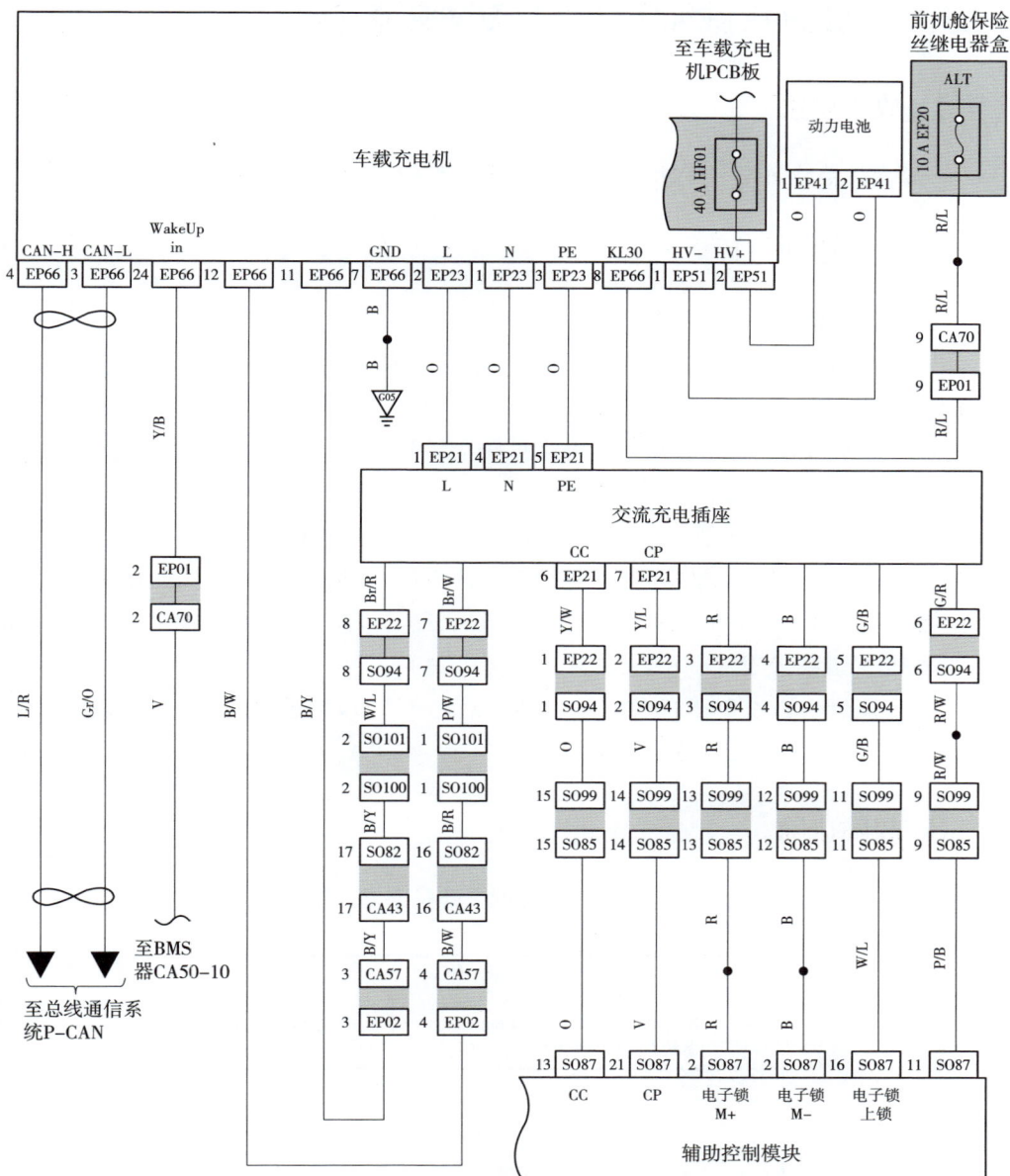

图 3-42　EV300 交流充电系统电路

3. 故障排除

更换交流充电插座，插上便携式充电枪，仪表上亮起了充电连接指示灯和充电指示灯，故障排除。

3.3.11 上汽荣威纯电动汽车无法交流充电

1. 故障现象

一辆上汽荣威 eRX5 可以用直流充电，不能使用交流充电装置充电。

2. 故障诊断与解析

（1）插上充电枪，仪表上显示充电连接灯，但不显示充电指示灯。

（2）用诊断仪车载充电机 OBC 的故障信息，读取到 "U1111 与高压 BMS 失去通信（偶发）。"

（3）根据 OBC 的故障信息，分析故障原因包括：车载充电器故障，车载充电器线路故障，电池管理器故障。

（4）查找该车车载充电器电路，如图 3-43 所示，测量电源线 BY223/1、BY223/7 的电压为 12 V，正常。测量通信线 BY223/5、BY223/6，分别是 2.8 V 和 2.2 V，正常。测量通信线 BY223/3、BY223/4，分别是 2.8 V 和 2.2 V，正常。测量连接指示线 BY223/11，2.9 V，正常。测量唤醒线 BY223/9，0 V，异常。

（5）测量唤醒线 BY223/9 端子和高压电池包 BY222/9 端子之间的电阻，发现为无穷大，说明故障是因为此线断路引起。

3. 故障排除

修复好 BY223/9 端子和高压电池包 BY222/9 端子之间的连接导线，故障排除。

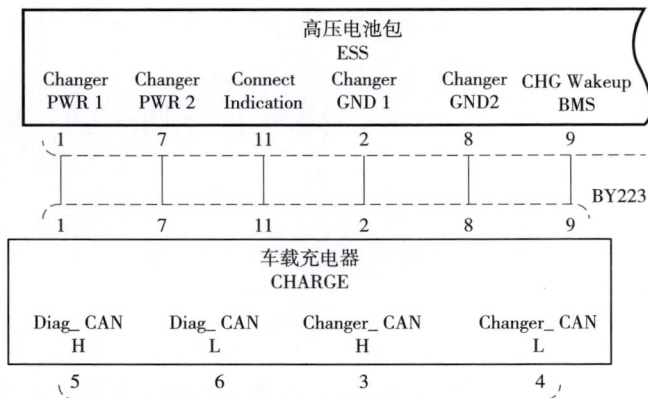

图 3-43　上汽荣威 eRX5 车载系统电路

第4章
驱动电机控制系统电路识图和维修案例解析

燃油汽车的电动机一旦产生故障，如果检查外部控制电路无故障后，更换电动机通常可以排除故障。电动汽车也一样，对于大多数情况来说，驱动电机内部损坏是无法维修的，需要更换驱动电机。所以，学习驱动电机控制系统的控制原理重点是掌握驱动电机控制系统的电路。

4.1 驱动电机控制系统电路识图

驱动电机控制系统由驱动电机、电机控制器、散热系统等构成，电机控制器受 VCU 控制，以实现汽车的前行、倒车、停车、能量回收、驻车等功能。

4.1.1 驱动电机温度传感器电路识图

驱动电机温度传感器将电机温度转变成电信号，并将此信号传给 MCU（电机控制器），MCU 根据驱动电机温度信号控制驱动电机运行。当驱动电机温度高于 120 ℃而低于 140 ℃时，控制器控制电机降低功率运行。当驱动电机温度高于 140 ℃时，控制器控制电机停机。吉利帝豪 EV450 驱动电机的温度电路如图 4-1 所示，驱动电机温度传感器有 2 个，分别感应驱动电机定子温度和冷却液温度，1 号温度传感器的端子是 R1+，R1-，2 号传感器的端子是 R2+，R2-。

当出现冷却水过温、定子温度最大值超过阈值、定子温度最小值小于阈值等故障时，可以按以下顺序来排除故障。

（1）这些故障可能是其他故障引起，因此，如果有其他故障，应优先排除其他故障。

（2）如果没有其他故障，检查冷却系统是否存在故障，包括检查膨胀罐内冷却液液位是否正常，检查管路是否弯曲、折叠或漏水，检查冷却水泵是否正常运转等。

（3）检查电机控制器的搭铁线。检查 BV11/1 和 BV11/11 搭铁之间的阻值应小于 1 Ω。

（4）检查电机温度传感器 1 和电机温度传感器 2 自身的阻值，在 20 ℃时，正常电阻阻值为 13.6 Ω 左右，85 ℃时，正常电阻阻值为 1.6 Ω 左右。温度传感器采用负温度系数电阻，阻值随温度升高而降低，阻值随温度降低而升高。

（5）检查电机温度传感器的线路。在断开电机温度传感器两端线束插接器后，检查各端子与搭铁之间阻值应大于 1 kΩ，检查导线的阻值应小于 1 Ω。

（6）更换电机控制器。

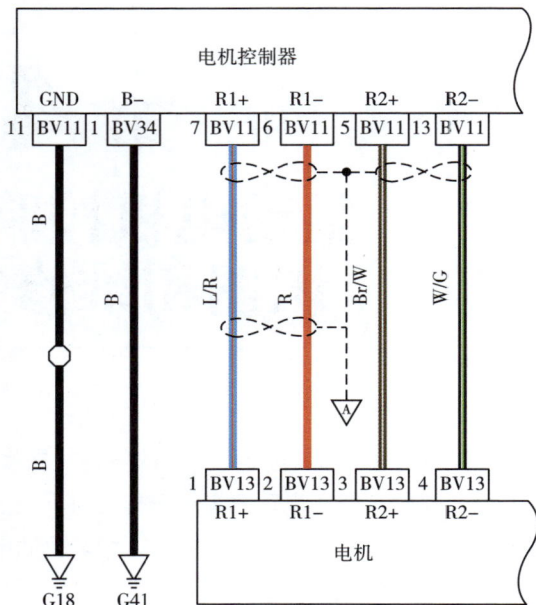

图 4-1 驱动电机温度传感器电路

技师经验：一辆比亚迪唐 DM 纯电模式行驶 3 km 左右加速动力不足，强制退出 EV 模式。在 EV 模式下，读取驱动电机控制器数据流，读取到后驱动电机控制器 IGBT 的温度数据为 87.2 ℃（异常），检查发现后驱动电机的散热水管更换过，新换的水管出现凹瘪，估计水管过流面积小影响散热，将其更换后故障排除。

4.1.2 旋变传感器电路识图

如图 4-2 所示，旋变传感器位于电机的后端盖位置处，靠近电机的高压线束，传感器线圈固定在壳体上，信号齿圈固定在转子上（随转子转动），有励磁、正弦、余弦三组线圈。旋变传感器主要监测电机转子的转速、位置、方向，并反馈这些信号传给电机控制器。

旋变传感器定子
旋变传感器转子

图 4-2 旋变传感器位置

如图 4-3 所示，旋变变压器由定子和转子两部分组成，转子由驱动同步电机的永磁转子同轴带动旋转，定子采用三个线圈，励磁线圈 A（输入），输出线圈 S（正弦），输出线圈 C（余弦）。正弦和余弦两线圈互成 90° 安装。当输入给励磁绕组正弦电压时，在正弦绕组（S）和余弦绕组（C）内分别可以得到两个感应电压，电压幅值主要取决于定子和转子齿的相对位置间气隙磁导的大小。

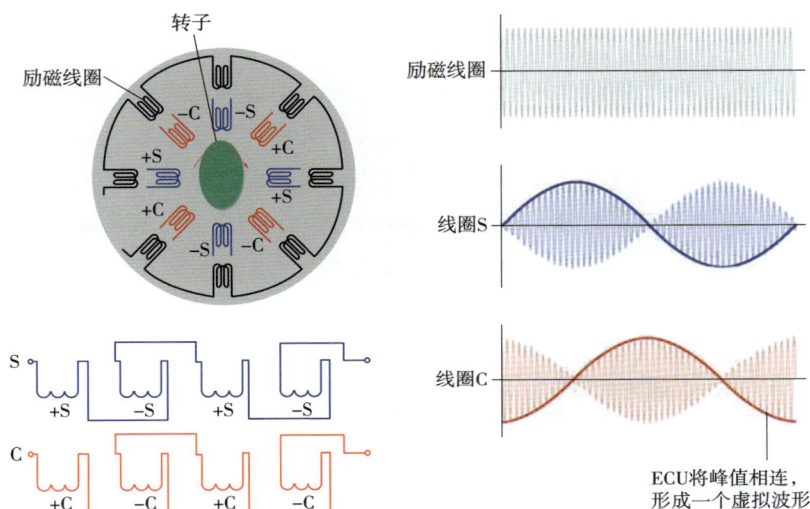

图 4-3　旋变传感器工作原理

吉利帝豪 EV450 旋变传感器的电路如图 4-4 所示，旋变传感器有六条连线连接电机控制器，这六条导线中 BV13/7、BV13/8 分别连接 COS+、COS- 端子，它们连接旋变传感器内余弦绕组，BV13/10、BV13/9 分别连接 SIN+、SIN- 端子，它们连接旋变传感器内正弦绕组，BV11/15、BV11/22 分别连接 RFF+、RFF- 端子，它们连接旋变传感器内余弦绕组。为减少信号干扰，这三组连线都有屏蔽线，图中 ∞ 形状及相关虚线即指屏蔽线。

当旋变传感器出现故障时，可以从以下方面检查该传感器：

（1）检查励磁绕组的供电电压，打开点火开关 ON 挡，测量插件端应有 3 V ~ 3.5 V 的电压。

（2）检查正弦绕组阻值，拔下插件，测量 SIN+ 和 SIN- 之间的正弦绕组阻值

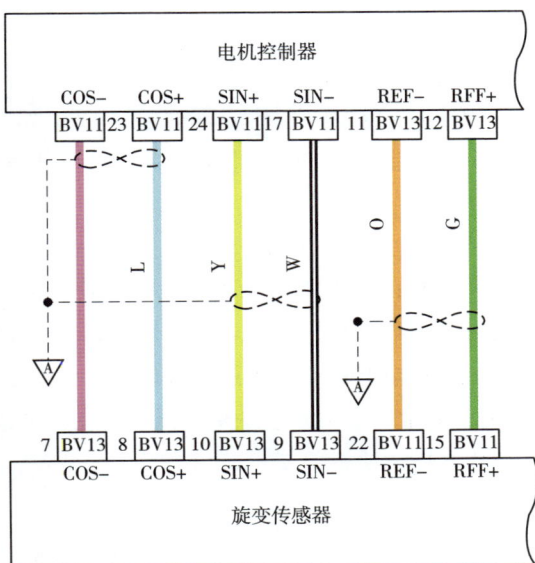

图 4-4　旋变传感器电路

应为 13.5 Ω ±1.5 Ω。

（3）检查余弦绕组阻值，拔下插件，测量 COS+ 和 COS- 之间的余弦绕组阻值应为 14.5 Ω ±1.5 Ω。

（4）检查励磁绕组阻值，拔下插件，测量 RFF+ 和 REF- 之间的励磁绕组阻值应为 9.5 Ω ±1.5 Ω。

> **技师经验：** 旋变传感器的连接器如果松动，会导致车辆不能行驶的故障，此时如果测量旋变传感器和电机控制器之间的导线阻值，需要拔下连接器，或者测量旋变传感器的绕组阻值，也需要拔下连接器。故障发生在连接器部位，拔下连接器自然无法发现故障，所以测量绕组时，可以从电机控制器端进行检测。如果遇到偶发故障，还可以晃动线束进行检测。测量其他传感器或电子元件，为防止连接器松动，也可以参考此测量方法。

（5）拔下传感器线束两端的连接器，测量每条导线的阻值。例如，BV11/23 端和 BV13/7 端的电阻，应小于 1 Ω。

（6）拔下传感器线束两端的连接器，测量每条导线对地的阻值。例如，BV13/7 端和搭铁端的电阻，应大于 1 kΩ。

（7）检查传感器的线束是否存在老化，防止因导线和导线之间绝缘性能差而导致故障。

当出现初始位置相关的故障码时，可以参考以下的故障排除步骤。

有时车辆会出现"初始位置标定处于加速阶段，加速至阈值频率的时间超过时间阈值""Offset 角（偏移角）不合理故障"等故障。

（1）使用故障诊断仪读取故障代码，如果有其他故障代码，应优先排除其他故障。

（2）使用诊断仪读取偏移角，其标准值为 41±2°，如果偏移角没有在标准内，进行下一步。

> **技师经验：** 一辆比亚迪唐仪表上偶发性显示"EV 功能受限"，检查未发现异常的数据流和故障码，多次试车，读取到"P1BBF00 前驱动电机旋变故障信号丢失"，测量前驱动电机旋变传感器阻值，正弦线圈为 15 Ω，余弦线圈为 17 Ω，励磁阻值为 8 Ω，正常。进一步检查发现，前电机旋变传感器插接件有点儿松动，将此插接件更换后，故障排除。

（3）打开起动开关至 ON 挡，连接诊断仪，根据电机铭牌上的标准值重新标定转子偏移角。

4.1.3　驱动电机控制电路识图

不同类型的电机,其控制电路基本相同,如图 4-5 所示,电机控制器通过 U、V、W 导线控制电机。

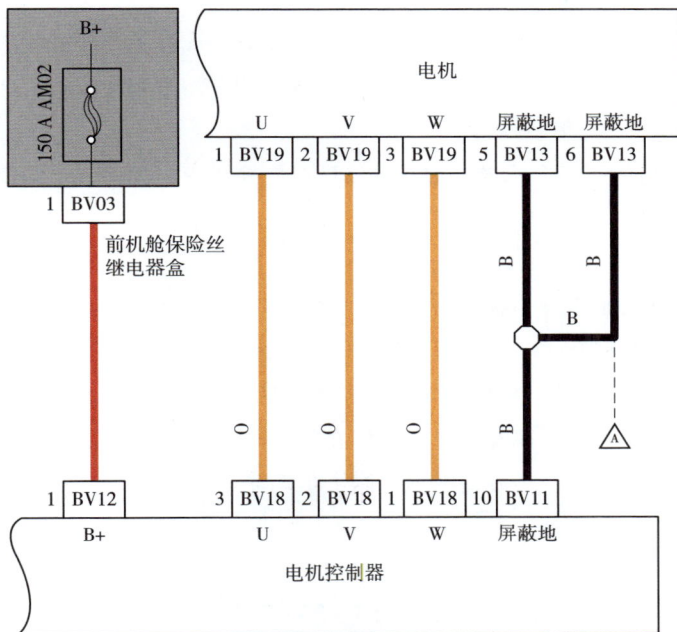

图 4-5　驱动电机电路

1. 电机缺相检查

电机缺相是指电机内部某相绕组线圈发生不通电的现象,其故障原因包括线圈断路、安全短路、接线端子烧蚀等引起线圈阻值不正常。检查时拆卸 U、V、W 三相线,用万用表测量各相之间的阻值,相互之间的阻值大于 0.5 Ω,即判断电机缺相,需要更换电机。

2. 电机绝缘检测

拆下电机接线盒盖板,拆下电缆,使用绝缘表 500 V 量程,测试三相绕组的对地绝缘阻值,测试结果应大于 20 MΩ,否则说明电机绝缘不良,需要维修或更换。

3. 电流控制不合理故障

(1)检查驱动电机三相线束相互短路情况。在点火开关关闭的情况下,断开蓄电池负极，断开驱动电机三相线束连接器 BV19，断开控制器三相线束连接器 BV18。用万用表分别测量 BV19/1 和 BV19/2，BV19/1 和 BV19/3，BV19/2 和 BV19/3 之间的阻值，阻值应大于 20 kΩ。

（2）检查驱动电机三相线束断路情况。关闭点火开关，断开蓄电池负极，断开驱动电机线束两端的连接器。分别测量 BV19/1 与 BV18/1、BV19/2 与 BV18/2、BV19/3 与 BV18/3 之间的电阻，应小于 1 Ω。

（3）检测驱动电机三相线对地短路情况。关闭点火开关，断开蓄电池负极，断开驱动电机线束两端的连接器。用万用表分别测量 BV19/1、BV19/2、BV19/3 与车身接地之间的电阻，其阻值应大于 20 kΩ。

（4）以上阻值不符合标准，都应该修理或更换线束。如果以上测量都符合要求，应更换电机控制器。

技师经验： 一辆比亚迪唐 DM 偶发"EV 功能受限"，熄火后可以继续使用纯电模式。故障出现时可以读取 BMS "严重漏电"和"一般漏电"的故障代码。逐一检查各个模块，没有检查到漏电的地方，多车试车发现前部的驱动电机有轻微的摩擦声，更换前部的驱动电机，故障排除。驱动电机还可能在热态时漏电，会导致在热态时车辆 EV 功能受限，而等驱动电机冷态时，车辆又能恢复正常。

4.1.4　DC-DC 直流转换器电路识图

电机控制器内部也有电控单元，也需要正常的供电电路，其供电电路如图 4-6 所示，BV11/26 是常电供电端子，BV11/25 是 IG 供电端子，BV11/11 和 BV34/1 是电机控制器搭铁端子。搭铁点分别是 G18 和 G41，其位置如图 4-7 所示。

DC-DC 直流转换器集成在电机控制器内部，其功能是将电池的高压电转换成低压电，提供整车低压系统供电。低压充电的工作原理如图 4-8 所示，高压上电前，低压电路系统依靠 12 V 的低压蓄电池供电，当高压上电后，电机控制器将动力电池的高压直流电经过 DC-DC 直流转换器转换成低压直流电，给 12 V 铅酸蓄电池补充充电。吉利帝豪 EV450 DC-DC 直流转换器通过端子 B+（BV12/1）连接线束及 AM02 150 A 保险丝输出低压直流电，供给低压蓄电池。

当出现"蓄电池电压过压故障""蓄电池电压欠压故障""低压端输出与蓄电池连接断开故障"时，可以按以下步骤进行检查。

（1）检查蓄电池电压，电压范围为 11 V ~ 14 V，否则更换蓄电池或对蓄电池进行充电。

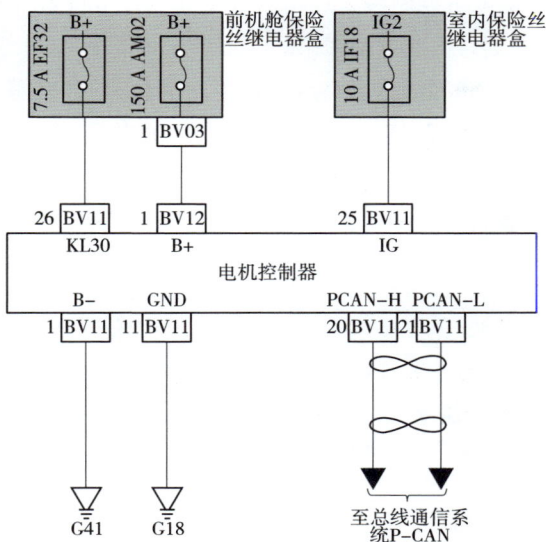

图 4-6　电机控制器电源电路

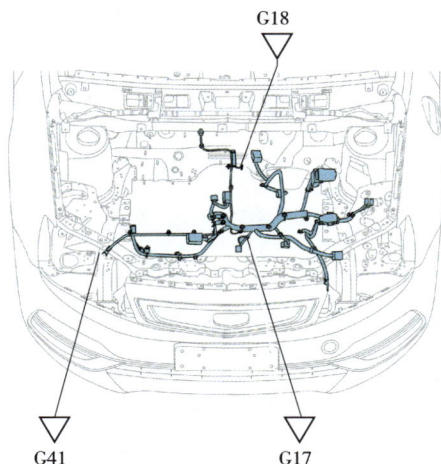

图 4-7　搭铁点位置图

G18—前围板中部中间位置；G41—右侧前照灯位置；G17—汽车前舱散热器上方中间位置

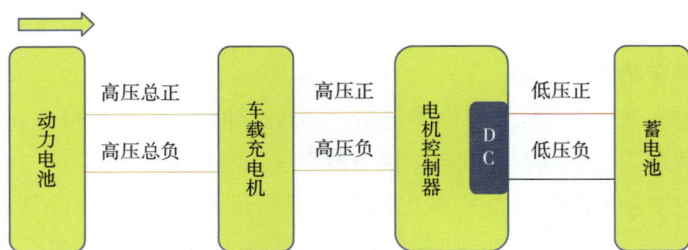

图 4-8　低压充电原理图

> **技师经验**：一辆吉利帝豪 EV300 不能使用随车充电器充电，插上充电枪后再读取故障码，读取"非期望的整车停止充电""DC-DC 故障等级 2（零输出）"故障码，DC-DC 故障指向电机控制器，更换电机控制器，故障排除。

（2）检查电机控制器保险丝 IF18、EF32、蓄电池正极柱保险丝是否熔断。

（3）检查电机控制器电源电压。将点火开关置于 OFF（其目的是防止未断开点火开关断电烧坏电子元件），断开电机控制器线束连接器 BV11。再次将点火开关打开，用万用表分别测量 BV11/25、BV11/26 对地电压，标准电压为 11 V ~ 14 V，否则修理或更换线束。

（4）检查电机控制器接地电阻。操作启动开关使电源模式至 OFF 状态，断开电机控制器线束连接器 BV11，用万用表分别测量电机控制线束连接器 BV11/1、BV11/11 和车身接地之间的电阻，电阻值应小于 1 Ω，否则修理或更换线束。

（5）检查 DC-DC 直流转换器和蓄电池之间的线路。将点火开关调至 OFF，断开蓄电池负极和正极，断开 BV12 连接器，检查 BV12/1 和蓄电池正极电缆之间的电阻，其阻值应该小于 1 Ω。否则维修或更换线束。

（6）如果依然存在故障，更换电机控制器。

> **技师经验：** 一辆比亚迪 e5 仪表提示"充电系统——DC 故障"，测量低压电池为 0 V，低压电池进入了超低功耗模式，按左前门微动开关进行手动唤醒，上电后，再测量低压电池为 11 V，电压远小于 13.8 V，更换高压电控总成故障排除。

使用比亚迪电动汽车低压电池时，需要注意：

（1）起动电池是整车低压负载的供电电源，并联在 DC 输出端上，一般情况是 DC 给起动铁电池充电工况，只有 DC 输出不足时参与整车负载供电；

（2）铁电池极柱内部连接 BMS，其硬件过电流能力有限，因此严禁使用此起动铁电池给其他燃油车辆搭电起动；

（3）起动铁电池内部包含电池管理器，其通过通信口和整车模块交互信息，所以务必保证通信线路连接有效，否则起动铁电池无法正常使用。

轻度混合的油电混合动力汽车 DC-DC 可以实现 48 V 到 12 V 降压，向整车 12 V 系统供电，还具备 12 V 到 48 V 升压功能，负责 48 V 系统上电预充，其控制原理如图 4-8 所示。

电动汽车一般都有 T-BOX（通信模块总成），即使汽车上的驾驶人已经离开，T-BOX 还能不停地采集此车的相关信息和数据，荣威 EI5 T-BOX 电路如图 4-10 所示，所以电动汽车可能比燃油汽车休眠电流更大一些，同时需要 DC-DC 在蓄电池电压低于额定电压时，能随时补充充电。

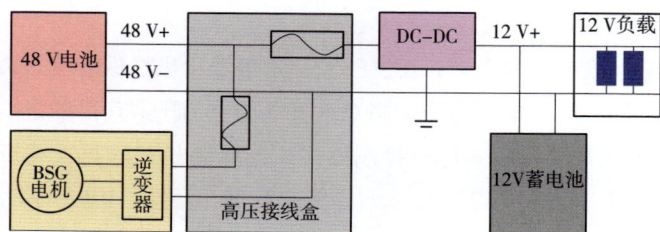

图 4-9　轻度混合汽车的 DC-DC

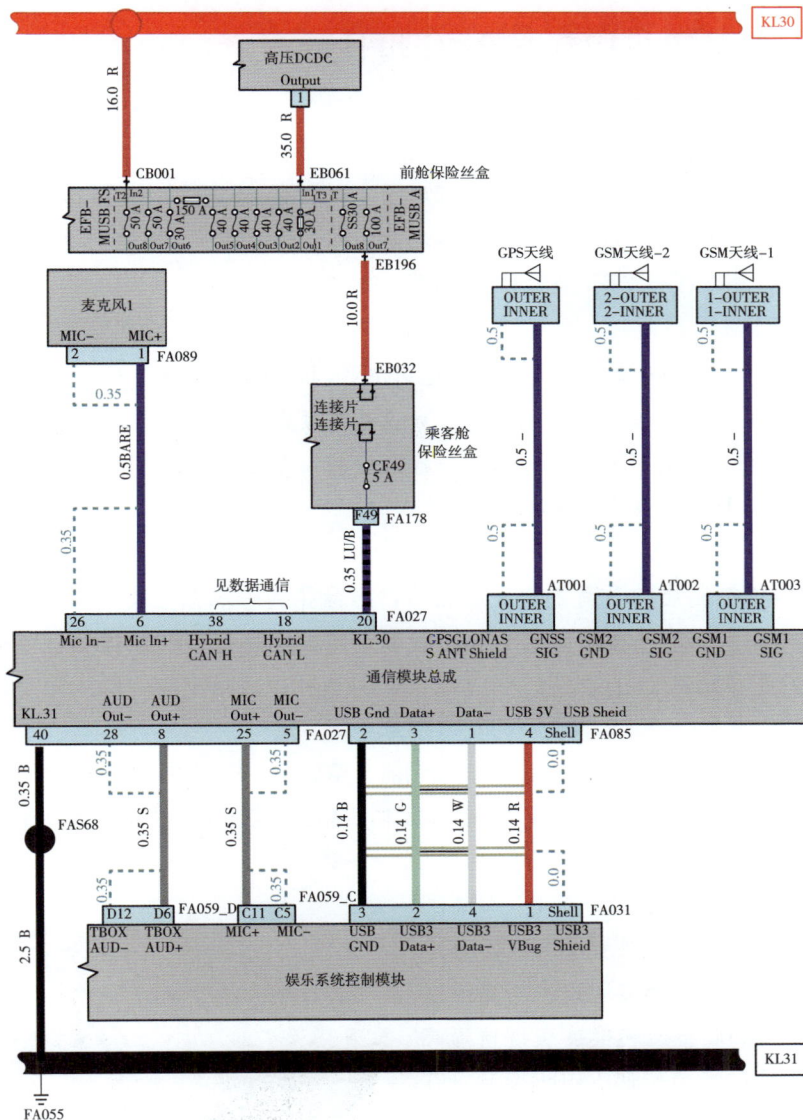

图 4-10　荣威通信模块总成的电路

技师经验：一辆比亚迪秦 EV 经常提示进入智能充电模式，读取 LBMS（低压电池管理器）数据流，竟然有 10 A 左右的休眠电流，正常情况下不大于 1 A。说明在"休眠"状态下有大功率电器在用电。检查发现后窗发热，除霜继电器常闭，更换除霜继电器，故障排除。

4.1.5 驱动电机控制器电路识图

电机控制器从整车控制器获得整车的需求，从动力电池包获得电能，经过自身逆变器的调制，获得控制电机需要的电流和电压，提供给电动机，使得电机的转速和转矩满足整车的要求。驱动电机控制器主要的功能包括：电源转换（逆变）、脉宽调制（变频）、预充检测、状态告警、制动能量回馈，故障自检及通信。

> **技师经验：** 一台 2015 款比亚迪秦，充电时 BMS 报"预充失败"故障，但在上 OK 电后又可以充电。该车有"上电预充"和"充电预充"，上电时，驱动电机控制器检测预充电压，充电时 DC-DC 直流转换器检测预充电压。怀疑 DC-DC 直流转换器存在故障，将其更换后故障排除。

驱动电机控制器中含有主动泄放回路，当检测到车辆发生较大碰撞、高压回路中某处接插件存在拔开状态或含有高压的高压电控产品存在开盖情况，可在 5 s 内将高压回路直流母线电压泄放到 60 V 以下，迅速释放危险电能，最大限度保证人员安全。

在含有主动泄放的同时，驱动电机控制器、空调驱动控制器等内部含有高压的高压电控产品同时设计有被动泄放回路，可在 2 min 内将高压回路直流母线电压泄放到 60 V 以下，被动泄放作为主动泄放失效的二重保护。

电机控制器内部包括一个 DC-AC（DC 指直流、AC 指交流）逆变器和 DC-DC 直流转换器，DC-AC 逆变器实现直流与交流之间的转变，DC-DC 直流转换器实现直流高压向直流低压的能量传递。电机控制器在工作中会产生大量的热量，因此，电机控制器还包含冷却器，如图 4-11 所示。

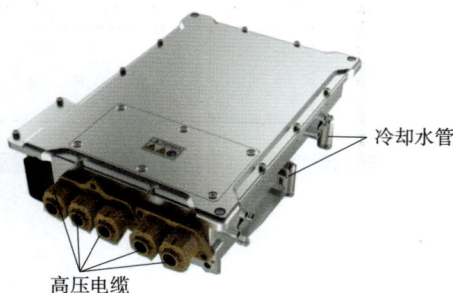

冷却水管

高压电缆

图 4-11　电机控制器

驱动电机系统有两种工作模式，分别是驱动模式和发电模式。在驱动模式下，整车控制器根据车速、挡位、电池 SOC 值等来决定电机的输出转矩/功率。当整车控制器将转矩命令输出给电机控制器时，电机控制器把动力电池提供的直流电转变成三相正弦交流电，驱动电机输出转矩。

当车辆在滑行或制动的时候，VCU 通过制动开关、车速信号等判断出可以让驱动电机来发电（即发电模式），VCU 向 MCU 输出发电命令，此时 MCU 将驱动电机发出的三相正弦交流电转变成直流电，存储到动力电池中。

1. 电机控制器通信线

电机控制器通信电路如图 4-12 所示，包括 C CAN-H、CAN-L 通过通信线连接诊断接口，诊断仪通过此处通信线可以读取车辆信息，PCAN-H、PCAN-L 是动力网线，它们连接到 BMS 等元件。BV11/1 是高压互锁端子，因为电机控制器包含高压元件，通过高压互锁防止出现高压触电安全事故。BV11/14 是 VCU 对电机控制器的唤醒线。

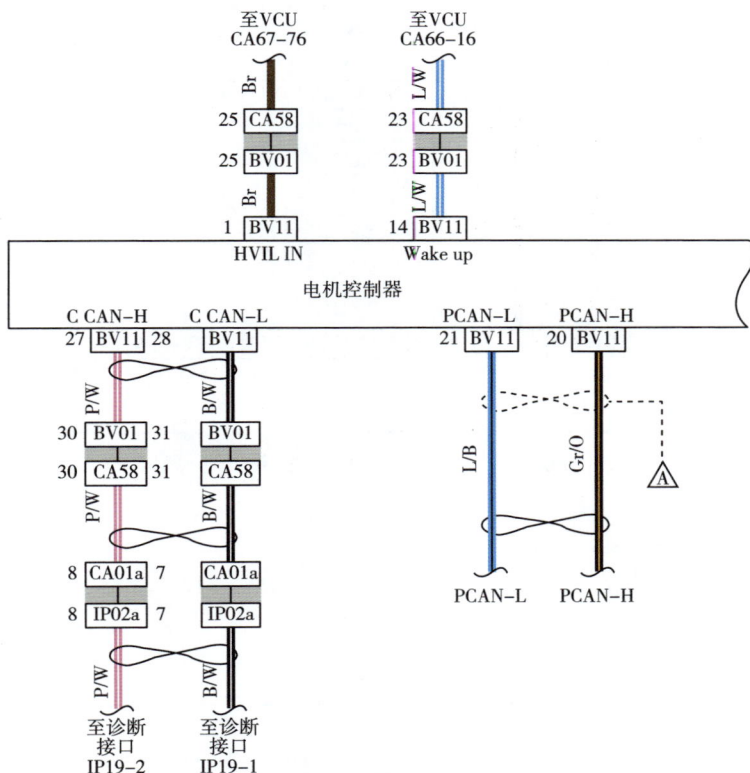

图 4-12　电机控制器通信电路

2. 电机控制器控制驱动电机电路

电机控制器控制驱动电机电路如图 4-13 和图 4-14 所示，主要包括电机控制器接收旋变传感器信号和电机控制器控制电机三条高压线。图中 R1+、R1-，R2+、R2-分别是驱动电机温度传感器，COS+、COS- 是旋变传感器余弦绕组，SIN+、SIN- 是旋变传感器正弦绕组，REF+、REF- 是旋变传感器励磁绕组。电机控制器 BV11/10 是屏蔽线接地端子，电机控制器 U、V、W 端子分别连接驱动电机 U、V、W 三相高压线。

技师经验：一辆比亚迪唐在 EV 模式行驶中，仪表显示 EV 功能受限。检查后驱动控制器存在故障码"PlC0500：后驱动电机控制器高压欠压"，读取到后驱动电机控制器数据直流母线电压为 1 V（正常为 700 V 以上）。检查高压配电箱后驱动电机控制器高压母线连接正常，测量后驱动电机控制器母线阻值正常。拆检高压配电箱测量后控保险已烧毁，检查电路没有短路的地方，更换该保险丝后故障排除。

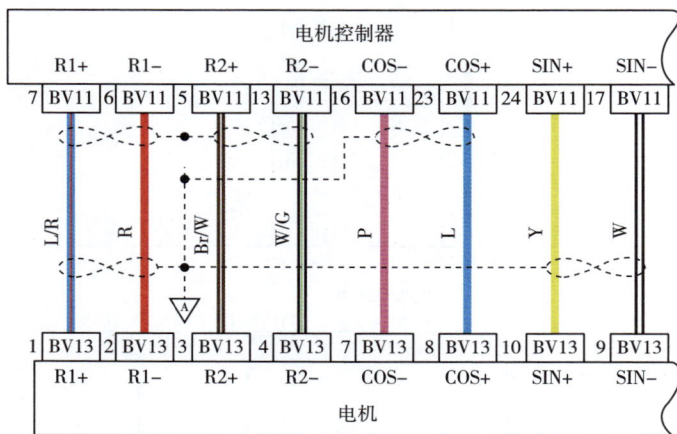

图 4-13　电机控制器控制驱动电机电路①

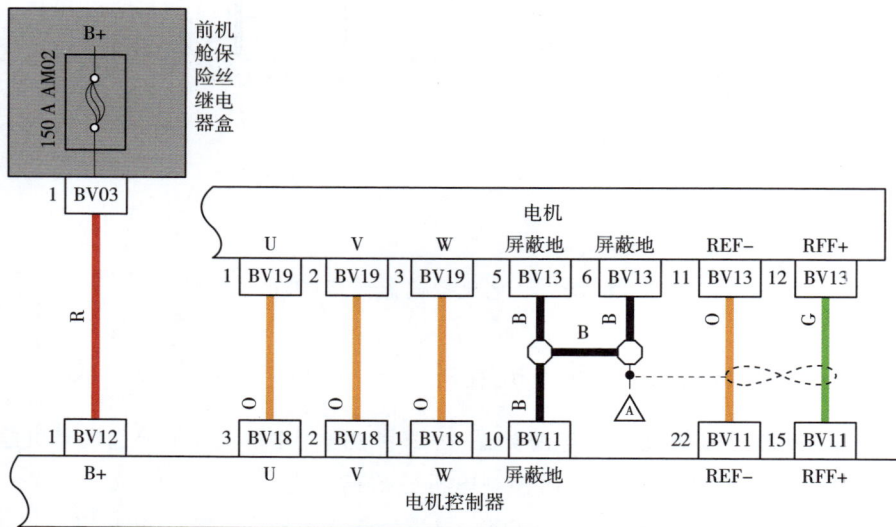

图 4-14　电机控制器控制驱动电机电路②

3. 电机控制器和车载充电器之间的电路

电机控制器控制驱动电机输出转矩时，它将高压电池经车载充电机的高压直流电转变为高压交流电。车辆制动或滑行的时候，电机作为发电机使用，电机控制器可以将车轮旋转的动能转换为电能，将 AC（三相电机发出的交流电）转变成 DC（可以充入高压电池的直流电），高压直流电经车载充电机后，充入高压蓄电池。电机

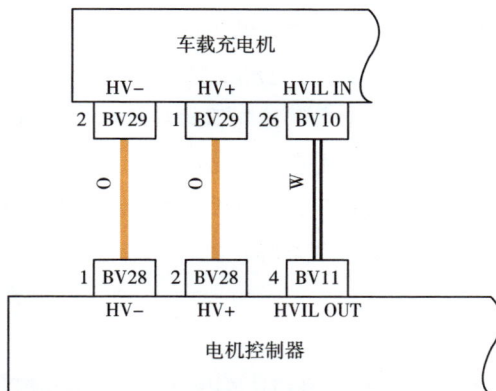

图 4-15 电机控制器和车载充电机之间的电路

控制器和车载充电机的电路如图 4-15 所示，HV+、HV- 分别是高压直流母线正、负极端子，HVIL IN 是高压互锁输入端子，HVIL OUT 是高压互锁输出端子。

技师经验： 一辆比亚迪唐 80 混动模式行驶时不发电。试车，在混动模式下巡航 80 km/h 行驶，充电时功率最高也只有 -6 kW，而正常车辆应该在 -15 kW 左右。分析发动机功率不足导致行车发电功率下降，读取数据流故障车发动机模块数据流发现目标增压压力为 101 kPa，实际增压压力为 223 kPa，检查中冷器和增压压力传感器损坏，更换增压压力传感器和中冷器，故障排除。

当"电机控制器回路故障"时，可以按以下步骤进行检查。

（1）使用故障诊断仪读取故障代码，检查是否存在其他故障。

（2）检查回路绝缘故障：关闭起动开关、断开蓄电池负极、断开直流母线、断开电机控制器线束连接器 BV28，用兆欧表测量 BV28/1 和分线盒壳体之间的电阻，阻值大于等于 20 MΩ。用兆欧表测量 BV28/2 分线盒壳体之间的电阻，阻值应大于等于 20 MΩ。

（3）检查回路断路故障：用万用表测量直流母线 BV16/1 和 BV28/1 之间的电阻应小于 1 Ω，用万用表测量直流母线 BV16/2 和 BV28/2 之间的电阻应小于 1 Ω。

（4）检查回路相互短路故障：断路电机控制器线束连接器 BV28，断开分线盒其他所有高压线束连接器，用万用表测量电机控制器线束连接器 BV28 端子 2 与端子 1 之间的阻值，应大于或等于 20 MΩ。

（5）以上（2）、（3）、（4）测量结果如果不符合要求，需要修理或更换线束，如果阻值正常，更换充电机。

技师经验：一辆比亚迪唐 DM 无 EV 模式，不能正常充电，读取到"车载充电器直流侧电压低""后驱动电机控制器高压欠压""预充失败"等故障信息，在上 OK 电时，观察前、后驱动电机控制器的母线电压 50 V 左右（太低），检查车载充电器 32 A 保险丝被烧断，检查车载充电器输出直流正极、负极之间值小于 1 Ω（说明短路），进一步检查预充电阻，发现无穷大（正常为 200 Ω 左右），更换车载充电机、预充电阻、32 A 保险丝，故障排除。

4.1.6 驱动电机冷却系统控制电路识图

不同车辆电机冷却系统控制原理不同，吉利帝豪 EV450 电机和高压电池共用冷却系统，其工作原理如图 4-16 所示。该冷却系统有两个电动水泵，有两个电磁控制三通阀（图 4-16 中 WV1 和 WV2），VCU 通过冷却风扇高、低速继电器控制两个风扇运转，在低速电路中，采用串联调速电阻的方式改变风扇的转速。

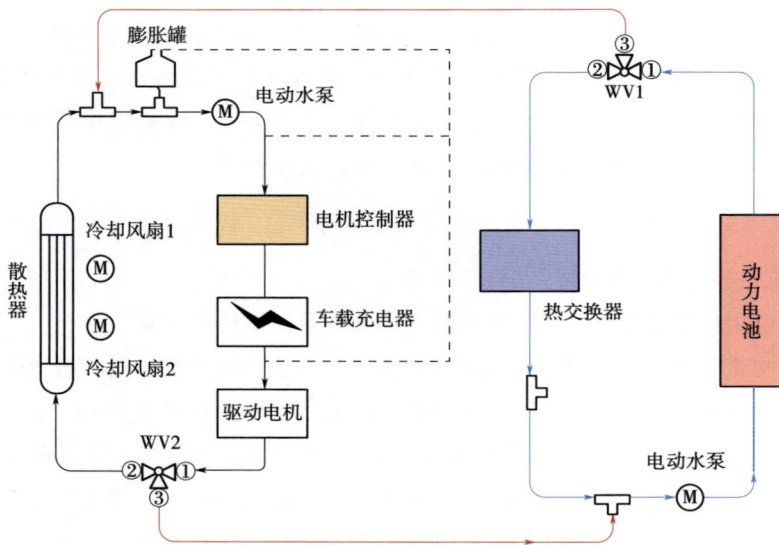

图 4-16　EV450 电机/电池冷却系统

EV450 冷却系统的冷却风扇控制电路如图 4-17 所示，当 VCU 控制 Main relay 端子搭铁时，主继电器 ER05 闭合给高速风扇继电器 ER13 和低速风扇继电器 ER12 线圈部分供电，此时 B+ 通过 SF08 40 A 保险丝给高低速风扇继电器开关部分供电，当 VCU 控制

H_speed coolant Fan 或者 L_speed coolant Fan 搭铁时，通过高、低速风扇继电器就可以控制冷却风扇 1 和冷却风扇 2 高速或低速运转了。

　　当冷却风扇 1 和冷却风扇 2 出现不运转、无低速挡、无高速挡等故障时，可以检查 EF09 10 A 保险丝和 SF08 40 A 保险丝、主继电器、低速继电器、高速继电器、线束连接情况，以及冷却风扇自身有无故障，这和传统汽车的冷却风扇基本相同，这里不再赘述。

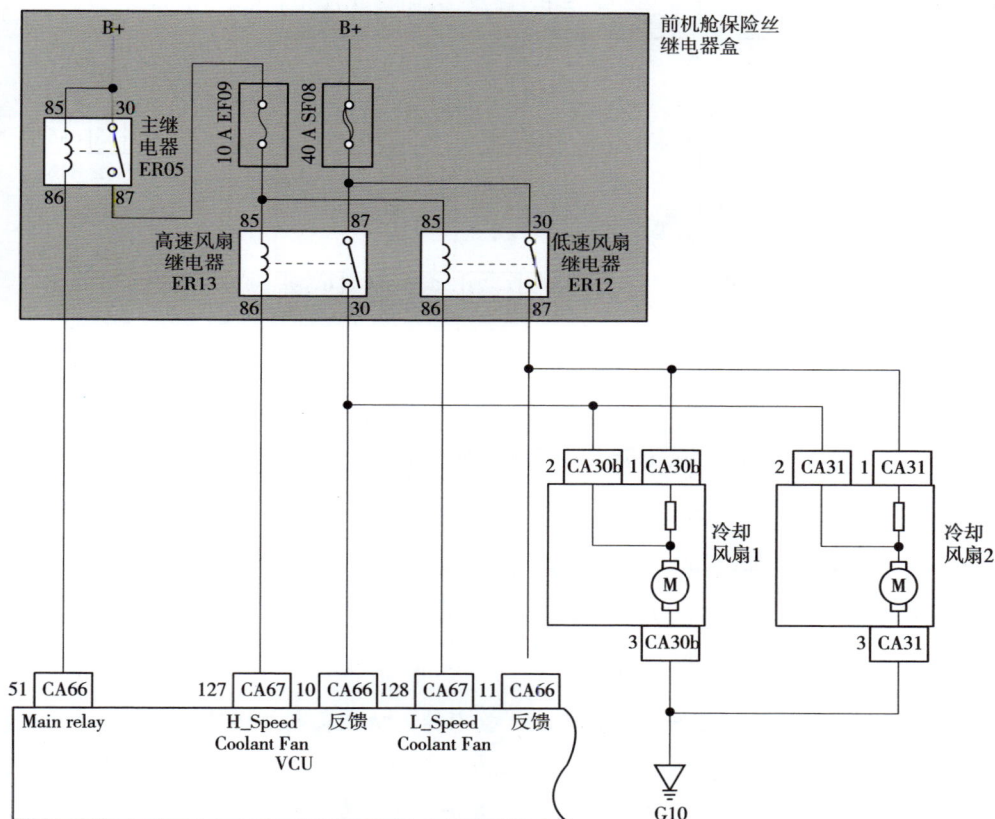

图 4-17　EV450 冷却系统冷却风扇控制电路

　　EV450 冷却系统有两个电动水泵，分别是水冷水泵和加热水泵，它们都是受 A/C 空调控制器控制，其电路如图 4-18 所示，其供电途径为 B+、EF33 20 A 保险丝、热管理继电器 ER11 开关部分、EF13、EF14 保险丝、电动水泵控制模块（图 4-18 中加热水泵和水冷水泵）等，PTC 加热控制器与水冷水泵共用 EF14 10 A 保险丝。热管理继电器线圈、热交换器电磁阀和制冷管路电池阀也都是由 A/C 空调控制器控制，冷却系统的传感器部分是动力电池、电机控制器、电机等部分的温度传感器。

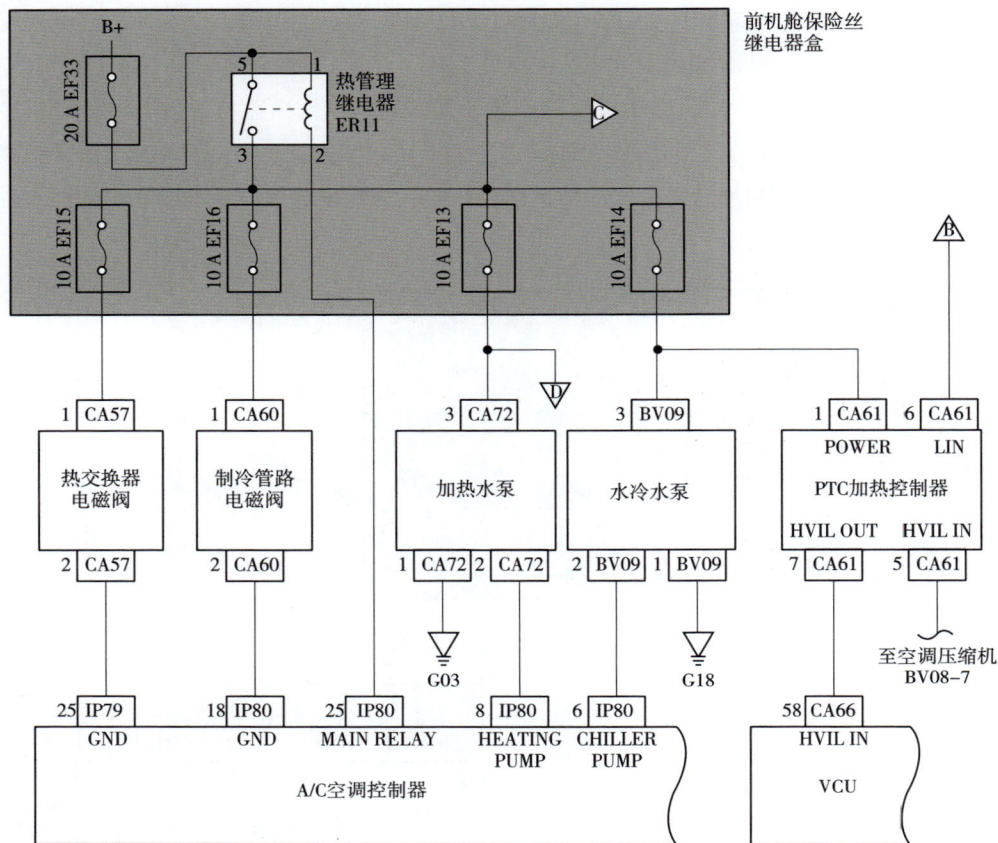

图 4-18 EV450 冷却系统电动水泵电路

技师经验：一辆比亚迪 e5 紧急加速出现严重顿挫，功率表来回摆动，进一步查看发现出现挫车时，IGBT 温度达到 99 ℃（正常为 50 ℃左右），分析挫车是 IGBT 温度过高功率限制导致。检查电子水泵不转，测量其供电电压为 13 V，更换电子水泵，故障排除。

4.1.7 BSG 电机控制电路识图

油电混合动力车辆的 BSG 电机可以让启停更顺畅，增加车辆动力，并且还可以回收车辆滑行动能。有了这套系统，车辆的百公里燃油消耗通常可以减少 0.4 L 左右。如图 4-19 所示，BSG 电机安装在发动机上，它通过皮带可以驱动发动机曲轴。BSG 电机具有起动模式、原地发电、能量回收、行车助力的功能。

BSG 电机及控制器电路如图 4-20 所示，其电路控制原理和驱动电机基本类似，BSG 电机控制器上有 CAN 网络通信线，整车控制器可以将起动、发电、能量回收、助力等指令通过 CAN 网络通信线发送给 BSG 电机控制器。BSG 电机具

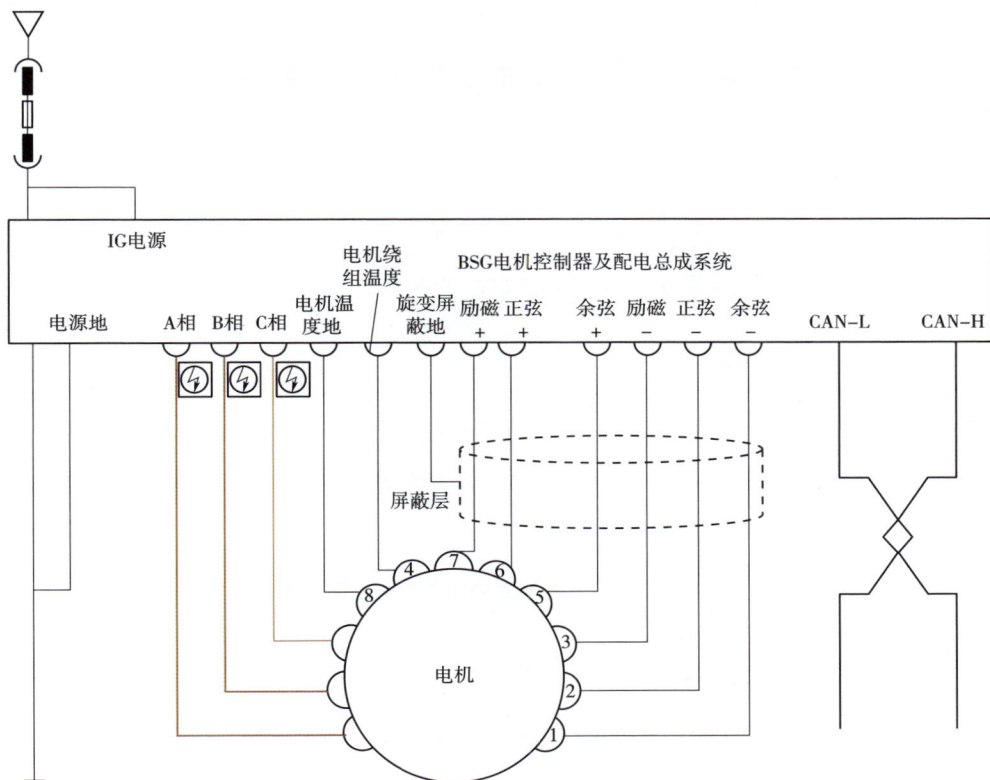

图 4-19　BSG 电机

有稳压功能，当整车高压系统故障导致主接触器断开时，发动机驱动 BSG 电机发电，经 BSG 电控将交流电逆变为直流电供给 DC，经 DC 转为低压电后，供给整车低压电器。

图 4-20　BSG 电机控制电路

技师经验：一辆江淮瑞风 M4 无混合动力模式。读取到"P1A20 12 V 端电压测量偏差较大""U0298 DCDC CAN 通信故障""P1A17 48 V 预充失效""U0120 BSG

CAN 通信故障""P1A20 12 V 端电压测量偏差较大""U0298 DCDC CAN 通信故障"的故障代码都指向 DC-DC,更换 DC-DC,故障排除。分析因 DC-DC 故障,导致 48 V 电池控制继电器没有闭合,从而无法给 BSG 电机供电,因而产生 BSG 相关的故障代码。

4.2 驱动电机控制系统的维修案例解析

纯电动汽车驱动电机故障会使汽车不能行驶或降低功率行驶;混合动力汽车驱动电机故障通常会使车辆无纯电行驶模式,混合动力车辆可以依靠燃油发动机产生动力行驶。

4.2.1 比亚迪唐 DM 有时仪表显示 EV 功能受限

1. 故障现象

一辆比亚迪唐混合动力汽车仪表有时显示"EV 功能受限",仪表提示信息后无法使用 EV 模式,有时将点火开关置于 OFF 挡后,可以再重新上 OK 电,故障消失。

2. 故障诊断和解析

该车故障是偶发的,偶发故障通常是线束或是元件内部虚接导致的。使用原厂故障诊断仪读取故障代码,读取前驱动电机控制器的信息见表 4-1。试车时还发现,车辆振动大时,故障容易再现。

表 4-1 读取的前驱动电机控制器故障信息

序 号	故障代码	故障信息
1	P1BBF00	前驱动电机旋变故障—信号丢失
2	P1B000	前驱动电机旋变故障—角度异常
3	P1BC100	前驱动电机旋变故障—信号幅值减弱
4	U02A300	未定义的

故障代码指向前驱动电机旋变传感器,查找该车的前驱动电机旋变传感器相关电路,如图 4-21 所示,前驱动电机的 A 相、B 相、C 相三条黄色高压线分别连接前驱电机控制器和配电箱总成,前驱动电机和前驱电机控制器和配电箱总成之间有电机温度接

地线、电机绕组温度信号线、旋变传感器屏蔽接地线、正弦 +、正弦 −、余弦 +、余弦 −、励磁 +、励磁 − 九条低压线。

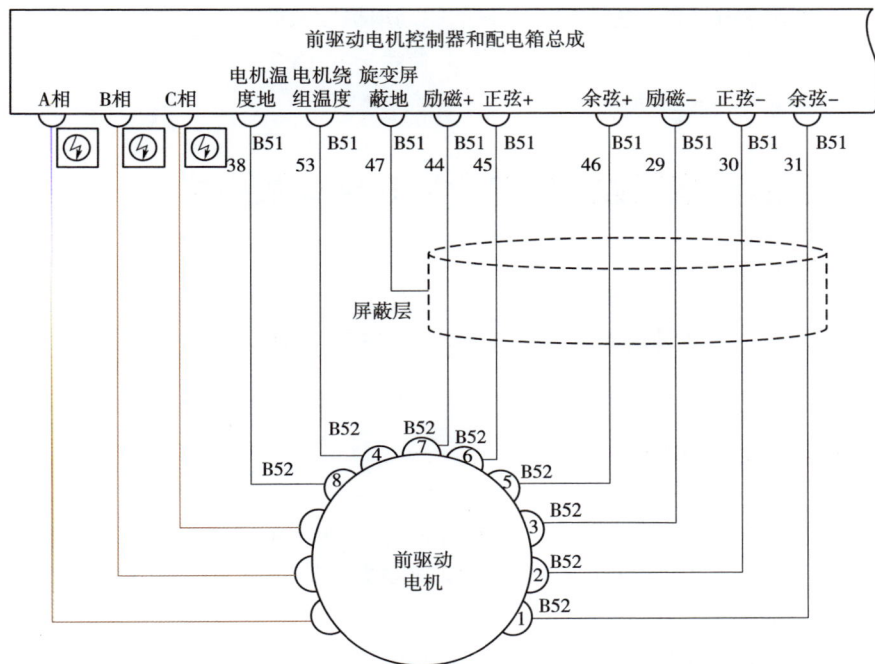

图 4-21　比亚迪唐前驱动电机控制电路

对前驱电动机的旋转传感器和线束进行检查，拔下前驱电动机控制器和配电箱总成的连接器 B51，测量连接器 B51（线束端）励磁 B51-44 和 B51-29 针脚的阻值为 8.4 Ω，测量正弦 B51-45 和 B5-30 针脚为 18.1 Ω，测量余弦 B51-46 和 B51-31 针脚为 18.9 Ω，查找维修手册，对比表 4-2 所示的标准值，发现正常。

表 4-2　前驱动电机控制器和配电箱总成检测标准值（部分）

连接端子	引脚名称	条件	正常值
B51-29 ~ B51-44	E 励磁 −/E 励磁 +	OFF 挡	7 Ω ~ 10 Ω
B51-45 ~ B51-30	正弦 +/ 正弦 −	OFF 挡	15 Ω ~ 19 Ω
B51-46 ~ B51-31	余弦 −/ 余弦 +	OFF 挡	15 Ω ~ 19 Ω

在检测的时候摆动线束和晃动前驱电动机连接器 B52，在检测余弦 B51-46 和 B51-31 针脚时，发现测量值瞬间显示为无穷大，说明线束有地方接触不好。

3. 故障排除

拔下前驱电动机连接器 B52，检查余弦 B51-46 和 B51-31 针脚，发现余弦 B51-46 接触不良，对其进行修复后重新连接。在前驱动电机控制器和配电箱总成 B51 连接器端测量，余弦 B51-46 和 B51-31 针脚之间的阻值稳定在 18.9 Ω。试车，汽车仪表不再显示"EV 功能受限"，故障排除。

4.2.2 比亚迪唐偶发漏电使 EV 功能受限的故障

1. 故障现象

一辆比亚迪唐行驶时偶发性 EV 功能受限，车辆不能使用纯电模式行驶，过段时间又恢复正常。

2. 故障诊断与解析

检查车辆，没有出现故障，当行驶 6 km 的时候，车辆仪表上提示"EV 功能受限"，使用原厂诊断仪读取故障码，读取到动力 BMS 报出 P1CA100——严重漏电，P1CA200———般漏电。

一般漏电只是限制输出功率，不会导致车辆"EV 功能受限"，清除故障代码后，重新读取，还剩 P1CA100——严重漏电的故障，分析为高压部件漏电。

将点火开关置于 OFF 挡位置，断开低压蓄电池负极，并用电胶布缠住蓄电池负极线接头，以防止蓄电池负极线接头意外连接到蓄电池负极。

分析故障，ON 挡电不漏电，说明电池包及漏电传感器无故障，OK 电才报漏电只能是高压模块故障。利用排除法，逐步检查高压元部件。断开动力电池正、负极母线，确认无电后检测高压配电箱端对地阻值，正极母线对地阻值约为 16 MΩ，负极母线对地阻值约为 17 MΩ，阻值为正常，说明高压配电箱绝缘正常。

测量前驱动电机控制器对地阻值正常，测量前电机 ABC 三相对地阻值，都是 17 MΩ 以上，正常。查找后驱动电机相关电路如图 4-22 所示，拆下 A,B,C 三相电缆连接器，测量其对地阻值，分别是 1.1 kΩ，2.0 kΩ，2.0 kΩ，阻值太小。不正常。

拆下 ABC 三相线，在拆卸过程中发现 A、B、C 三相线与后电机控制器之间有水迹，推断此处水迹导致了漏电故障，从而使车辆因严重漏电导致其 EV 功能受限。

3. 故障排除

彻底清理后驱动电机 A、B、C 三相电缆上的水迹，测量其绝缘电阻都在 17 MΩ 以上，用故障诊断仪可以清除"P1CA100——严重漏电"的故障代码，试车，车辆不再提示"EV 功能受限"，故障排除。

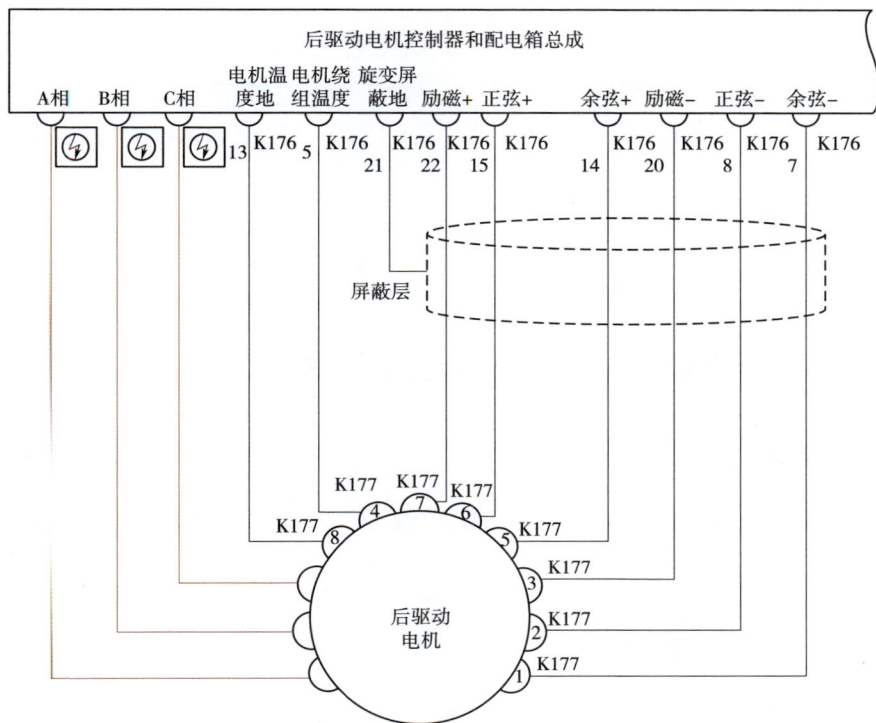

图 4-22　比亚迪唐后驱动电机控制电路

4.2.3　比亚迪唐报后驱动电机控制器高压欠压的故障

1. 故障现象

一辆比亚迪唐在 EV 模式行驶中，仪表显示 EV 功能受限，自动切换到 HEV 模式。

2. 故障诊断与解析

用诊断仪读取故障代码，在后驱动电机控制器中，读取到 P1C0500——后驱动电机控制器高压欠压，U02A400——与后主动泄放模块通信故障，试清除故障代码，发现故障码不可以清除，再整车扫描后发现主动泄放模块不存在。

读取 BMS 相关数据流，电池组的当前电压为 610 V，读取后驱动电机控制数据流母线的电压才 3 V，明显不正常，说明高压配电箱没有高压输出。

高压配电箱为什么没有电压输出，可能是内部损坏。断开低压蓄电池，使高压退电，确定高压退电后，拆开高压配电箱，检查后控保险已经烧坏。保险丝烧坏，可能是其控制电机或其线束短路，因电流过大而烧损。

检查高压配电箱到后驱动电机母线无异常，检测 A、B、C 三相线的绝缘电阻，正常，检查 A、B、C 三相两两之间阻值正常，估计是后驱动电机控制器有故障，它无法实现主动泄放。

3. 故障诊断

更换后驱动电机控制器，故障排除。

4.2.4 帝豪 EV300 电机不能正常起动

1. 故障现象

一辆帝豪 EV300 汽车在车辆正常上电起动后，挂上 D 挡车辆不能正常行驶，熄火后再次起动，车辆又能挂挡行驶。

2. 故障现象与解析

此故障为偶发故障，一般偶发故障的原因都是线路接触不良导致的。检查车辆能正常上电，使用故障诊断仪没有读取到故障代码和相关的故障信息。多次熄火再起动，想再现故障，此时仪表上出现故障指示灯，说明动力系统有故障。

使用诊断仪再次读取故障信息，读取到 P102A04 和 U34A882 等多个故障信息，查找电机控制电路图，如图 4-23 所示。检查 EP12/1 +B，EP11/26 常电 1 的电压为 12.5 V，EP11/25 IG 电也是 12.5 V 左右，检查 EP11/11 搭铁线，测量该端子和搭铁之间的阻值，阻值小于 1 Ω。

检查通信线，断开蓄电池的负极，拔下电机控制器线束插头 EP11，测量 EP11/27 和 EP11/28 之间的阻值为 122 Ω，阻值为正常。检查插头 EP11/28 和 EP02/14 之间线束有接触不良的现象。

3. 故障排除

修复检查插头 EP11/28 和 EP02/14 之间线束，多次试车，故障不再出现，故障排除。

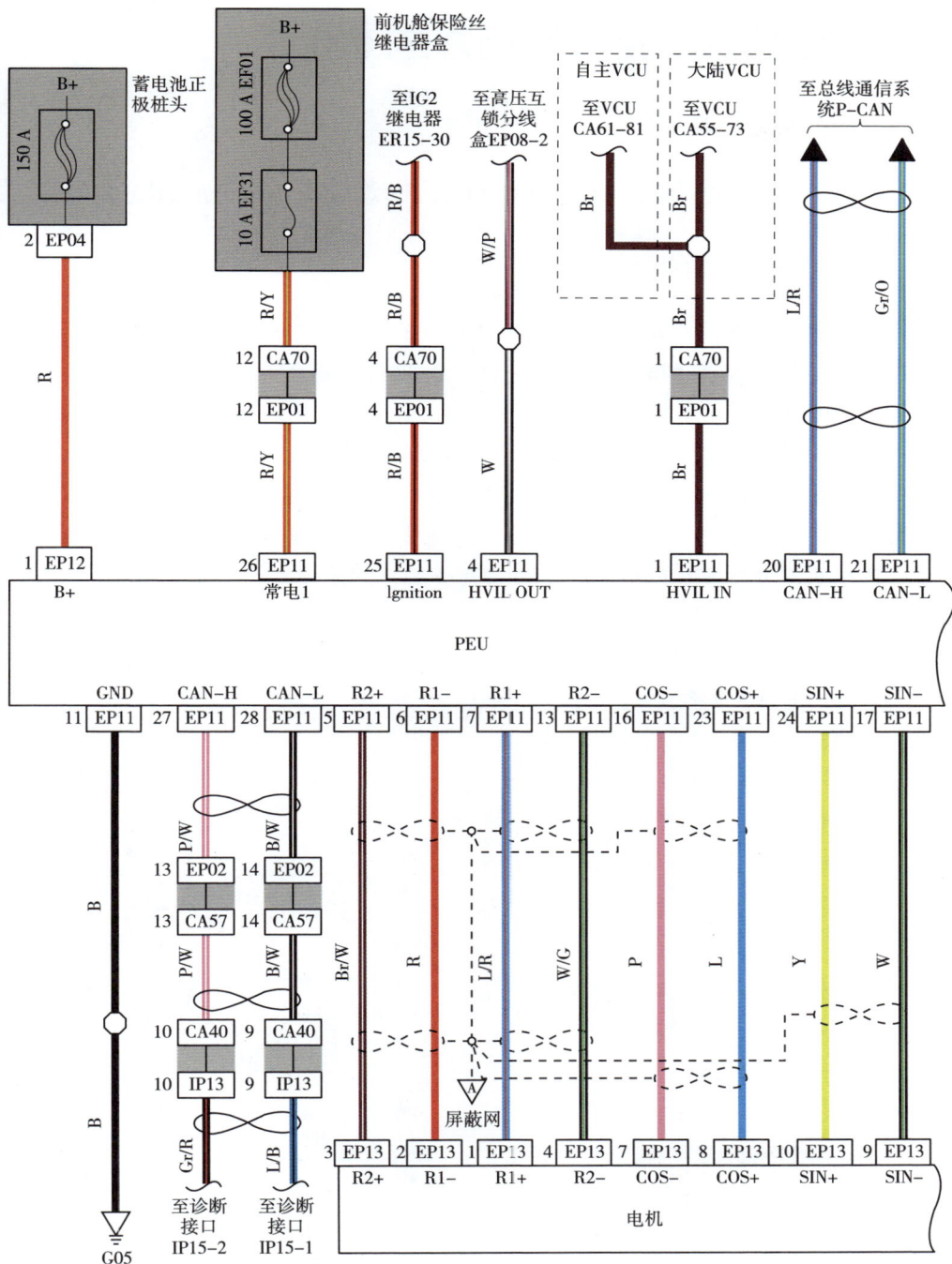

图 4-23　吉利帝豪 EV300 电机控制电路

4.2.5 比亚迪秦行驶一段时间无 EV 模式

1. 故障现象

一辆比亚迪秦行驶一段时间后，无 EV 模式，每次停驶一段时间后又能正常行驶。

2. 故障现象与解析

试车没有观察到其他异常现象，当故障出现时，车辆仪表中也没有故障提示。分析故障与温度有关，因为停驶时间短，车还没有冷却时，故障依然出现。只要停车时间长，故障就不会出现。

连接故障诊断仪，驱动电机控制器有故障代码"水泵驱动故障"，尝试清除故障代码，发现无法清除。"水泵驱动故障"推断和温度有关，进一步使用诊断读取驱动电机控制器的数据，发现 IGBT 的温度竟然高达 100 ℃。根据以上故障信息推断，水泵故障导致高温，IGBT 温度过高导致车辆行驶一段时间后无 EV 模式。

（1）查找水泵的控制电路，如图 4-24 所示，在 OK 挡上电后，检查电机冷却系统的电子水泵，发现水泵不运转。

（2）断电后，断开电子水泵连接插头。

（3）再次打开点火开关，使用万用表检查电子水泵插头，发现无电压。

（4）检查 F1/12 水泵电机保险丝，保险丝没有熔断，而且该保险丝两个测量点都有 12 V。

（5）拔下冷却水泵电机继电器，测量 88、86 插孔有 12 V 左右的电压。

（6）短接冷却水泵电机继电器座 88 和 88a，电子水泵可以正常运转。

（7）检查冷却水泵电机继电器正常，无故障，冷却水泵电机继电器与电机控制器之间的线束没有异常，阻值小于 1 Ω。

（8）根据以上测量结果判断电机控制器没有控制冷却水泵电机继电器吸合。

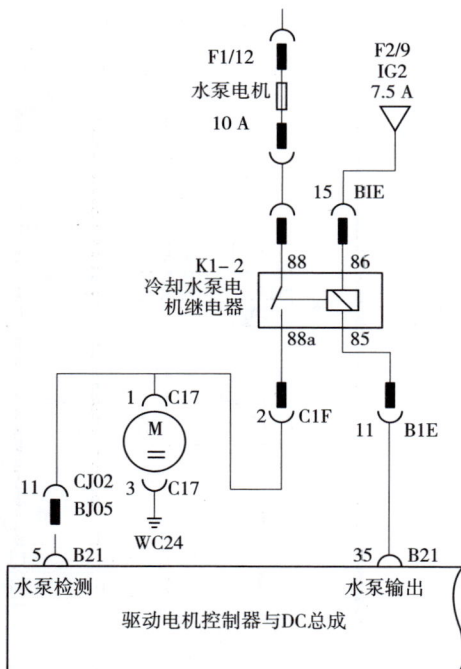

图 4-24 比亚迪秦电机冷却系统水泵控制电路

3. 故障排除

更换驱动电机控制器与 DC 总成，上 OK 电时，电机冷却水泵可以正常运转，试车，车辆 EV 模式可以正常使用，故障排除。

4.2.6　北汽 EV200 不能上电

1. 故障现象

一辆北汽 EV200 在接通电源开关后，车辆没有任何反应。

2. 故障现象与解析

（1）怀疑整车没有上电，检查低压蓄电池的电压，测量发现只有 5 V。

（2）更换低压蓄电池后，打开点火开关，仪表提示 DC-DC 变换器故障。

（3）检查 DC-DC 变换器的输出电压（在蓄电池正极处测量）才 12 V，DC-DC 变换器的输出电压应该类似燃油汽车发电机的电压，标准值为 13.2 V ~ 14.1 V。

（4）查找该车 DC-DC 变换器的电路图，如图 4-25 所示，检查 HU01 10 A 保险丝，发现保险丝已经熔断。

（5）从 HU01 10 A 保险丝座处检查与车身搭铁情况，发现搭铁，断开 DC-DC 变换器的连接器，再次从保险丝座处测量搭铁情况，测量结果为无穷大，说明 DC-DC 变换器内部烧结导致保险丝熔断。

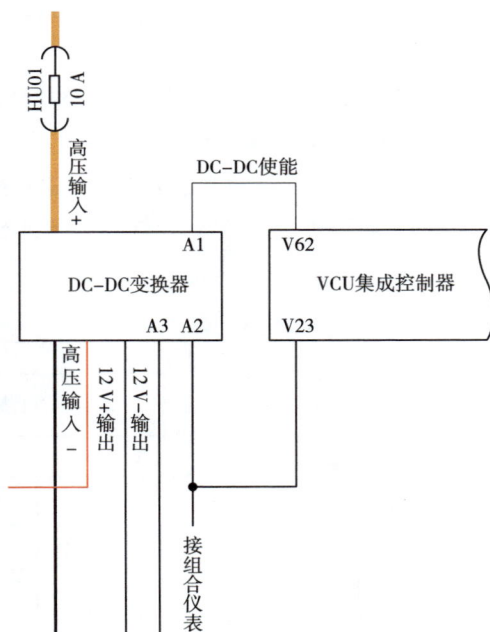

图 4-25　EV200 DC-DC 变换器电路

3. 故障排除

更换 HU01 10 A 保险丝，更换 DC-DC 变换器，车辆可以正常上电，故障排除。

4.2.7　北汽 EV160 电机发出咔咔声

1. 故障现象

一辆北汽 EV160 出现无法行驶且仪表报警灯常亮、报警音鸣叫的故障；故障发生时电机有沉闷的"咔咔"声。

2. 故障现象与解析

感觉车辆有起动的趋势，但驱动电机始终无法运转，驱动电机还会发出沉闷的"咔咔"声。

（1）连接解码仪，读取故障码为"MCU TGBT（电机控制器）驱动电路过流故障（A 相/U 相）"。

（2）需要检查带有高压的电机控制器，先断开低压蓄电池，然后切断在车内手套箱位置的高压保险，确认高压系统下电。

（3）对电机控制器上的五个端子进行绝缘检测，检查结果为 2.5 MΩ，正常。

（4）如图 4-26 所示，检查电机控制器的低压供电保险丝 FB10，保险丝没有熔断。

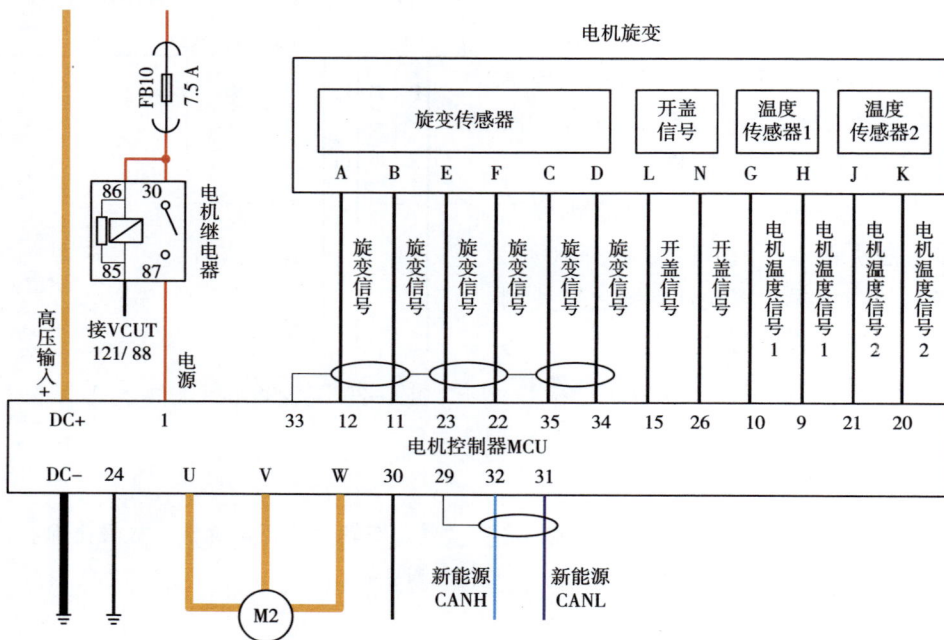

图 4-26　EV160 DC 驱动电机控制电路

（5）检查电机继电器，施加 12 V 电压，电机继电器开关阻值小于 1 Ω。

（6）在通电的情况下，测量 1 号脚电压为 12 V。

（7）测量旋转传感器的阻值。检查正弦、余弦和励磁线圈阻值正常。

（8）检查旋转传感器和电机控制器之间的导线的阻值，都是小于 1 Ω，正常。检查旋变传感器连接器上端子和搭铁之间的阻值，发现 E 端子和车身短路。

3. 故障排除

更换驱动电机的线束，故障排除。

4.2.8　比亚迪唐 EV 模式受限且无法充电

1. 故障现象

一辆比亚迪唐混合动力 EV 纯电模式受限，无法充电。

2. 故障现象与解析

（1）使用原厂诊断仪读取 BMS 故障信息，读取到预充失败的故障信息，车辆无法充电的原因应该是"预充失败"。

（2）使用原厂诊断仪车辆模块进行扫描，发现无法扫描到 DC-DC 直流变换器模块。

（3）上 OK 电时，读取前后驱动控制器瞬间电压为 510 V 左右，说明上 OK 电时，可以预充。

（4）充电预充失败和 DC-DC 直流变换器的关系如下：充电时，DC-DC 直流变换器（前电机控制器内）向 BMS 反馈预充电压，DC-DC 直流变换器监测不到预充电压或反馈的预充电压不在规定范围，车辆也无法充电。

（5）查找前电机控制器（内部有 DC-DC 直流变换器）电路，如图 4-27 所示，检查前电机控制器与 DC 总成的电源线，搭铁线和 CAN 线都正常。

（6）估计 DC-DC 直流转换器内部损坏。

3. 故障排除

更换前驱动电机控制器总成，故障排除。

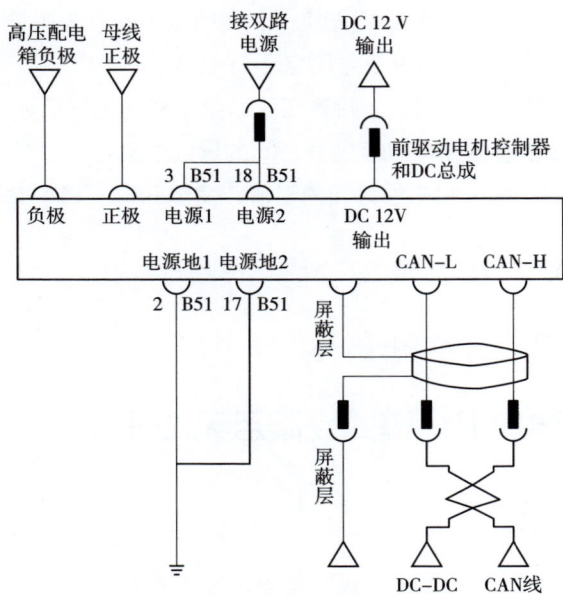

图 4-27 比亚迪唐前驱动控制器与 DC 总成电路

第5章
整车控制系统电路识图和维修案例解析

整车控制系统的控制单元称为整车控制器(VCU)，它是电动汽车的"大脑"，它可以根据车辆本身的状态合理分配动力，使车辆运行处于最好的状态。整车控制系统让整个车辆成为了一个真正的系统，因此，排除车辆故障时，也需要将整车当成一个系统来思考。

5.1 整车控制系统的电路识图

除了整车控制器之外，整车控制系统还包括加速踏板位置传感器、挡位传感器、互锁等传感器信号，整车控制系统的执行器是其他控制系统的控制单元，整车控制系统通过 CAN 线对其他控制系统发送控制指令。

5.1.1 整车控制系统的功能

整车控制系统主要判断驾驶者意愿，根据车辆挡位信号、制动信号、加速踏板开度、制动踏板开度等行驶状态，电池电压等信号等状态合理分配动力，使车辆运行在最佳状态，如图 5-1 所示。VCU 是整车控制系统的核心控制单元，它负责协调各控制系统协同工作，为车辆的良好运行提供完善的控制逻辑。

整车控制器与各控制器之间通过 CAN 网络进行信息交互，共同实现整车的功能控制。整车控制器的控制功能包括：整车驱动控制，即扭矩输出；能量管理功能，即放电和能量回收；整车辅助系统控制，电动空调、暖风；整车安全管理和诊断功能，即新能源 CAN 和车身 CAN 信息交互；整车信息管理功能，即仪表显示、远程监控等；高低压安全管理与保护功能。

整车控制单元接收加速踏板开度、制动踏板开度、车速信号等模拟信号，点火开关位置、充电开关位置等开关信号，通过 CAN 通信的电机状态、电池状态等信号，输出电机所要提供的转速，转矩，电机的正反转矩命令；再生制动指令等信号。

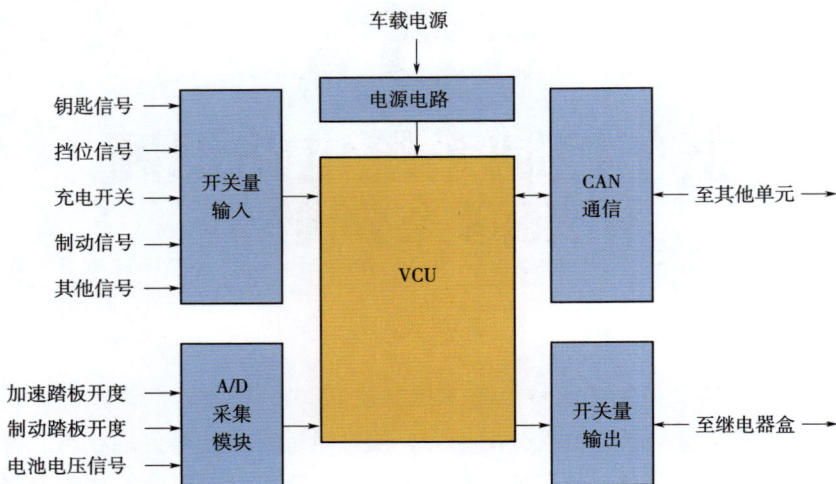

图 5-1　整车控制系统原理图

5.1.2　汽车上电控制的流程

1. 高压上电的一般流程

电动汽车上电的基本条件包括：

（1）整车的高压互锁(结构互锁、功能互锁)应该正常，所有的高压导线均正常连接。

（2）低压铁电池处于激活状态，电池端子连接正常。

（3）漏电传感器检查无漏电，霍尔电流传感器正常，高压动力电池包正常。

（4）BMS 工作正常，预充接触器，主接触器正常。

（5）防盗系统正常并处于解除防盗状态。

（6）其他条件满足。

2. 纯电动汽车吉利帝豪上电流程

为了保证高压安全，电动汽车高压上电具有严密的控制逻辑，以吉利帝豪 EV450 为例，其上电逻辑如图 5-2 所示。其中，VCU 进行高压上电条件认证包括：VCU 检查主继电器反馈信号，VCU 发送高压互锁信号并接收反馈信号是否正常，通过 P-CAN 网络检查电机控制器（PEU）存储的电机旋变信号。BMS 自检包括检查电池内部温度、单体电池电压、漏电信号等。

3. 混合动力汽车比亚迪唐 DM 上电流程

比亚迪唐 DM 上电流程如下：

（1）踩下制动踏板，打开点火开关，整车控制器收到制动灯开关信号，点火开关信号。

（2）由整车控制器发送起动命令通过网关给 BMS、前驱动电机控制器。

（3）BMS 接收整车控制发来的命令，让负极接触器吸合。

（4）BMS 自检是否异常，如果出现以下情况，说明自检异常，车辆会上电失败。严重欠压（即电压过低）；严重过压（即电压过高）；严重漏电；严重过温；接触器烧结；高压互锁锁止。

（5）吸合预充接触器。

（6）BMS 判断预充是否成功。预充成功条件包括：DC 无低压警告，无严重漏电信号，前电控直流母线电压达到设定值。

（7）如果是 HEV 模式，前电控协调发动机起动，OK 灯点亮。如果是 EV 模式，BMS 吸合主接触器，断开预充接触器，OK 灯点亮。

图 5-2　吉利帝豪 EV450 上电流程

技师经验： 一辆比亚迪唐偶发性的上不了 OK 电，故障出现时启动按钮橙色指示灯闪烁。检查防盗系统，正常。检查 CAN 线，正常。检查 BMS，在 OFF 挡时已经有双路电 12 V 供电，异常。BMS 在上 ON 挡或者充电时才有供电。检查双路电继电器正常，检查给双路电继电器供电的 OFF 挡继电器，发现 OFF 挡继电器开关常闭。BMS 在 OFF 挡得到异常供电，控制接触器吸合，高压电输出，此高压电未经过防盗验证，导致不允许上 OK 电。更换 OFF 挡继电器，故障排除。

5.1.3 加速踏板位置传感器电路识图

1. 加速踏板位置传感器的功用

纯电动汽车的加速踏板位置传感器实际上是"电门踏板位置传感器",但是人们还是习惯称之为"油门踏板位置传感器",它是将加速踏板的位置转变成电信号传输给电脑,电脑根据加速踏板位置信号来控制驱动电机的转速。

2. 加速踏板位置传感器的电路

目前使用的加速踏板位置传感器常用的类型包括霍尔式加速踏板位置传感器和电阻式加速踏板位置传感器,图 5-3 所示为电阻式加速踏板位置传感器。为了安全考虑,加速踏板位置传感器内部有两个传感器,两个信号需要保持一致,否则会出现"加速踏板两路信号不一致"。

图 5-3 中加速踏板位置传感器有六条导线,其中 2、3、4 号端子的连接导线是属于 1 号传感器的,1、5、6 号端子的连接导线属于 2 号传感器的,VCU 上 VCC1、VCC2 分别代表其给加速踏板传感器信号电源,通常为 5 V 左右,而 GND1、GND2 是 VCU 为传感器提供的搭铁线,POS1、POS2 端子分别连接信号线。

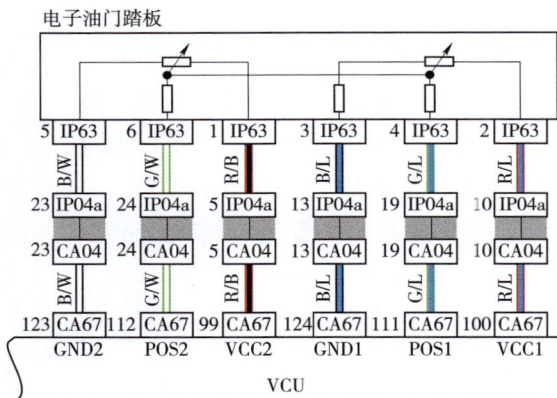

图 5-3 加速踏板位置传感器

3. 加速踏板位置传感器的检查

检查加速踏板位置传感器时可以按以下方法:

(1)关闭点火开关,断开加速踏板位置传感器和 VCU 之间的线束,分别检查加速踏板位置传感器和 VCU 之间线束的阻值,例如,IP63/5 和 CA67/123 之间的阻值,应该小于 1 Ω。

(2)测量各线束与搭铁之间的阻值,例如,检查加速踏板位置传感器插头端 IP63/5 与搭铁之间的阻值,应大于 1 kΩ。

(3)连接 VCU 端的线束,打开点火开关,在加速踏板位置传感器端测量 IP63/2(VCC1)

和 IP63/3（GND1）之间的电压应为 4.5 V ~ 5.5 V，否则检查 VCU 的电源和搭铁电路。

（4）检查信号线，利用示波器或万用表电压挡，在连接上插接器电路能正常工作时，利用测量线或在接插器后端测量 IP63/6、IP63/4 的信号电压，测量时一边踩下或按下制动踏板，一边观察波形或万用表电压值应随踏板变化而持续变化。两个传感器的输出电压信号都随加速踏板的位置增加而增加，具体情况也可以参照图 5-4，其中，电源电压为 4.5 V ~ 5.5 V，踏板臂角度小于等于 18°。

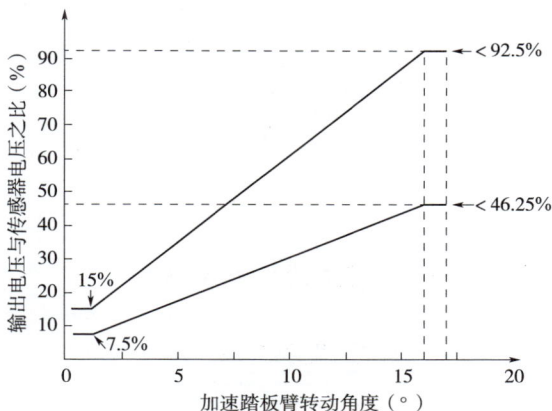

图 5-4　加速踏板位置传感器转动角度和输出信号关系

5.1.4　高压互锁电路的电路识图

1. 高压互锁的作用

为了防止电动汽车高压电路由于连接器松脱、固定螺栓松动等原因可能造成高压电路断路或短路，从而导致发生触电、失去动力等危险情况的发生，因此，必须对高压电路进行监测。

高压互锁是新能源汽车利用低压来监测高压回路完整性的控制方式，它可以有效保证高压使用的安全性。高压互锁电路可以检测整车的高压部件和线束插接件必须安装到位，没有短路，也没有断路现象。

当车辆高压部件上的插接件脱落时，整车控制器 VCU 或 BMS 会检测到高压互锁回路存在断路，为保护人员安全，将立即进行报警并断开主高压回路电气连接，同时激活主动泄放。

2. 高压接插件互锁机构的结构原理

电动高压互锁有以下三种类型。

（1）结构互锁控制，即高压互锁连接器，如图 5-5 所示。高压断开时，低压回路被切断；高压连接时，低压回路的断点被短接，形成完整回路。如图 5-6 所示，有的车辆上 MSD 维修安全等处都有结构互锁的控制电路。

高压接插件均带有互锁回路，其互锁开关如图 5-6 所示，当高压插接件插座和插头处于断开状态时，其中间的互锁端子也断开，当高压插接件插座和插头处于连接状态时，其中间的互锁端子也处于连接状态。

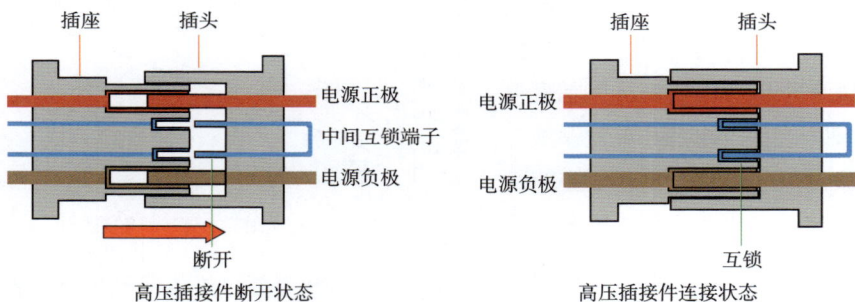

图 5-5　高压接插件互锁机构的结构

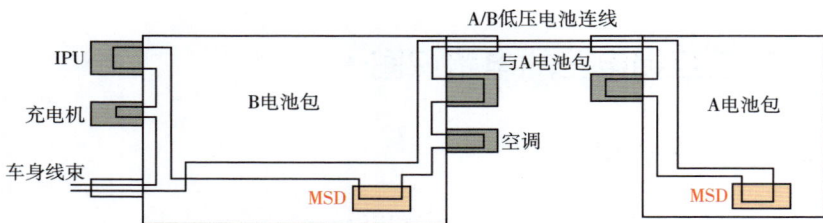

图 5-6　安全开关的互锁电路

（2）开盖互锁监测。用来检测所有高压部件保护盖是否非法开启，如高压控制盒、电机控制器、车载充电机等，当系统监测到高压部件保护盖开启，会立即报警，切断高压回路。

（3）功能互锁控制。车辆在充电过程中，或者插上充电枪时，高压控制系统会限制车辆上电，防止发生线束拖拽或安全事故。

3. 吉利帝豪的高压互锁电路识图

吉利帝豪 EV450 车高压互锁电路如图 5-7 所示，它是将各个高压器件的互锁回路串联成一个回路。CA66/58、CA67/76、BV11/1、BV10/26 都是线束连接器编号，其中 CA 代表发动机舱线束代码，BV 代表动力线束。高压互锁回路先后经过电机控制器（PEU）及高压线束、车载充电机（OBC）及高压线束、空调压缩机控制器及高压线束、PTC 加热控制器及高压线束、VCU 及高压线束，串联构成回路反馈至 VCU。

VCU 通过高压互锁回路来判断高压电路连接的完整性，保证整车的安全使用。VCU 输出高压互锁占空比 PWM 信号，并将信号与各高压模块线束连接器和模块上盖开闭状态关联，只有各模块的高压线束连接器安装到位且在上盖关闭的状态下，整车控制器 VCU 才能从信号输入端检测到高压互锁信号，从而确认各高压部件及连接器的连接情况，并通过 P-CAN 网络发送给 BMS 确认高压互锁连接正常。

吉利帝豪 EV450 互锁电路工作情况如下：

（1）VCU 通过其连接器的 CA67/76 端子，输出一个电压为 3.3 V 左右的 PWM 脉冲方波信号。

（2）PWM 脉冲方波信号经过导线由电机控制器 PEU 的 BV11/1 端子输入，经过电机控制器 PEU 内部回路导线，再由 BV11/4 端子输出。

（3）PWM 脉冲方波信号经过再次由车载充电机 OBC 的 BV10/26 端子输入，经过高压插接件的内部回路、合盖开关，再由 BV10/27 端子输出。

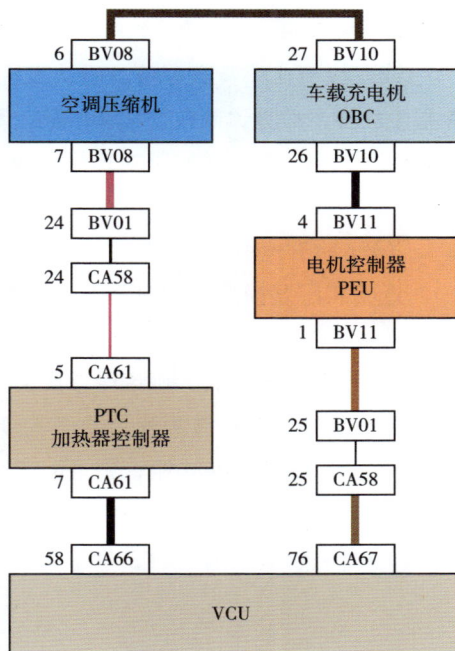

图 5-7　吉利 EV450 车高压互锁回路

（4）PWM 脉冲方波信号接着由空调压缩机 BV08/6 端子输入，经过压缩机内部回路再继续由 BV08/7 输出。

（5）PWM 脉冲方波信号再由 PTC 的 CA61/5 端子输入，经过内部互锁回路由 CA61/7 端子输出。

（6）PWM 脉冲方波信号最终与 VCU 的 CA66/58 端子的上拉电压汇合。由于 CA66/58 输出的 12 V 电压是由主继电器供电，整个高压互锁回路正常，无短路、断路现象，可用示波器测试到一个 10.2 V 的方波。

4. 高压互锁故障的检查

高压互锁是电动汽车为安全设计的特有控制方式，在诊断高压互锁故障时，必须要了解车辆的控制逻辑，先分析故障代码和数据流，结合具体的电路，再形成具体的检测步骤。

（1）读故障代码。

当高压互锁机构产生故障时，整车会无法上电，点火开关置于 ON 挡时，车辆自检后仪表会显示系统故障灯点亮，用汽车故障诊断仪从整车控制器 VCU 或电池管理器 BSM 中读取到故障码。

读取故障代码及数据流，确认高压互锁故障。例如，当高压互锁回路断路、插接件松脱故障，故障诊断仪可以读取到"高压互锁 PWM 输出信号断路""P1C4096 高压互锁故障"。当高压互锁回路对地短路故障，故障诊断仪可以读取到"P1C4096 高压互锁故障"等故障代码。

（2）检查电路。

查阅高压互锁系统的电路图，检查高压互锁相关模块线束连接器的连接情况。高压互锁回路中存在断路故障。使用万用表测量各段高压互锁线束的电阻，应小于 1 Ω 若实际测量值为无穷大，则说明该线束存在断路故障。

高压互锁线路短路故障。测量各段高压互锁线束与搭铁间的电阻，应为无穷大，若实际测量值接近线束电阻，则说明该线束存在短路故障。

（3）测量高压互锁回路中信号线电压，通常点火开关在 ON 挡位，信号线电压正常值为 4.5 V ～ 5.0 V，具体情况根据不同车型维修手册提供的参考标准。

技师经验： 一辆比亚迪唐 DM 在行车中仪表提示"EV 功能受限"，低压系统因为缺电而无法起动。读取 BMS 中故障码，故障为"高压互锁 1 故障"，检查互锁电路，发现电池加热器互锁插头松动，修复后故障排除。

5.1.5　CAN 总线系统的电路识图

1. 总线种类

CAN–BUS 是总线技术中的一种，目前有以下几种总线应用于汽车。

（1）LIN，通信时传输速率为 5 kbit/s ～ 20 kbit/s，其应用范围包括电动门窗、座椅调节、灯光照明等的控制。

（2）低速 CAN、容错 CAN，通信时传输速率为 30 kbit/s ～ 125 kbit/s，其应用范围包括电子车辆信息中心、故障诊断、仪表显示、安全气囊等系统。

（3）高速 CAN，通信时传输速率为 125 kbit/s ～ 1 000 kbit/s，其应用范围包括悬架控制、牵引控制、发动机控制、ASR、ABS、EBD 等系统。

（4）MOST，通信时传输速率为 10 Mbit/s ～ 400 Mbit/s，其应用范围主要包括多媒体技术。

2. CAN 的结构

如图 5-8 所示，CAN 总线由控制单元、控制器、2 个终端电阻、2 条传输数据线组成（CAN-H、CAN-L）。通常 CAN 控制器和收发器集成于电控单元中，CAN 控制器接收在控制单元中的微处理器中数据，处理数据并传给 CAN 收发器，同时，控制器接收收发器的数据，处理并传给微处理器。

CAN 收发器是一个发送器和接收器的组合，它将 CAN 控制器提供的数据转化为电信号并通过数据线发送出去，同时，它接收数据，并将数据传到 CAN 控制器。

传输数据线也称为数据总线，它用于传输数据的双向数据线，分为 CAN-H 数据线和 CAN-L 数据线，如图 5-9 所示。

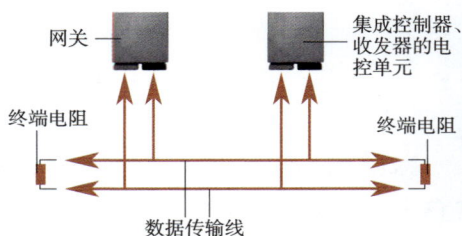

图 5-8　CAN 的组成

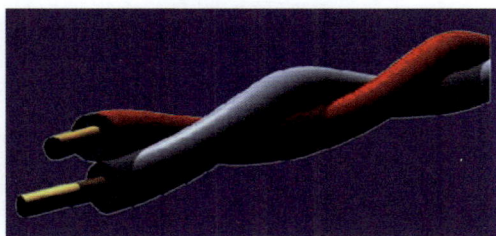

图 5-9　数据传输线

数据传递终端实际上是一个电阻器，它的作用是避免数据传输终了反射回来，产生的反射波而使数据遭到破坏。数据终端电阻阻值为 120 Ω，两个数据终端电阻并联后阻值为 60 Ω，所以，在诊断接口（DLC）处测量，正常结果为 60 Ω 左右。

由于车载总线中存在几个网络，这些网络之间需要进行通信，网关正是一个维系这些网络联系的一个中间体。

3. 数据传输的方式

数据传输线为了防止外界电磁波的干扰和向外辐射，CAN 总线采用两条线缠绕在一起。如图 5-10 所示，这两条线的电位相反，如果一条是 3.5 V，另一条就是 1.5 V，两条线的电压始终保持压总和为 5 V 这一常数。CAN-H 和 CAN-L 的电压差为 0 V，则其逻辑为 1，CAN H 和 CAN L 的电压差为 2 V，则其逻辑为 0。通过这种办法，CAN 数据总线得到了保护而免受外界的电磁场干扰，同时 CAN 数据总线向外辐射也保持中性，即无辐射。

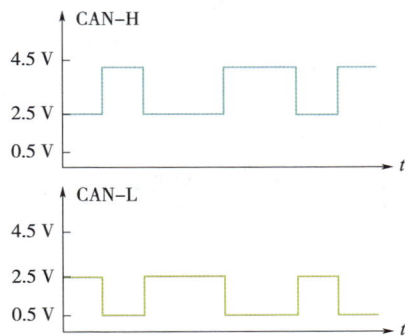

图 5-10　CAN-H 和 CAN-L 的电压

4. CAN 总线的组成

如图 5-11 和图 5-12 所示，比亚迪唐的 CAN 总线由以下部分组成：

（1）启动网，控制汽车钥匙、车门开锁和汽车启动，其传输速率为 125 kbit/s（每秒千比特），包括 ECL（转向轴锁）、BCM、I-KEY（防盗系统）等。

（2）舒适网，控制空调、灯光、车窗、雨刮洗涤等，其传输速率为 125 kbit/s（每秒千比特），舒适网连接的系统比较多，例如行车记录仪，多功能液晶显示屏，ALS（自动车身水平控制系统）等，LIN 总线（速率为 19.25 kbit/s）在 DMCU（电动车窗控制单元）和天窗遮阳帘等电机之间传递信息。

（3）动力网，控制高压动力部件，其传输速率为 250 kbit/s，包括组合仪表、低压 BMS、车载充电器等，动力网又包括电池子网，它可以在电池管理器和电池信息采集器之间传递信息。

（4）ECM（动力控制）网，其传输速率为 500 kbit/s，包括前后驱动电机控制器、前后主动泄放模块、挡位控制等。

（5）ESC（车身稳定系统）网，控制驻车、转向、制动（含 ABS）等底盘部件，其传输速率为 500 kbit/s，包括 SAS（汽车安全辅助系统）、EPB（电子驻车系统）、ESP（车身电子稳定系统）、诊断口、R-EPS（电动转向系统）等。

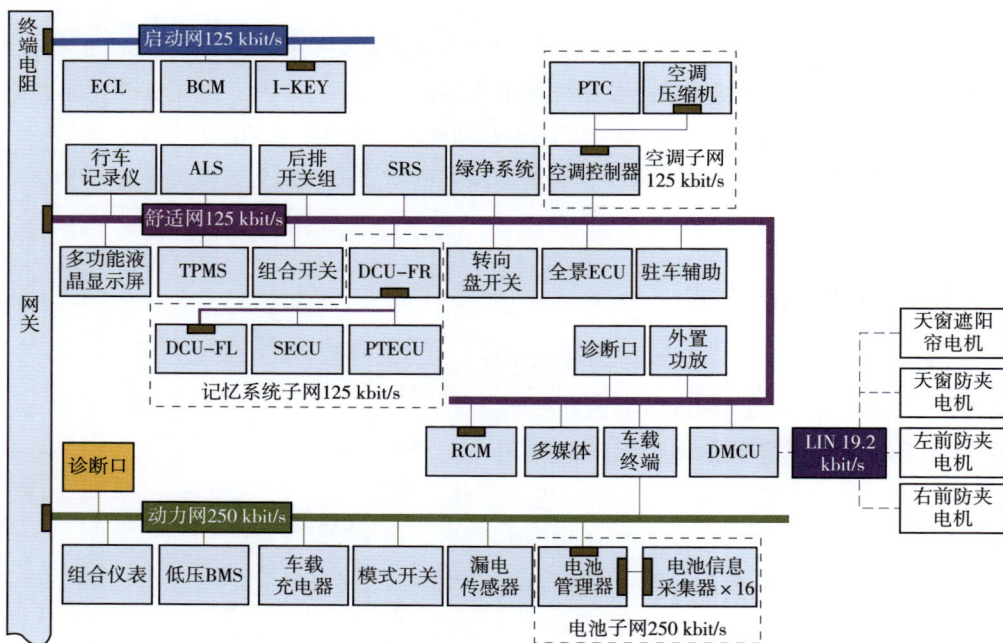

图 5-11　CAN 拓扑图①

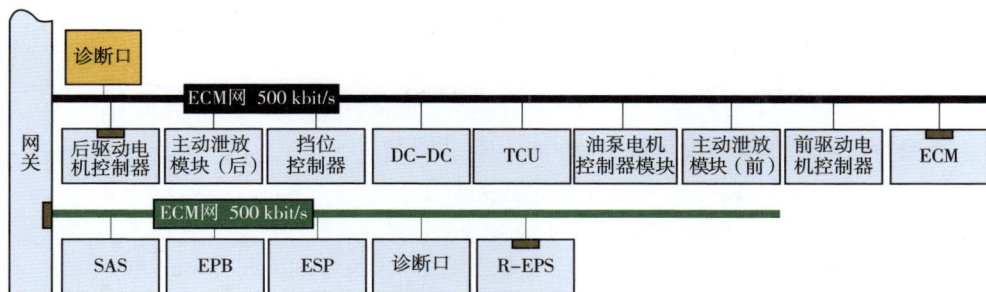

图 5-12　CAN 拓扑图②

技师经验：一辆比亚迪唐 DM EV 功能受限，使用诊断仪检查发现"多个模块与 BMS 通信故障"等，检查 BMS 的电源和搭铁线都正常，检查动力网 CAN 通信，发现 CAN-H 为 1.1 V，CAN-L 为 0.9 V，测量结果表明 CAN 异常。逐个断开 CAN 的模块，查看该车的 CAN 拓扑图，当断开 PAD（导航系统），CAN 电压恢复正常，更换 PAD，故障排除。

5. CAN 总线的电路图

比亚迪秦 CAN 总线网关控制器电路如图 5-13 所示，网关控制器上有电源电路，包括常电 BAT，它是 F2/3 保险丝供电的，IG1 电源，它是 F2/12 保险丝供电的，三条搭铁线路，通过 WG08 搭铁点连接蓄电池负极。

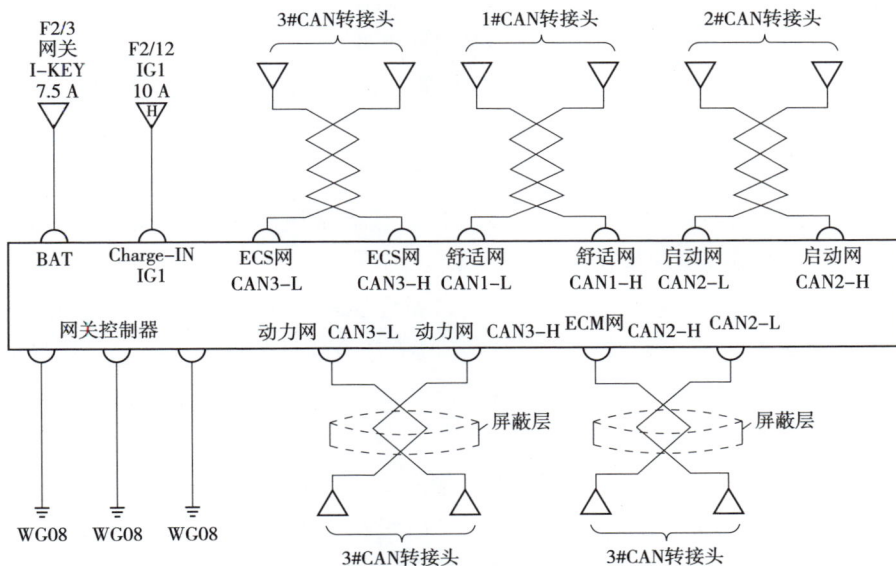

图 5-13　比亚迪秦网关相关电路

网关控制器连接 ECS 网（车身稳定系统），舒适网、启动网、动力网和 ECM 网，动力网和 ECM 网为了防止干扰，总线上还安装了屏蔽线。

常电 BAT 通过保险丝连接蓄电池正极，检查其对地电压应为 11 V ～ 14 V。IG1 电源在点火开关置于 ON 位置时通电，检查其对地电压应为 11 V ～ 14 V。在断电时，检查其对地阻值应该小于 1 Ω。

CAN 总线有很多节点，下面仅举一例 ECS 网（车身稳定系统）的电路，其工作原理如图 5-14 所示，ECS（车身稳定系统电控单元）的 CAN 总线通过前舱线束及连接器 BJ10 和 GJ12 连接器和仪表板线束连接，又通过仪表板线束 G35B（3#CAN 转接头）和网关控制器连接。

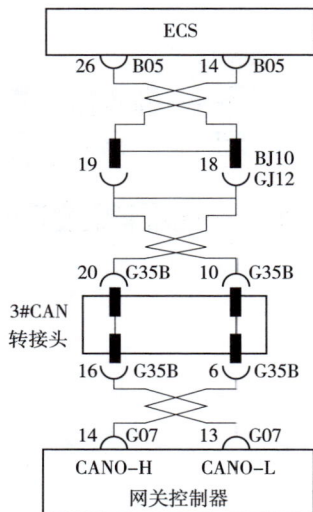

图 5-14　网关主节点（部分）

6. CAN 总线的故障和检查

（1）故障形式。CAN 总线故障形式主要有 CAN-High 和 CAN-Low 短路、CAN-High 对正极短路、CAN-High 对地短路、CAN-High 断路、CAN-Low 对正极短路 、CAN-Low 对地短路和 CAN-Low 断路七种故障，其中最为常见的是 CAN-High 断路和 CAN-Low 断路故障。

（2）故障代码。CAN 总线的故障代码 DTC 有以下三种类型。

第一种是内部错误 DTC，各 ECU 执行内部检查，如果其中一个发现内部 ECU 问题，则它会提出一个内部错误 DTC，指示该 ECU 需要更换。

第二种是失去通信 DTC，失去通信 DTC 是在 ECU 之间的通信出现问题时提出的，问题可能出在连接导线或 ECU 本身上。

第三种是信号错误 DTC，各电控单元 ECU 对某些输入回路执行诊断测试，用来确定此回路功能是否存在无断路或短路。如果一个回路未通过诊断测试，则会相应设置一个 DTC。

（3）检查 CAN 总线的电阻。

CAN 线是否正常，一般可以通过在诊断口测量 CAN-H 和 CAN-L 之间的电阻来判断。检测时拆下蓄电池的负极线，等待约 5 分钟，直到所有的电容器充分放电。找到 DLC（诊断）接口相应的端子，进行检测。检测时还可以拔下／插好网关，检测总的阻值是否发生变化，并分析测量结果。

测量电阻值在 60 Ω ～ 70 Ω，则 CAN 主线可以正常通信，测量电阻值为无穷大（万用表上通常显示为 0），说明存在断路，可以根据电路逐段测量，检测单个终端电阻（120 Ω 左右），找到具体的故障点；如果测量阻值接近 0 Ω（例如，万用表显示 0.01

左右），表明短路，可逐个断开 CAN 各模块，再检测进行判断。

（4）检测 CAN 总线的电压。

检查低压蓄电池，电压应在正常的范围，否则排除低压异常的故障。CAN-H 对地电压在 2.5 V ~ 3.5 V，CAN-L 的对地电压在 1.5 V ~ 2.5 V，如果在 0 V 表明对地短路，如果大于正常值，则可能对电源短路。使用双通道示波器检测 CAN-H 和 CAN-L 的波形，也可以检测其是否存在异常。

5.1.6 整车控制器的电路识图

VCU 是电动汽车上最高的"指挥中心"，其电路如图 5-15 所示，CA66/51 定义为 Main relay（主继电器），是主继电器 ER05 线圈部分的控制端子，VCU 控制该端子搭铁，主继电器 ER05 线圈开关闭合，EF10 10 A 保险丝通过 CA66/25、CA66/52、CA66/39 给 VCU 提供电源。

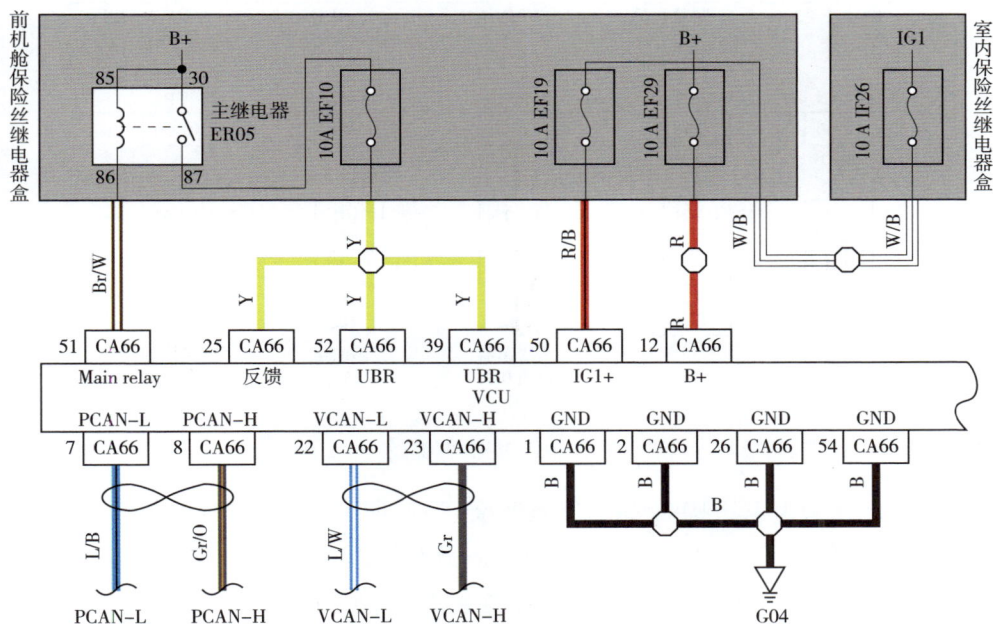

图 5-15　VCU 电路①

B+ 通过 EF29 10 A 保险丝给 CA66/12 提供常电电源，IG1 电源通过 IF26 10 A 保险丝及 EF19 10 A 保险丝给 VCU CA66/50 端子提供 IG 电源。CA66/1、CA66/2、CA66/26、CA66/54 都定义为 GND，都是 VCU 的搭铁端子。PCAN-H、PCAN-L、VCAN-H、VCAN-L 是车载网络通信线连接端子，分别连接其他控制单元。

技师经验： 一辆北汽 EV160 纯电动汽车无法行驶，检测时发现诊断仪无法与 VCU 和动力电池通信，检查点火开关各挡位，正常。检查 VCU 供电均正常，检查 15 号线继电器工作也正常，网络 CAN 线也无短路或断路现象，更换 VCU，故障排除。

如图 5-16 所示，CA67/86、CA67/96 定义制动开关 2、制动开关 1，在后文中会进一步阐述。HVIL IN 和 HVIL OUT 是高压互锁端子，VCU 对高压元件的互锁进行控制，当发现互锁异常时，VCU 对高压系统进行断电。

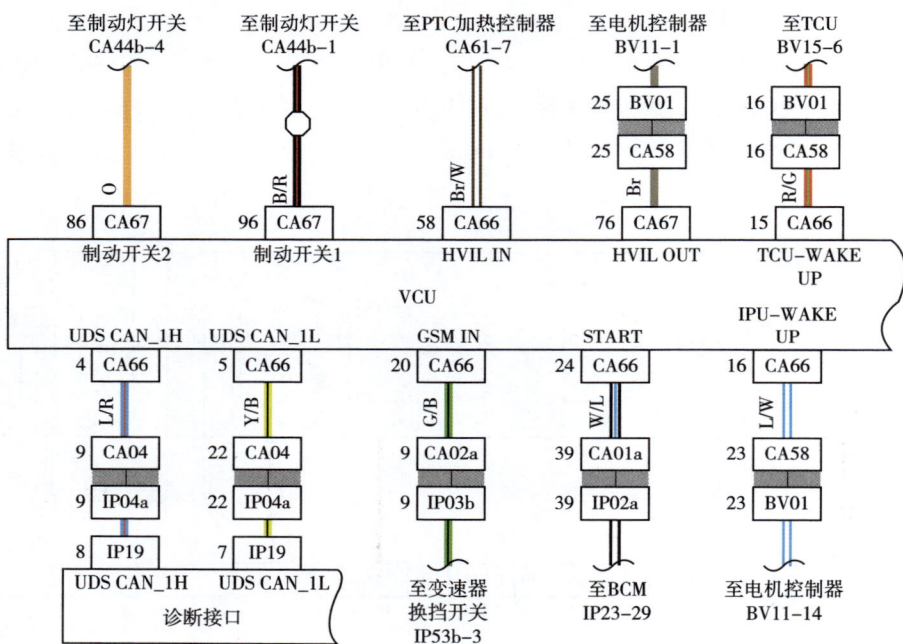

图 5-16　VCU 电路②

CA66/15 定义为 TCU-WAKE UP，它是连接 VCU 唤醒 TCU 变速器控制单元的连线。UDS CAN-1H 和 UDS CAN-1H 端子连接诊断网络通信线，它通过诊断接口可以和汽车诊断仪通信。CA66/20 定义为 GSM IN，此端子连接变速器换挡开关，P 挡位置开关信号从此端子输入。CA66/16 定义为 IPU-WAKE UP，它连接 VCU 唤醒 IPU 的连线。VCU 接收电子油门踏板位置传感器信号，后文会详细介绍，VCU 还控制冷却风扇 1 和冷却风扇 2 运行，前文已经介绍过。

如图 5-17 所示，VCU 控制 Main relay（主继电器）的线圈端子，使主继电器开关闭合，B+ 通过 EF08 5 A 保险丝给冷却水泵继电器 ERO4 线圈供电，VCU 通过 Eont Coolant Pump En 端子控制其搭铁，此时冷却水泵继电器 ERO4 开关闭合，电机水泵得到供电电源，

VCU 通过 PMW 端子（占空比信号控制）对电机负极进行控制。另外，VCU 整车控制器通过 CA67/83 端子检测冷却水泵继电器 ER04 的开关电压。

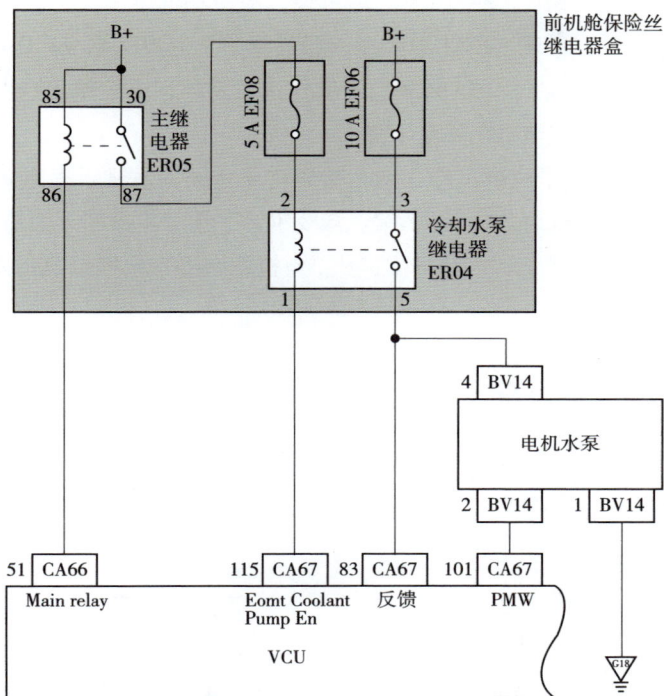

图 5-17　VCU 电路③

5.2　整车控制系统维修案例解析

因为整车控制系统真正涉及整台车辆，其故障包括不能正常上电、混合动力汽车无"EV"功能，以及车辆不能正常行驶等很多故障类型。

5.2.1　比亚迪 e5 出现严重顿挫的故障

1. 故障现象

一辆比亚迪 e5 在行驶一段时间后紧急加速时出现严重顿挫，功率表来回摆动。

2. 故障诊断与解析

使用故障诊断仪没有扫描到历史故障码，在 BMS、VTOG 数据流中没有读到异常信息。一人驾驶车辆，一人使用诊断仪监控车辆数据。车辆行驶一段时间后出现闯车，电机扭矩和电机功率显示出现来回摆动。

每次故障都是在车辆行驶一段时间后出现，故障和温度有关，在故障出现时查找温度相关的数据信息，发现 IGBT（绝缘栅双极晶体管）温度达到 99 ℃（查看某正常车辆的该温度值在 45 ℃左右），这么高的温度是不正常的，电控单元会做出功率限制的策略，所以，电机扭矩和电机功率会下降。

检查冷却系统的电子风扇工作正常，检查电子水泵，发现没有运转，测量电子水泵接插件两端子之间电压为 0 V，不正常。查找维修手册"电器原理图册"部分的"20、高压水泵、多功能显示屏"，和"26、双路电"，电控系统的水泵控制电路如图 5-18 所示。

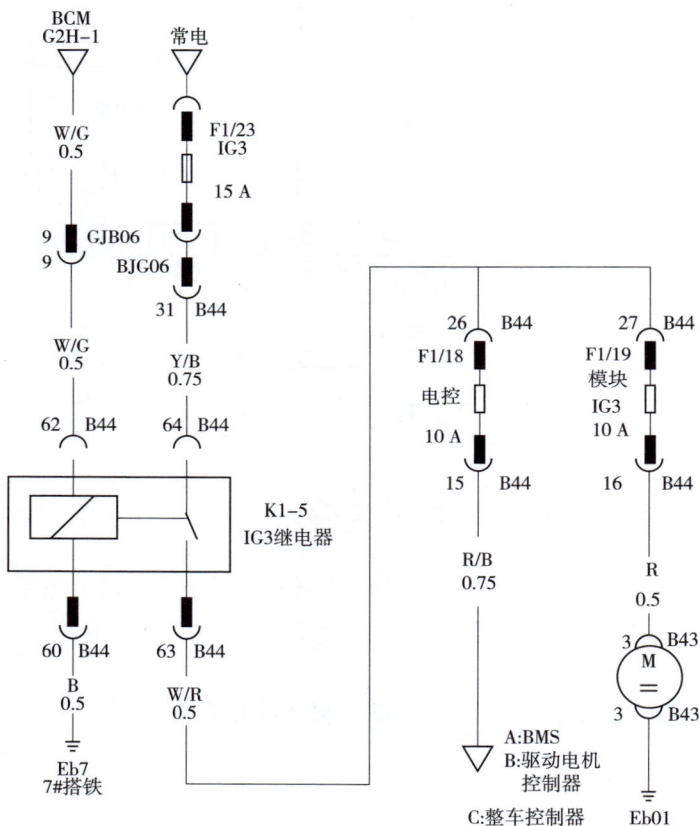

图 5-18　比亚迪 e5 电子水泵控制电路

3. 故障排除

检查保险丝 F1/19，两端电压都正常，测量电子水泵接插件供电电压为 13 V，正常，说明电子水泵搭铁不良，将其修复后，电子水泵还是不转。估计电子水泵搭铁不良，水泵电机多次断断续续工作造成损坏，更换电子水泵总成后试车，车辆不再发生闯车，故障排除。

5.2.2 吉利帝豪 EV300 无法上高压电的故障

1. 故障现象

一辆吉利帝豪 EV300 纯电动汽车在 P 挡后，踩下制动踏板，按下一键启动按钮，一键启动按钮指示灯变成绿色，但是组合仪表并未显示"READY"灯。

"READY"灯亮表示车辆已经做好所有准备，已经启动成功，可以随时启程，但"READY"灯不亮，通常表示车辆无法连通高压电路，即无法上高压电。

2. 故障诊断与解析

如图 5-19 所示，按下一键启动开关 SSB，一键启动开关 SSB 将启动指令发送给 PEPS（维修手册上称之为无钥匙一键式启动单元），PEPS 能控制一键启动开关上的指示灯由橙色变成绿色，说明车辆的防盗控制单元工作基本正常。

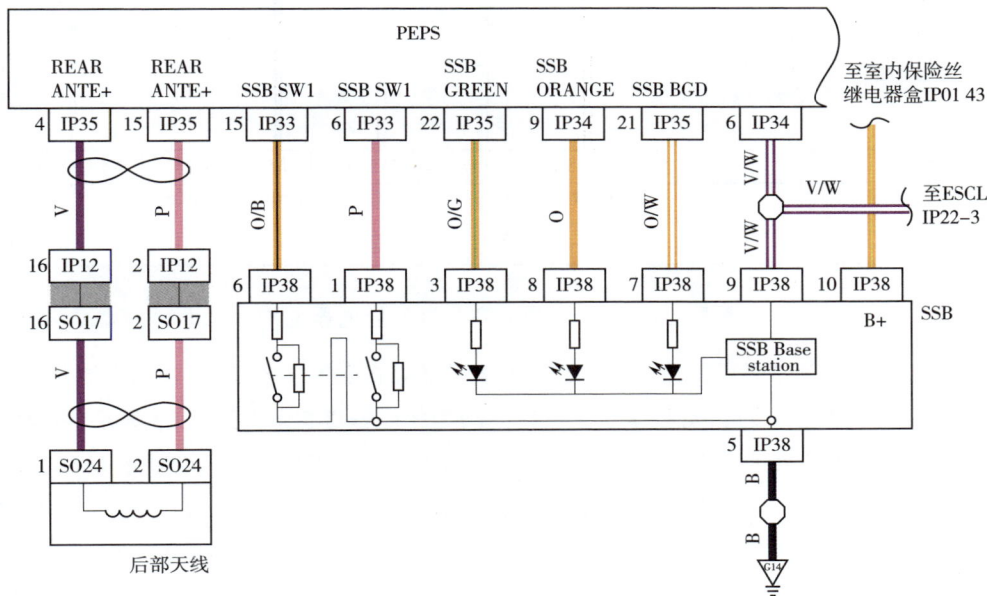

图 5-19　一键启动开关电路

PEPS—防盗控制单元　SSB——一键式启动开关　ESCL—电子转向柱锁控制单元

如图 5-20 所示，防盗控制单元 PEPS 接到启动信号后，它通过 IP33-23 端子给启动继电器（在辅助继电器盒内）的线圈提供 12 V 左右的电源。启动继电器开关吸合后，向 VCU 提供 12 V 的启动信号，请求 VCU 连通高压电。

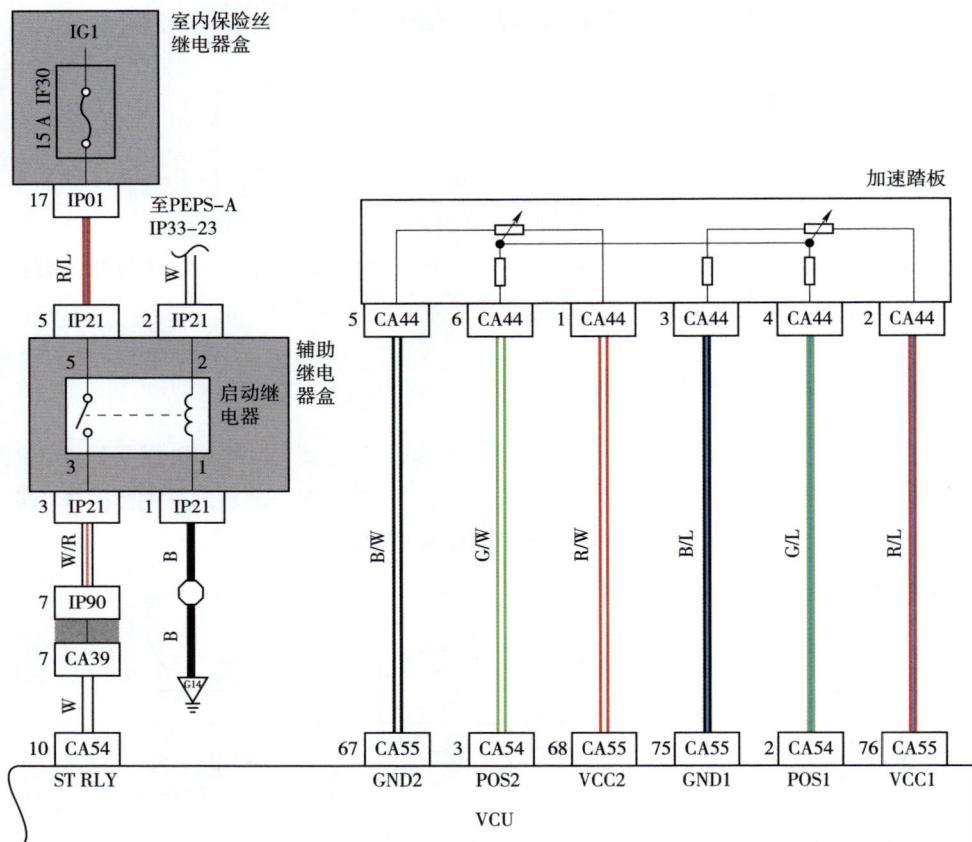

室内保险丝继电器盒

IG1

15 A IF30

17 IP01　至PEPS-A IP33-23

R/L　W

5 IP21　2 IP21　辅助继电器盒

5　2　启动继电器

3　1

3 IP21　1 IP21

W/R　B

7 IP90

7 CA39　B

W　G14

10 CA54　67 CA55　3 CA54　68 CA55　75 CA55　2 CA54　76 CA55

ST RLY　GND2　POS2　VCC2　GND1　POS1　VCC1

VCU

加速踏板

5 CA44　6 CA44　1 CA44　3 CA44　4 CA44　2 CA44

B/W　G/W　R/W　B/L　G/L　R/L

图 5-20　吉利帝豪 EV300 启动继电器电路

VCU 收到启动信号后，它发出指令让各高压控制单元进行自检，各高压控制单元自检完成后向 VCU 进行反馈，如果满足工作条件，VCU 控制链接高压电路，仪表显示"READY"指示灯，如果不满足工作条件，"READY"会存储故障信息，此时仪表不会显示"READY"。

使用诊断仪与各控制单元通信，没有读到故障代码，按一键启动开关，查看启动继电器的输出数据流，显示"激活"，推断启动继电器线圈控制电路基本正常。按下一键启动开关（关闭位置），从辅助继电器盒上拔下启动继电器，一人踩下制动踏板并按下一键启动开关，一人测量辅助继电器盒上 1 号端子与 2 号端子之间的电压为 12.1 V 左右，进一步说明启动继电器线圈控制电路正常。

检查启动继电器，在启动继电器线圈部分施加 12 V 电压，测量启动继电器开关部分的电阻为无穷大，说明启动继电器损坏。

3. 故障排除

更换新的启动继电器，踩下制动踏板，按下一键启动开关，一键启动按钮指示灯变成绿色，仪表显示"READY"，试车，车辆能正常行驶，故障排除。

5.2.3 比亚迪秦偶发性无纯电动模式的故障

1. 故障现象

一辆比亚迪秦产生偶发性故障，故障出现时，挂入 D 挡电子驻车（EPB）无法解锁，车辆 EV 模式直接转为 HEV 模式，仪表上显示请检查动力系统，驱动电机控制器等多个模块报出与电子驻车（EPB）通信有故障，驱动电机控制器报与电源管理器通信故障，与 DC（转化器）通信故障。

2. 故障诊断与解析

分析故障的原因可能是：网关故障、线束、EPB 或驱动电机控制器故障。

（1）检查网关。如图 5-21 所示，从维修手册中到查到"电器"部分，从"电器"中找到"第五节 电器原理图"的"36、诊断接口"，检查动力网，从诊断接口 6 号端子和 14 号端子处测量 CAN 线电压为 2.5 V 左右，检查 ECM 网也正常。关闭点火开关，测量 6 号端子和 14 号端子中间的电阻为 60 Ω，说明 CAN 基本正常。

（2）从电子驻车系统（EPB）着手检查。梳理故障现象，从故障现象分析，故障涉及电子驻车系统（EPB）、驱动电机控制器等。决定了从电子驻车系统（EPB）着手检查，查找维修手册"电器""第五节 电器原理图"的 EPB 的电路，如图 5-22 所示。检查 EPB-ECU 的 BAT+ 和 IG1 和 GND 之间的电压，都是 12 V 左右，检查 F4/9 和 F2/16 保险丝正常。

（3）查找为 F4/9 和 F2/16 保险丝提供电源的电路。查找维修手册"电器"第五节 电器原理图"1.1 电源 启动 发电"，发现行李舱内的正极保险盒Ⅱ上的保险丝 F8/3 60 A 为常电（仪表Ⅱ）供电（即为 F4/9 保险丝供电），行李舱内的正极保险盒Ⅱ上的保险丝 F8/2 60 A 为常电（仪表 ）供电，常电（仪表Ⅰ）通过 IG1 主继电器为 F2/16 供电。晃动保险丝 F8/3 60 A，检查 F4/9 的电压，发现有时为 12 V 左右，有时接近 0 V，拔下保险丝 F8/2 60 A，发现保险丝座接触不良。

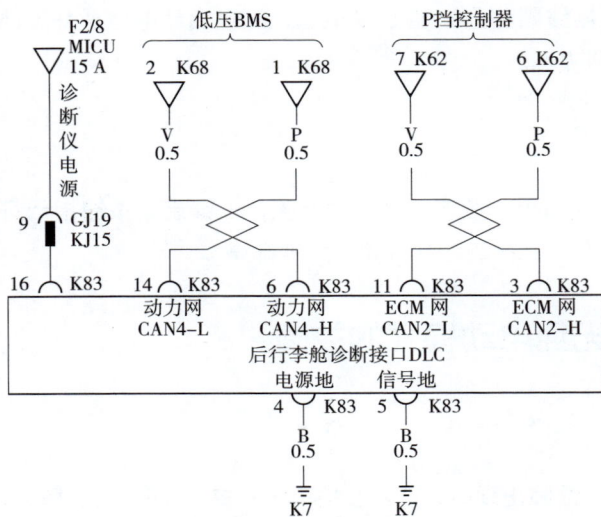

图 5-21　诊断接口 DLC 电路　　　图 5-22　电子驻车系统（EPB）的电路

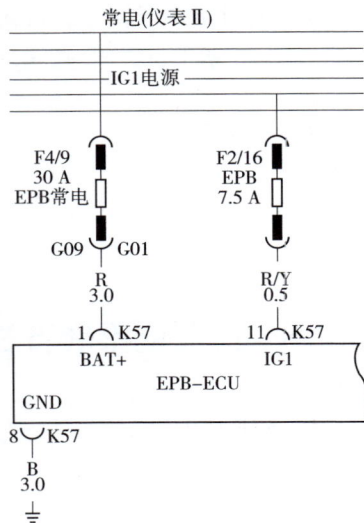

3. 故障排除

修复保险丝 F8/2 60 A 座接触片，故障排除。该车故障是由于保险丝 F8/2 60 A 接触不良引起，保险丝 F8/2 60 A 不仅为 EPB-ECU 供电，还为 BMS、驱动电机控制器等供电，当其出现断路后，BMS 不能正常工作，车辆便没有 EV 模式，EPB（电子驻车系统）便无法解锁，驱动电机控制器报与电源管理器通信故障也与 DC（转换器）不能正常通信故障。

5.2.4　比亚迪 e5 无法上 OK 电不能行驶的故障

1. 故障现象

一辆比亚迪 e5 汽车行驶中仪表提示"请检查检查低压电池系统""请检查充电系统"，车辆停驶后，无法上"OK"电，不能继续行驶。

2. 故障诊断与解析

分析故障提示原因包括两个方面："低压电池系统"和"充电系统"，这两者的故障应该有所关联，"低压电池系统"不会导致"充电系统"系统故障，但是"充电系统"故障导致不能低压蓄电池充电，就会导致"低压电池系统"故障，进而导致车辆停驶后，无法上"OK"电，不能继续行驶。

（1）检查低压蓄电池。检查低压蓄电池为 0 V，蓄电池损坏不至于 0 V。查找维修资料，比亚迪 e5 蓄电池控制电路如图 5-23 所示，低压蓄电池总成带有管理器，其上连接采样线、CAN 线等连接线，它带有唤醒功能。测量蓄电池为 0 V，说明低压蓄电池处于休眠状态，由于条件不足，没有被唤醒。

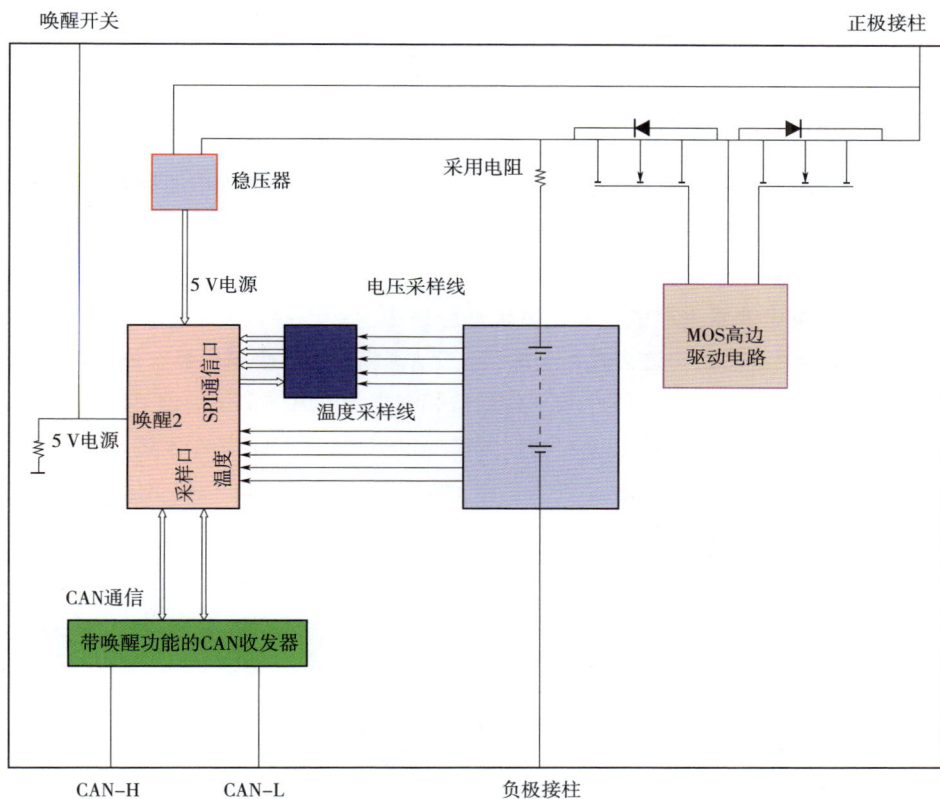

图 5-23　比亚迪 e5 蓄电池控制电路

（2）并联蓄电池，车辆可以上电，测量高压电控总成 DC-DC（电压转化器）低压输出端供给低压蓄电池的电压为 11.3 V，这么低的电压无法给低压蓄电池充电，该电压正常应高于 13 V。由此判断 DC-DC（电压转化器）工作不正常，使得低压蓄电池亏电，从而导致车辆无法上 "OK" 电。使用故障诊断仪检查 DC 的数据流，发现 DC 的工作模式为 "关断状态"。

3. 故障排除

更换高压电控总成故障排除，清除故障代码，对防盗系统进行编程，故障排除。

5.2.5 比亚迪秦 EV 经常进入智能充电模式的故障

1. 故障现象

一辆比亚迪秦 EV 的仪表经常提示进入智能充电模式，车辆耗电较大。

2. 故障诊断与解析

大多新能源电动汽车都有智能充电功能，动力电池通过 DC（电压转换器）给低压电池充电。车辆有时进入智能充电模式是正常的，但如果经常进入智能充电模式，说明有故障导致低压蓄电池亏电。

读取低压蓄电池管理器的信息，发现低压蓄电池管理器在关车时，电流竟然大到 10 A，正常车辆的数值没有这么大，一般不到 1 A，应该是某个用电器在漏电。

排除电气设备漏电，可以逐个拔下保险丝和继电器的方法测试。但可以先试试以下方法：汽车低压蓄电池通常是 12 V 左右，异常的电流大到 10 A，根据欧姆定律计算，估计"偷电"的电器设备电阻是 1.2 Ω 左右，查询维修资料，后除霜加热丝阻值恰好为 1.2 Ω（电阻值会随温度变化）。查找电路图如图 5-24 所示，后除霜电热丝 K12 功率为 250 W，它是受 K1-3 后除霜电热丝继电器的控制，拔下后除霜继电器，异常的电流恢复正常。

判断故障产生的原因：继电器开关部分短路，继电器线圈部分短路使开关部分吸合。检查继电器开关部分没有短接，检查继电器盒 85 接脚有偶发性搭铁。

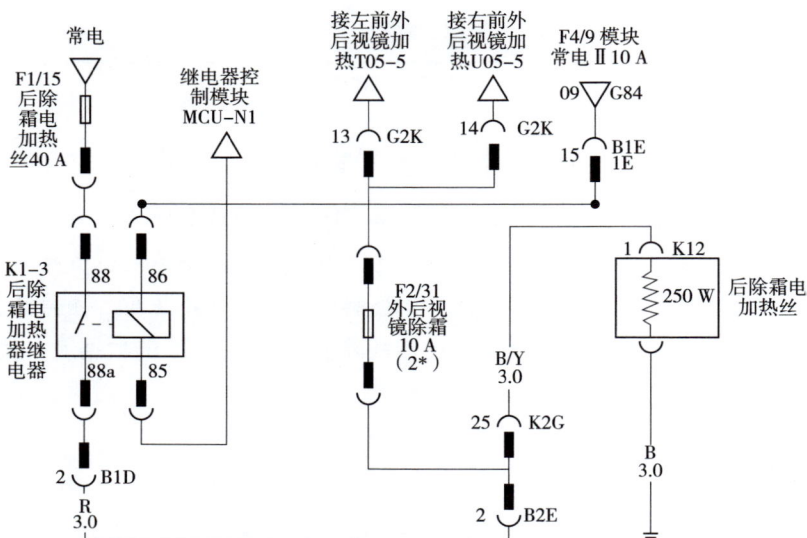

图 5-24 比亚迪秦 EV 后除霜加热丝电路

3. 故障排除

将继电器盒（前舱配电盒）进行更换，故障排除。后来询问车主，是在一次"高压清洗"后产生故障的，可能是有少量水汽进入了前舱配电盒，致使后除霜加热丝异常工作。后除霜加热丝功率较大，消耗的电能较多，因而导致低压蓄电池亏电，因此系统进入智能充电模式。

5.2.6　比亚迪元 EV 空调不制冷的故障

1. 故障现象

一辆比亚迪元 EV 轿车开空调不制冷，检查车辆组合仪表，发现没有故障提示。

2. 故障诊断和解析

用故障诊断仪读取车辆的故障代码，在空调系统读到"故障代码 U025387：与压缩机失去通信"，无法扫描到电动压缩机控制器。

查找该车电动压缩机相关电路如图 5-25 所示，电动压缩机带有控制器，上面有空调子网线和控制器电源线。测量 B60 1 号端子电压为 13 V 左右，B60 4 和 B60 5 分别是空调子网的 CAN-H 和 CAN-L 线，测量其电压分别为 2.5 V 和 2.4 V，测量 B60 2 端子与搭铁之间的阻值为 0.1 Ω，都是正常的。

怀疑空调压缩机高压电路不正常，导致压缩机电机不运转。检查空调无制热功能，怀疑 PTC 也不能正常工作。试查看空调 PTC 故障代码，发现有负载电源欠压故障的故障代码，读取负载电源仅为 1 V。

车辆高压部分的电动压缩机和 PTC 都不正常，查看其他数据，看高压部分是否还有其他异常。读取到驱动电机控制器电压为 394 V，DC（电压转换器）的电压为

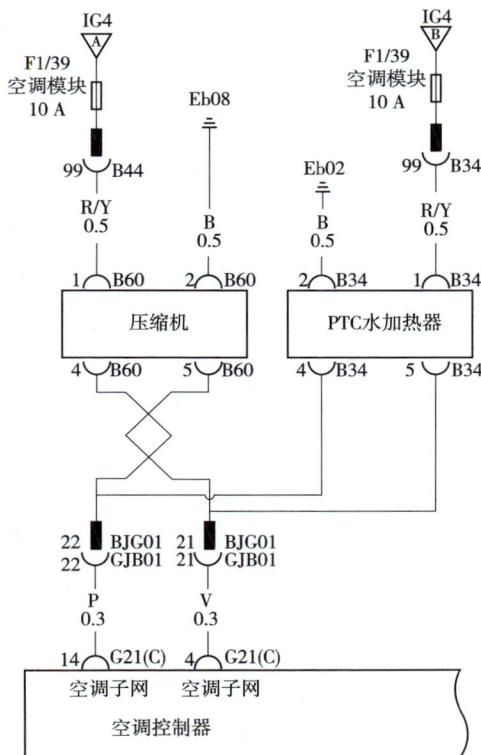

图 5-25　比亚迪元空调压缩机和 PTC 电路

401 V，没有发现高压部分其他异常现象。

断开低压蓄电池，戴上高压绝缘手套，做好高压防护，确定高压已经下电。拆开配电箱上盖，检测发现空调保险丝烧蚀，通过电缆测量空调压缩机的电阻为 70 Ω 左右，正常值比较大，在千欧以上，推断空调电动压缩机电机内部短路，导致配电箱内部保险丝烧蚀。该保险丝同时也为空调 PTC 供电，所以它烧断以后，空调 PTC 也不能正常工作。

3. 故障排除

更换坏了的空调电动压缩机，更换坏了的保险丝，维修后，空调 PTC 也能正常工作，车辆能制热也能制冷，故障排除。

5.2.7 吉利帝豪 EV450 不能上高压电

1. 故障现象

一辆吉利帝豪 EV450 仪表出现动力故障警告灯点亮，充电故障警告灯点亮，而且无法上高压电。

2. 故障诊断和解析

使用故障诊断仪分别读取 BMS 和 VCU 的故障信息，读取故障代码 U11187 与整车控制器丢失通信/当前码。VCU 不能正常和 BMS 通信，推断故障范围为 VCU 电源电路故障、通信线路故障、VCU 本身故障。

查找 VCU 的电路如图 5-26 所示，检查 VCU 的电源电路，在断电的情况下，拔下 CA66 连接器，重新打开点火开关，检查 CA66/12 和 CA66/1 之间的电压为 12.5 V，正常。检查 CA66/1 和搭铁之间的电阻值为 1 Ω，检查 G04 搭铁点也正常。

检查 VCU 的通信线，在断电的情况下，拔下 CA66 连接器，检查 VCU 的 A66/7 和 A66/8 的电阻为 60 Ω，正常。检查 VCU 的 A66/22 和 A66/23 的电阻为 60 Ω，也正常。

检查 CAN-H 和 CAN-L 的电压，分别是 2.7 V 和 2.2 V，其电压和接近 5 V，正常。估计 VCU 本体有故障。

3. 故障排除

换上新的 VCU，使用故障诊断器进行匹配，清除故障代码，试车，仪表不再显示动力故障警告灯点亮，充电故障警告灯点亮等故障信息，车辆可以上电，故障排除。

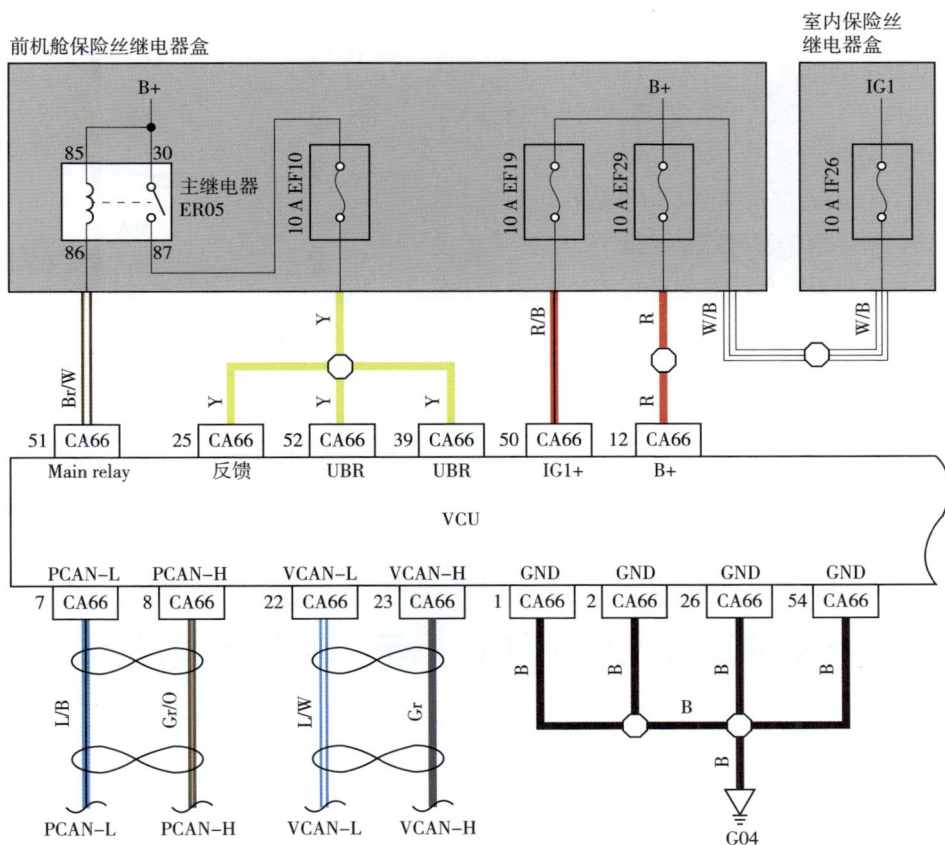

图 5-26　EV450 VCU 电源及部分电路

5.2.8　比亚迪唐偶发 EV 功能受限，有时重启后正常

1. 故障现象

一辆比亚迪唐 DM EV 功能受限，有时重新启动，故障会消失，EV 功能可以重新使用。

2. 故障诊断和解析

使用诊断仪检查车辆，读取到前驱动控制器报出"与电池管理器失去通信，电池管理器无应答"。通常通信故障原因包括：①控制模块的电源、搭铁电路不正常；

②通信线路故障；③控制模块自身损坏。

检查电池管理器的电源电路，如图 5-27 所示，检查常电 12.5 V，正常。检查搭铁线和车身之间电阻小于 1 Ω，正常。检查双路电的电压 0.2 V，异常，正常应该 12 V 左右。

检查仪表右侧配电盒 F4-8 双路电保险丝，测量该保险丝两个测量点都接近 12 V，断电后拔下保险丝，检查该保险丝座很松旷，保险丝可能接触不到保险丝座。

3. 故障排除

修复保险丝插座金属接触片，重新测量 BMS 的双路电电压，其电压值为 12.5 V，试车，故障排除。

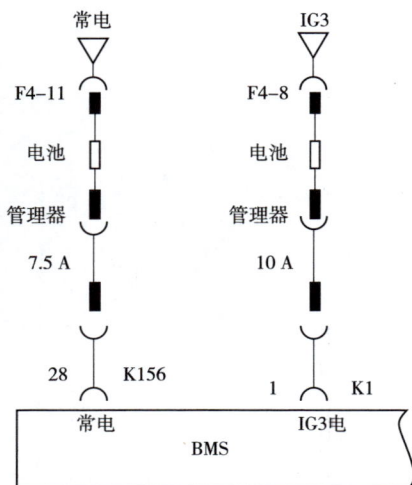

图 5-27　比亚迪唐 DM 电池管理器电源电路

5.2.9　比亚迪秦无法上高压电，提示"请检查动力系统"

1. 故障现象

一辆比亚迪秦 EV，该车不能上 OK 电，仪表中提示"请检查动力系统"。

2. 故障诊断和解析

使用故障诊断仪读取故障信息，读取到 BMS 报出"高压互锁 1 故障"。查看该车的互锁回路，如图 5-28 所示，将点火开关 OFF，断开 BMS 的连接器。检查 BK45（A）-1 和 BK45（B）-7，导通。检查其他位置互锁电路，没有接触不良的情况。怀疑 BMS 内部故障使得其误报故障。

3. 故障排除

更换 BMS，重新对 SOC（电池剩余电量）进行标定，故障排除。

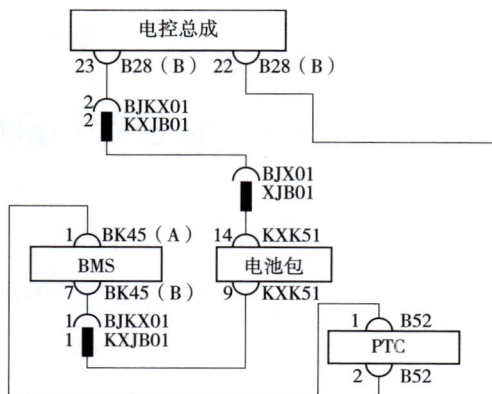

图 5-28　比亚迪秦互锁电路

5.2.10　吉利帝豪 EV300 无法上高压电

1. 故障现象

一辆吉利帝豪 EV300 打开点火开关后，无法上高压电，仪表上 READY 灯不亮。

2. 故障诊断与解析

（1）打开点火开关，观察起动开关的指示灯变成绿色。

（2）使用诊断仪，没有发现故障代码和故障数据信息。

（3）该车起动开关连接 PEPS，起动开关的指示灯变成绿色，说明起动开关和 PEPS 的连接正常。

（4）如图 5-29 所示，吉利 EV300 的 PEPS 得到起动信号后，通过 IP33/23 端子控制起动继电器 ER19 吸合，起动继电器 ER19 开关闭合后，IF25 10 A 保险丝通过起动继电器 ER19 开关给 VCU 提供 CA54-10 提供 SATART 电源。

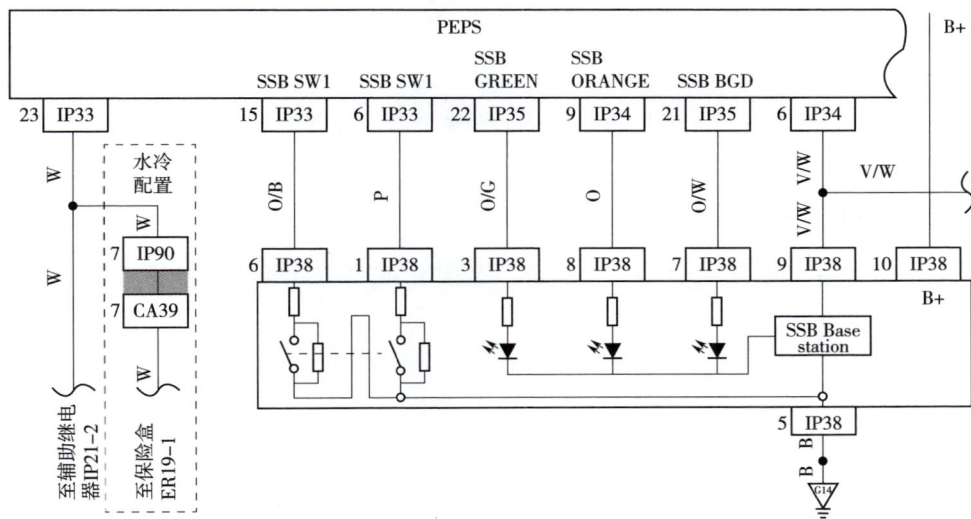

图 5-29　吉利 EV300 一键启动开关电路

检查在打开点火开关的时候，起动继电器 ER19 有吸合的声音，其控制电路如图 5-30 所示。

（5）拔下启动继电器，给启动继电器 ER19 线圈施加 12 V 电压，测量起动继电器 ER19 开关阻值为无穷大，说明启动继电器 ER19 开关烧蚀，继电器损坏。

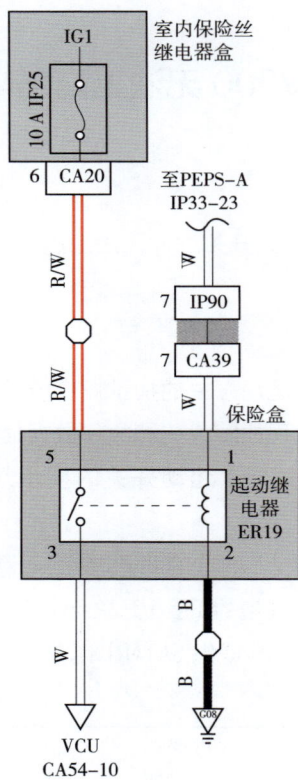

图 5-30　吉利 EV300 起动继电器控制电路

3. 故障排除

更换新的起动继电器，打开点火开关，仪表上 READY 灯点亮，故障排除。

第 **6** 章
低压辅助电气系统电路识图和维修案例解析

虽然纯电动汽车的动力来源于高压电，但与燃油汽车一样，整个纯电动汽车的大脑（ECU）和神经（控制线路）仍是低压的。纯电动汽车的高压动力受控于低压控制电路。

6.1 低压辅助电气系统的电路识图

电动汽车的低压辅助电气系统包括制动灯开关、变速器换挡开关、加速模式开关、一键启动开关、PTC 等部分。

6.1.1 制动灯开关电路识图

当需要制动或减速时，驾驶人踩下制动踏板，制动灯开关将踏板位置信号转换成电信号，通过导线传给 VCU，制动踏板开关内部有两组开关，一组为常闭开关，一组为常开开关。VCU 通过两组开关输出电压的变化判断驾驶人的制动或减速意图。

车辆在上电前，需要踩下制动踏板，此时，制动开关发出制动信号给 VCU，VCU 再根据其他信号等综合情况确定车辆是否可以上高压电。如果制动灯开关或其线路故障，车辆在上电前，VCU 接收不到制动灯开关信号，将会造成车辆无法上高压电。

如果在松开制动踏板时，制动灯开关还一直给 VCU 错误的制动信号，这将造成车辆无法换挡。吉利帝豪制动开关电路如图 6-1 所示，为了保证安全，制动灯开关内部有两个联动开关，它们分别将信号传给 VCU 制动开关 1 端子和制动开关 2 端子。其中制动开关 1 端子信号还传输给 BCM 用于控制制动开关。

有的汽车有制动踏板深度传感器，其电路如图 6-2 所示，它一共有六条接线，其工作原理和油门踏板位置传感器类似，其内部有两个传感信号，整车控制器通过刹车深度电源 1 和刹车深度电源 2 两个端子分别为两个传感器提供 5 V 的电源，制动踏板位置传感器通过 BG28（B）/1 和 BG28（B）/8 端子给 VCU 提供制动踏板位置信号，VCU 根据制动踏板位置信号控制制动能量回收。

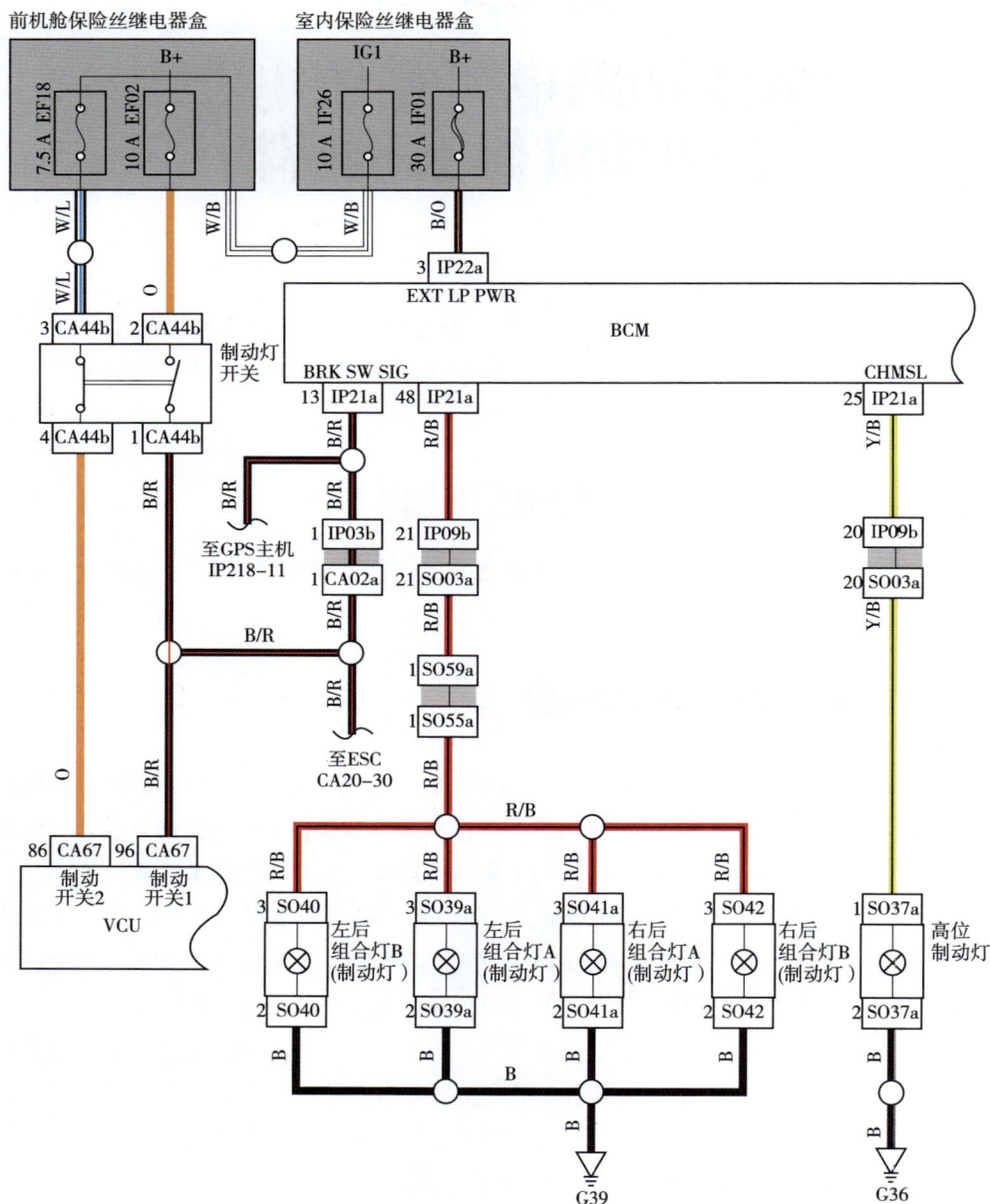

图 6-1　制动灯开关信号

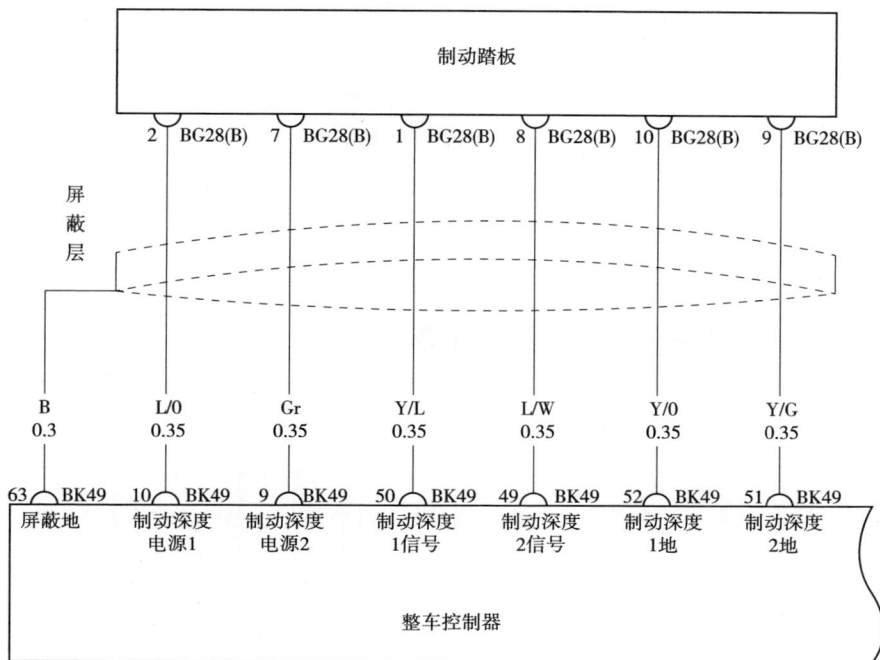

图 6-2　制动深度传感器电路

长城 C30EV 车型包含有 P、R、N、D、ECON 和 ECON+ 共六个挡位，ECON 挡是在 D 挡基础上，限制车辆加速度，最高车速、电机最大功率及空调系统功率，加强能量回收，限制车速 100 km/h，限制功率 75 kW，限制扭矩 158 N·m。ECON+ 挡是在 D 挡基础上，进一步限制车辆加速度，最高车速、电机最大功率及空调系统功率，加强能量回收，限制车速 80 km/h，限制功率 65 kW，限制扭矩 140 N·m，其控制电路如图 6-3 所示。

挡位开关上端子 1 是电源，端子 2 是开关 1 信号，端子 3 是开关 2 信号，端子 4 是开关 3 信号，端子 5 是开关 4 信号，端子 6 是搭铁，端子 7 是制动开关信号，端子 16 是 E+ 挡位信号，端子 17 是 E 挡位信号，端子 10 连接 P 挡指示灯，端子 11 连接 R 挡指示灯，端子 12 连接 N 挡指示灯，端子 13 连接 D 挡指示灯，端子 14 连接 ECON+ 挡指示灯，端子 15 连接 ECON 挡指示灯。

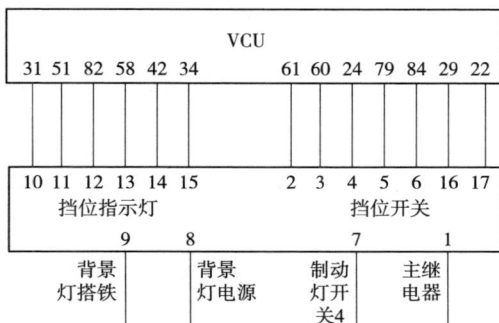

图 6-3　长城 C30EV 挡位开关电路

技师经验： 一辆比亚迪秦制动不能回馈充电，在故障出现时，读取故障信息，发现"P1A96 因电压高导致无法回馈"，观察仪表此时 SOC 不到 60%。仪表显示 SOC 值是 BMS 估算的 SOC 值，它可能与电池包实际 SOC 值不相符。沟通得知，车主担心电池过充电，每次充电都没有充满。估计由于多次充电未充满导致 BMS 估算 SOC 值长时间得不到修正，偏差累积越来越大，由此产生了车辆故障。

6.1.2 变速器换挡开关电路识图

变速器挡位开关（电子换挡器）电路如图 6-4 所示，它的插接器 IP53b 有 12 个端子，其上连接了七条导线，其余为空接脚。1 号端子定义 +B，+B 电源通过 10 A IF08 为变速器换挡开关提供常电；2 号端子定义为 IG+，IG1 电源通过 IF23 10 A 保险丝为变速器换挡开关提供 IG 电；3 号端子定义为 P POSITION INDICATION OUTPUT，变速器换挡开关通过此端子将变速器 P 挡位置信号传送给 VCU。纯电动汽车的变速器比较简单，有的汽车通过 P 挡制动器实现 P 挡，广汽埃安 P 挡控制器电路如图 6-5 所示。

4 号端子和 5 号端子分别连接动力网通信线 PCAN-H 和 PCAN-L，从图 6-5 可以看出，变速器换挡开关通过 PCAN-H 和 PCAN-L 连接 VCU 和 TCU（变速器控制单元），为它们提供挡位信号。

6 号端子定义 BACKUP SIGNAL OUTPUT，它连接 LIN 数据线，为 BCM 提供倒挡灯开关等信号，方便倒车灯继电器、倒车雷达等控制。10 号端子定义为 GND 搭铁线，它通过线束在 G31 位置搭铁。

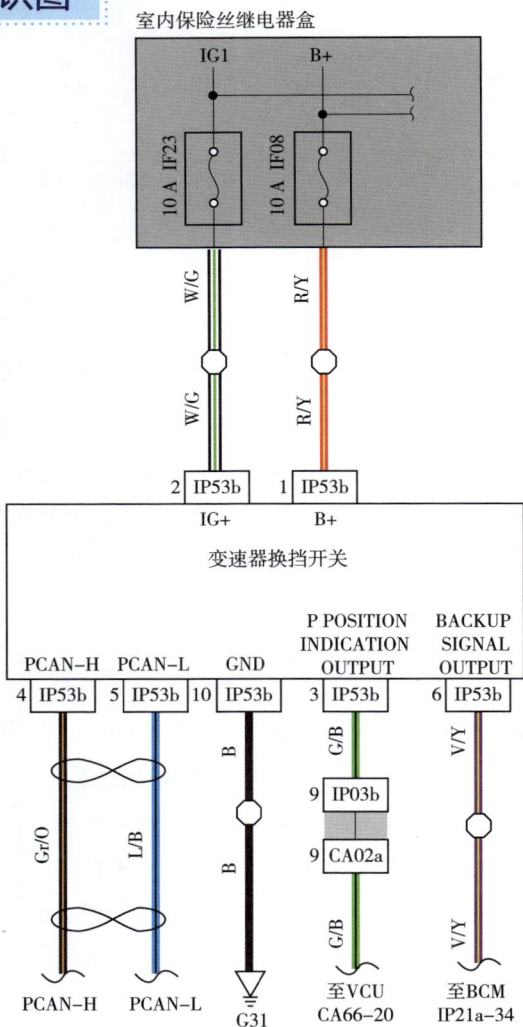

图 6-4 挡位开关电路图

技师经验 1：变速器故障也会引起"EV 功能受限"，一辆比亚迪唐"EV 功能不可用"，发现车辆有异响。将车辆举升观察，发现变速器异响，差速器半轴和中间轴半轴磨损，将其更换后，故障排除。

技师经验 2：一辆比亚迪秦原地 D 挡挂入 N 挡时，冲击很大。在 D 挡挂入 N 挡时读取数据流，发现此时驱动电机转速为 36 r/min，三相线有电流输出，正常车辆驱动电机转速和电流都为 0，更换电机控制器，并重新标定，故障排除。

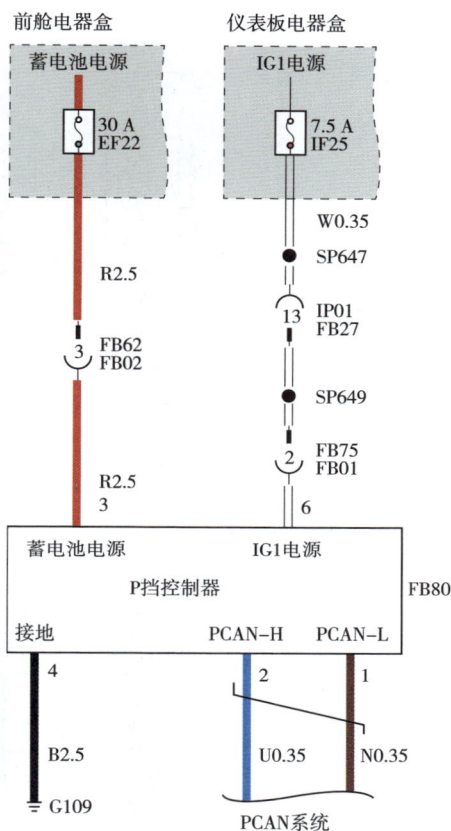

图 6-5　P 挡控制器电路

6.1.3　驾驶模式开关电路识图

和很多燃油汽车一样，电动汽车也有驾驶模式开关，如图 6-6 所示，通常车辆驾驶人可以选择 ECO（经济模式）、NORMAL（普通模式）和 SPORT（动力）模式。油电混合动力汽车还可以选择 EV、HEV 模式。驾驶模式开关电路如图 6-7 所示，端子 B+ 连接常电，端子 IG1 连接 IG 电源，端子 ILL+ 连接至背光亮度调节开关，端子 GND1 和 GND2 连接搭铁。端子 PCAN-H 和 PCAN-L 连接网络通信线，向 VCU（整车控制器）传送驾驶模式信号。

图 6-6　驾驶模式开关

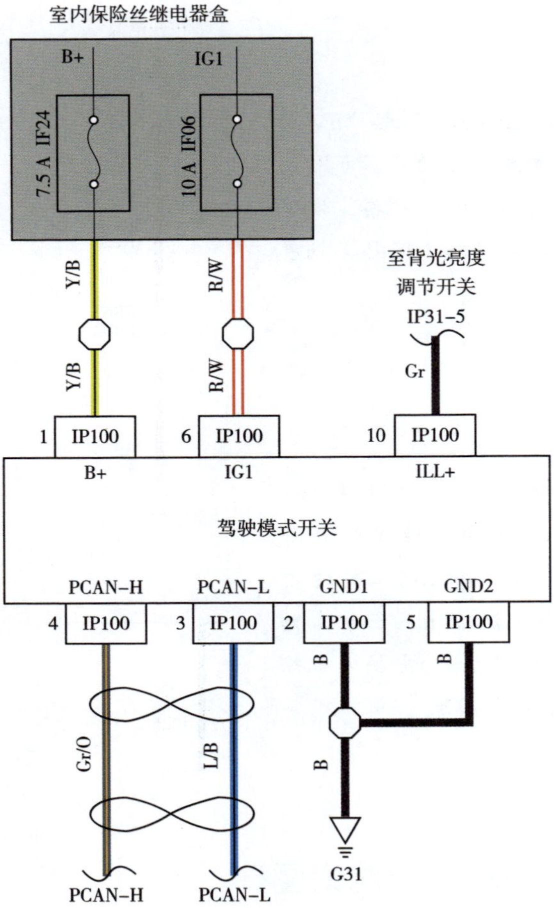

室内保险丝继电器盒

图 6-7　驾驶模式开关电路图

6.1.4　一键启动开关的电路识图

一键启动开关也是整车控制系统重要的组成部分，它将点火开关的位置转变成电信号传给 BCM，BCM 通过 CAN 通信线将其信号传给其他 VCU 等其他电控单元。如图 6-8 所示，一键启动开关上面有七条接线，IP46a/1 端子和 IP46a/3 端子分别连接线束给 ECM，是两个开关信号 。ECM 通过 IP46a/4 端子和 IP46a/7 端子控制一键启动开关内部的黄色灯和绿色灯点亮。

IP46a/5 端子和 IP46a/2 端子分别连接用线束搭铁，IP46a/4 连接背光亮度调节开关，背光亮度调节开关可以调节一键启动开关背景灯的亮度。

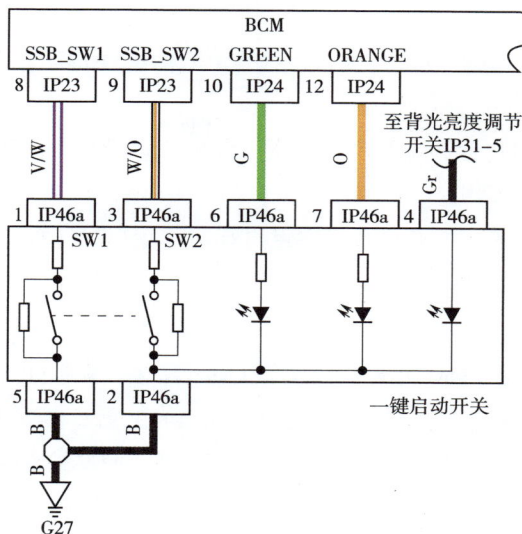

图 6-8　一键启动开关电路图

6.1.5　加热器控制电路电路识图

电动汽车高压控制盒位于电动汽车动力电池组合所有高压电负载之间，它对高压电力系统的输电、配电和电能转换和消耗中起通断、控制和保护等作用。高压配电盒主要是通过铜排和电缆的连接来实现将动力电池的高压直流分配给电动压缩机和 PTC，其内部的熔断器对各回路进行保护。PTC 控制器的高压电路如图 6-9 所示，内部有一个 40 A HF05 的保险丝对其进行控制。

吉利 EV450 的 PTC 安装在车辆前部发动机舱内，由电热膜和散热元件组成，在一定电压范围内，加热的功率随电流变化而变化，电阻膜的电阻随温度变化的影响较小，因此，电加热器可输出稳定的功率，从而为制热系统提供稳定的热源。当出现"加热进水口温度过高""冷却时进水口温度过低"等故障时，可以按以下方法进行检查。

（1）使用故障诊断仪读取故障代码，如果有其他故障代码，优先排除其他故障代码。

（2）检查车载充电机内部保险丝。将点火开关 OFF，断开蓄电池负极，检查高压电应处于下电状态（戴上绝缘手套，检查高压线应为 0 V），拆卸车载充电机上盖，检查电阻应小于 1 Ω。

（3）检查 PTC、压缩机和车载充电机（车载充电机和高压控制盒等集成为一体），之间的线路。断开线束连接器，检查线束两个端子之间的阻值应小于 1 Ω，否则维修或更换线束。

（4）检查 PTC 的电阻应符合要求，检查 PTC 的绝缘电阻应符合要求，否则更换 PTC。

（5）电动压缩机也会影响到以上故障，检查电动压缩机的电阻和绝缘电阻应符合要求，否则更换电动压缩机。

（6）如果依然存在"加热进水口温度过高""冷却时进水口温度过低"等故障，则需要更换车载充电机（高压控制盒）。

> **技师经验：** 一辆比亚迪唐 DM 电量充足，行驶时 EV 强制切换到 HEV，读取到"预充失败"等故障信息，在上 OK 电时，前后驱动电机控制器预充电压仅 70 V，检查发现预充电阻损坏。预充电阻烧损通常是某个高压模块或高压线束短路造成的，检查 PTC 正极直流母线和负极直流母线之间的阻值为 800 Ω（应大于 1 MΩ），更换 PTC 后故障排除。

PTC 低压控制电路如图 6-10 所示，EF14 10 A 保险丝通过 POWER 端子为其提供电源，高压互锁电从 HVIL IN 进从 HVIL OUT 出，LIN 是网络通信线，它连接自动空调控制单元，可以传递开启、关闭、故障信息等数据。

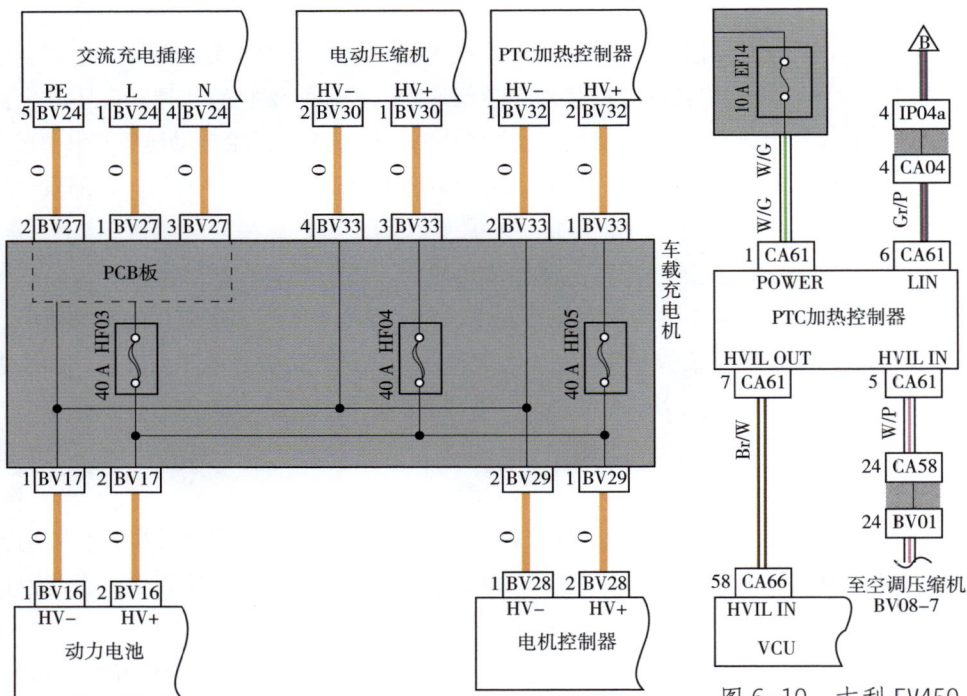

图 6-9　吉利 EV450 PTC 高压控制电路

图 6-10　吉利 EV450 PTC 低压控制电路

6.1.6　电动压缩机的电路识图

在空调制冷系统中采用了电动压缩机，动力电池组的直流电经逆变器为空调压缩机的驱动电机供电，空调电动机带压缩机旋转，从而形成制冷循环。电动汽车空调制暖系统与燃油汽车暖风系统相比，没有发动机的预热可利用，采用水加热器，具有节能、恒温、安全和使用寿命长等特点。

电动汽车空调压缩机将电动机整合到空调压缩机中，压缩机并非电磁离合器控制，其压缩机可以通过改变电动机转速来不断改变其输出功率。电动汽车空调压缩机比燃油汽车的空调压缩机更有效率。

吉利 EV450 的压缩机为电动涡旋式，压缩机控制器与压缩机集成一体，通过电机自身的旋转带动涡旋盘压缩，完成制冷剂的吸入和排出，为制冷剂提供动力，工作电压为 200 V ~ 450 V，工作时转速范围为 800 rpm ~ 9 000 rpm。

电动压缩机低压控制电路如图 6-11 所示，前机舱保险丝继电器盒通过 EF30 10 A 保险丝向其 POWER 端子提供电源，GND 端子通过线束在 G18 位置进行搭铁。HVIL IN、HVIL OUT 两个端子连接高压互锁线，LIN 端子通过网络通信线连接自动空调控制单元。

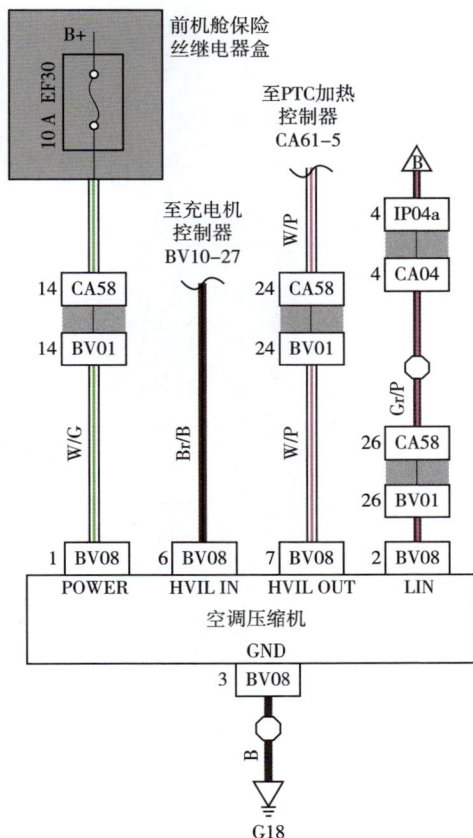

图 6-11　电动压缩机低压控制电路

技师经验： 一辆比亚迪唐 DM "EV 功能受限"，空调不制冷。检查空调压缩机负载电流为 0 A，说明电动压缩机没有工作，检查前电控总成，测量 PTC、压缩机 32 A 保险丝，发现经过熔断，检查电动压缩机绝缘电阻为 1 Ω，异常。更换电动压缩机，故障排除。

6.1.7 真空泵控制的电路识图

驱动电机不可能像发动机活塞下行一样制造真空，没有真空就无法助力驾驶人员操控制动踏板，所以，纯电动汽车必须要有电动真空泵。电动真空泵的控制电路如图 6-12 所示，ESC（车身稳定控制系统控制单元）接收真空压力传感器的信号，当真空压力值低于一定时，ESC 控制真空泵继电器 ER03 线圈搭铁，EF05 20 A 保险丝给真空泵继电器开关部分供电，此时真空泵继电器 ER03 开关闭合，电动真空泵开始工作。

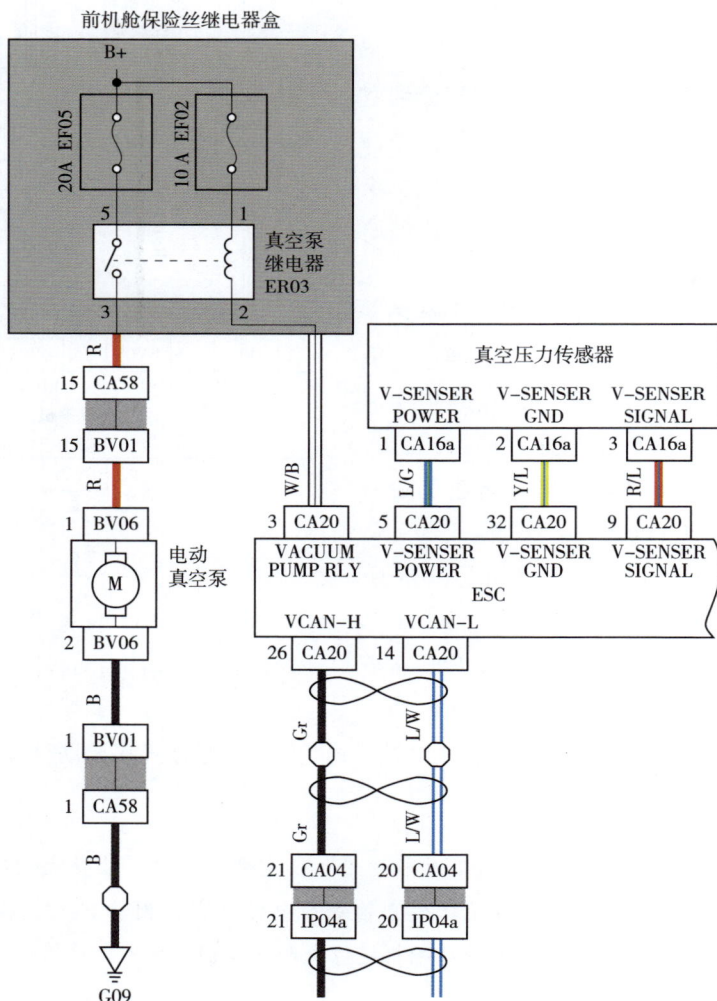

图 6-12 电动真空泵控制电路

　　有的车辆没有真空压力传感器,而是采用真空压力开关,例如江淮 IEV 纯电动汽车,其真空压力开关电路如图 6-13 所示,真空压力开关的作用和真空压力传感器的作用是相同的。

技师经验 1:一辆江淮 IEV 制动踏板很硬,需要用很大的力才能踩下制动踏板。检查电动真空泵,发现其不工作。检查真空泵端子,发现没有供电电压。检查压力开关,发现已经损坏,将其更换后,真空泵工作,可以轻松踩下制动踏板,故障排除。

技师经验 2:一辆江淮 IEV 前舱内噪声很大,检查发现电动真空泵一直工作。电动真空泵一直工作的故障原因包括:压力传感器(或压力开关)不能提供信号或一直提供负压太低的信号给电控单元,真空罐或真空管路漏气,电控单元不能正确控制电动真空泵。仔细检查真空罐有漏气的声音,更换真空罐,故障排除。

　　电动真空泵的工作影响制动助力,进而影响行车安全性能。为了防止产生电路故障,埃安汽车在电路设置了保护电源和真空泵反馈信号,其电路如图 6-14 所示,整车控制器对真空泵的工作电压进行监控,如果在行车时电动真空泵产生故障,整车控制器通过CAN 线将故障信息传送给仪表,以便提示驾驶人。当整车控制器知道制动系统有故障时,会限制汽车车速,仪表上可能会显示"乌龟灯"(驱动功率受限警告灯)。

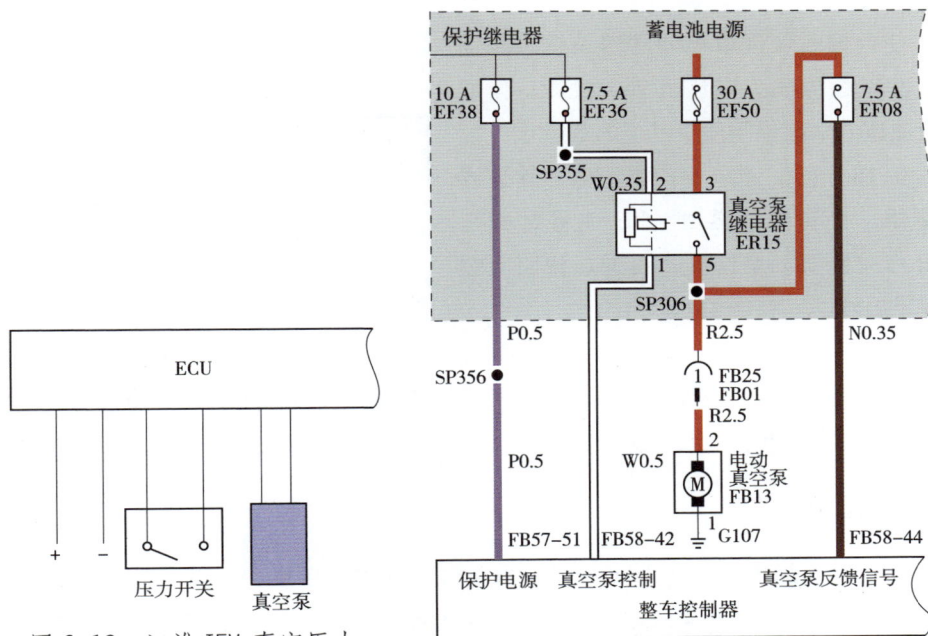

图 6-13　江淮 IEV 真空压力
开关电路

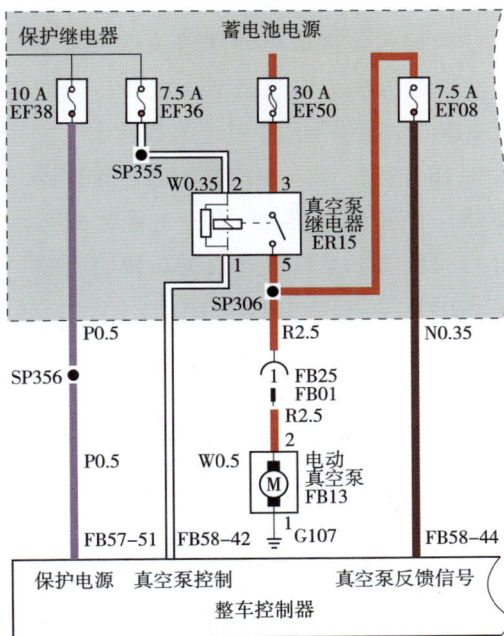

图 6-14　埃安真空泵控制电路(部分)

6.2 低压辅助电气系统维修案例解析

电动汽车低压辅助电气的故障和燃油汽车有很多相似点，也有很多不同的地方，学习本节的故障案例，可以积累排除低压辅助电气系统故障的经验。

6.2.1 比亚迪唐 DM 低压系统严重亏电、EV 功能受限的故障

1. 故障现象

一辆比亚迪唐 DM 低压系统严重亏电，车辆无法启动，仪表上还提示 EV 功能受限。

2. 故障诊断和解析

比亚迪唐 DM 配有 BSG 电机，发动机上没有其他发电机，低压蓄电池的供电由 DC（电压转换器）负责转换，若 DC（电压转换器）状态异常，它会停止转换供电低压蓄电池，这导致低压蓄电电能得不到补充而严重亏电。

使用诊断仪读取电池管理系统故障信息，发现故障码为高压互锁 1 故障，读取比亚迪唐 DM 维修手册中"电器原理图"，如图 6-15 所示。断电后，拔下电池管理器连接器，检查连接器端 K45B-4 号针脚与 K45B-5 号针脚，发现其不导通。说明互锁出现了故障。

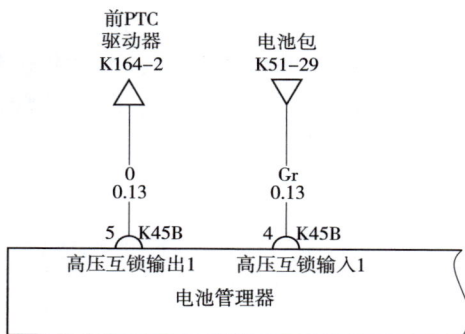

图 6-15　电池管理器互锁电路

根据互锁控制的原理，逐段检查高压电器的互锁针脚，在测量前电机控制器的 B28-4 号针脚到电动压缩机的互锁 A56-6 号针脚时，发现其不导通，阻值为无穷大。继续检查，发现电池加热互锁 B115-2 与 B115-1 号互锁插头松动。

3. 故障排除

修复电池加热互锁 B115-2 与 B115-1 号互锁的连接插头，试车故障排除。整车高压系统因互锁电路而发生故障，导致主接触器断开时 DC（电压转换器）不能给低压蓄电池供电，最终导致低压蓄电池亏电，车辆的 EV 功能受限。

6.2.2　比亚迪 e6 轿车无法启动的故障

1．故障现象

一辆比亚迪 e6 停在车库里，第二天早上无法启动，检查仪表，发现仪表上提示"动力电池温度过高""请检查动力系统"。

2．故障诊断与解析

使用故障诊断仪读取故障码，发现 BMS 无应答，说明诊断电脑和 BMS 之间无法通信。电控模块无法通信故障原因一般包括：电控模块电源正负极电路异常、电控模块本体损坏、通信线路等故障。

查找比亚迪 e6 电池管理器电路，如图 6-16 所示，电池管理器 CAN 线有两组，分别是动力网 CAN 和充电子网 CAN，动力网 CAN 在上电时通信，充电子网在充电时通信。检查 CAN 线电压正常，检查 CAN 线电阻也正常（CAN-H 对地电压在 2.5 V～3.5 V，CAN-L 对地电压在 1.5 V～2.5 V，电阻约为 60 Ω）。检查电池管理器搭铁线正常，检查电池管理器常电为 12 V，检查 BMS 双路电约为 0 V。

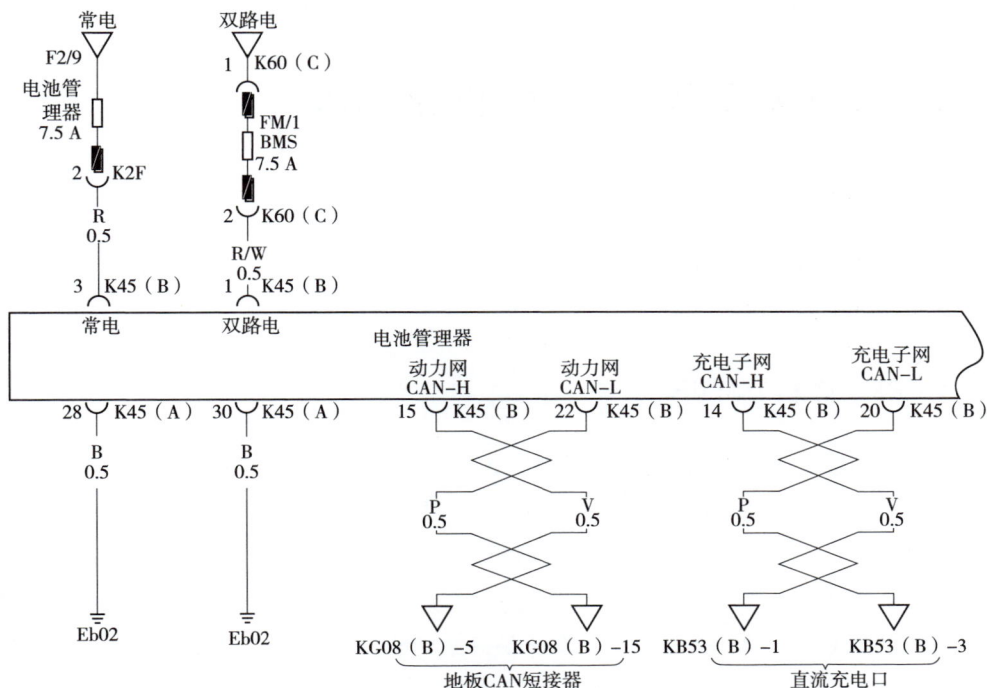

图 6-16　比亚迪 e6 电池管理器电源和 CAN

BMS 没有双路电，肯定工作不正常，检查 FM/1 BMS 7.5 A 保险丝，发现没有电压，检查该保险丝没有损坏。

FM/1 BMS 7.5 A 保险丝的电压是双路电继电器供电，查找双路继电器电路，如图 6-17 所示，检查双路继电器（KG-7 充电继电器），在继电器线圈部分施加 12 V 电池，检查继电器开关阻值，发现阻值小于 1 Ω，说明继电器正常。检查继电器座，发现插脚松动。

3. 故障排除

修复 KG-7 充电继电器对应的继电器盒插脚，故障排除。KG-7 充电继电器对应的继电器盒插脚松动，导致 FM/1 BMS 7.5 A 保险丝没有电压，使得 BMS 不能正常工作，KG-7 充电继电器对应的继电器盒插脚松动还导致它控制的水泵、风扇继电器、高压配电箱等保险丝断电，因而导致车辆仪表上提示"动力电池温度过高""请检查动力系统"等故障信息。

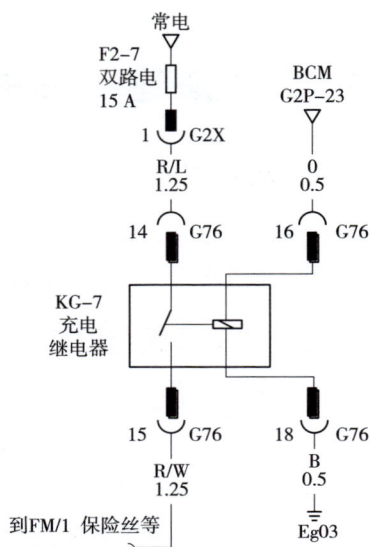

图 6-17　比亚迪 e6 双路继电器电路

6.2.3　吉利帝豪 EV450 不能上电的故障

1. 故障现象

一辆吉利帝豪 EV450 在一次事故后出现不能上高压电，仪表上 READY 灯不亮，蓄电池充电故障警告灯点亮。

2. 故障诊断与解析

帝豪 EV450 动力电池的额定电压高达 346 V，帝豪 EV450 的高压配电系统与车载充电机 OBC 集成为一体。使用故障诊断仪读取 VCU 的故障信息，读取到 P1C8E04- 高压互锁 PWM（占空比信号）输出信号开路/当前码，P1C4096 高压互锁故障/当前码。初步判断故障为高压互锁电路故障，查找 VCU 的电路如图 6-18 所示，该车型高压互锁检测的执行部件是 VCU 模块，通过发生占空比信号来判断是否正常，它是从 CA67-76 HVIL OUT 发出信号，从 CA66-58 HVIL IN 接收反馈信号。

至制动灯开关 CA44b-4	至制动灯开关 CA44b-1	至PTC加热控制器 CA61-7	至电机控制器 BV11-1	至TCU BV15-6
	B/R		Br	R/G
			25 BV01	16 BV01
			25 CA58	16 CA58
O	B/R	Br/W	Br	R/G
86 CA67	96 CA67	58 CA66	76 CA67	15 CA66
制动开关2	制动开关1	HVIL IN VCU	HVIL OUT	TCU-WAKE UP
UDS CAN_1H	UDS CAN_1L	GSM IN	START	IPU-WAKE UP
4 CA66	5 CA66	20 CA66	25 CA66	16 CA66
L/R	Y/B	G/B	W/L	L/W
9 CA04	22 CA04	9 CA02a	39 CA01a	23 CA58
9 IP04a	22 IP04a	9 IP03b	39 IP02a	23 BV01
L/R	Y/B	G/B	W	L/W
8 IP19	7 IP19			
UDS CAN_1H 诊断接口	UDS CAN_1L	至变速器换挡开关 IP53b-3	至BCM IP23-29	至电机控制器 BV11-14

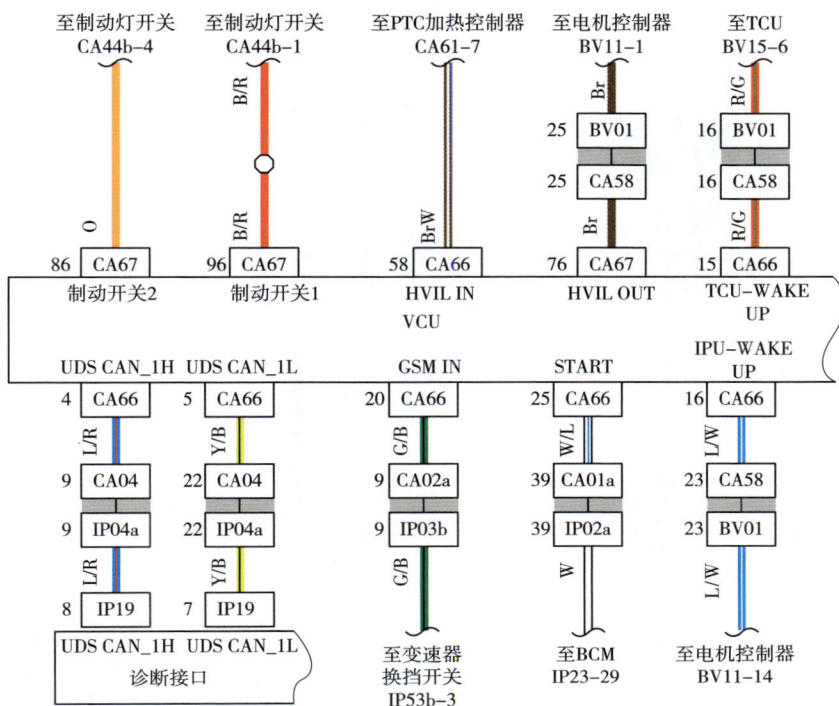

图 6-18　帝豪 EV450 VCU 电路（部分）

（1）因为互锁端子通常位于高压线连接器里面，测量时有危险，所以，在检测前对整车进行下电，等待 30 分钟后，进行验电，确定车辆无高压电。

（2）断开 VCU 的 CA66 和 CA67 连接器，测量端子 CA67-76 和 CA66-58 间的电阻，测量值为无穷大，不正常，说明有断路的地方。

（3）如图 6-19 所示，车载充电机上的 BV10/26 和 BV10/27 是互锁连接端子，其中 BV10/26 端子是 HVIL IN，BV10/27 端子是 HVIL OUT，断开车载充电机 BV10 连接器，测量 VCU 的连接器 CA67/76 与车载充电机端子 BV10/26 之间的电阻，阻值为 0.1 Ω，正常。测量 VCU 的连接器 CA66/58 与车载充电机端子 BV10/27 之间的电阻，阻值为 0.1 Ω，正常。车载充电机的高压互锁包括两个部分，一个是高压线束，另一个是车载充电机的盖板。检查车载充电机自身的 BV10/26 和 BV10/27 端子之间的阻值，发现其为无穷大，说明车载充电机互锁装置存在故障。检查车载充电机盖板上的互锁装置，发现已经损坏。

3. 故障排除

更换车载充电机盖板上的互锁装置，重新检查车载充电机自身的 BV10/26 和 BV10/27 端子之间的阻值，阻值小于 0.1 Ω，连接好车载充电机 BV10 等连接器。踩下制动踏板开关，按下一键起动开关，发现车辆能正常上电，故障排除。

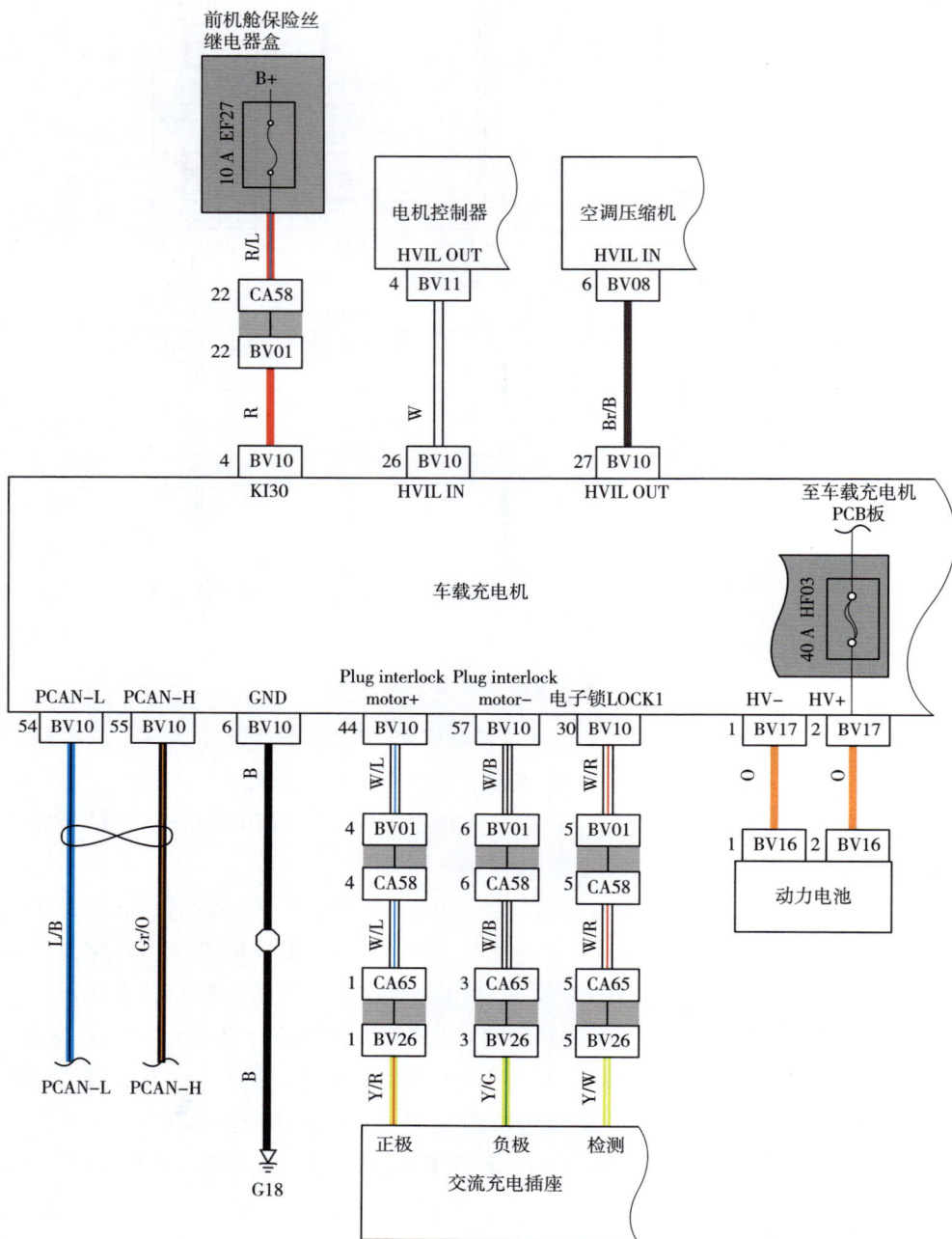

图 6-19 帝豪 EV450 车载充电机电路（部分）

6.2.4 比亚迪元充电时耗电的故障

1. 故障现象

一台比亚迪元 EV 充电时明显耗电，更换充电桩，依然是耗电。

2. 故障诊断与解析

一边充电，一边读取电池热管理系统的数据流，发现电动压缩机一直在运转。检查 BMS 数据流，电池最高温度为 36 ℃，说明动力电池温度过高。动力电池温度过高信号传给 VCU 后，VCU 会驱动电动压缩机工作，因而耗电。

（1）检查冷却系统冷却液的液位，正常。

（2）压缩机工作时，检查电子风扇运转情况，工作正常。

（3）检查电池冷却系统电动水泵，发现未工作，测量水泵线束端无电压。

（4）查找该电动水泵的电路，如图 6-20 所示，检查前舱配电盒 F1/10 空调水泵保险已损坏，保险丝损坏应该检查是否存在短路，检查线束和电动水泵，未发现短路。

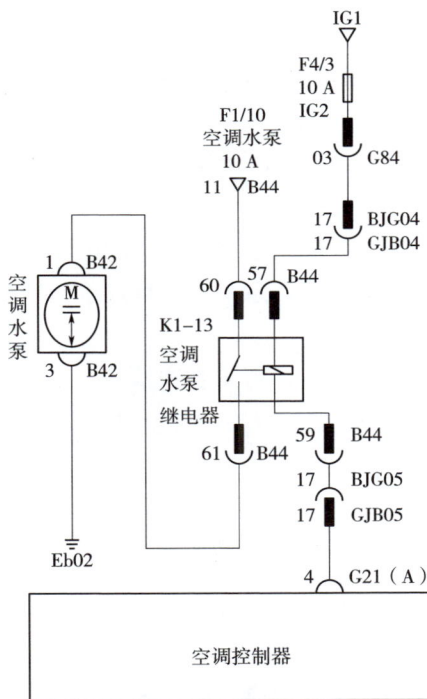

3. 故障排除

更换保险丝，检查空调水泵正常运转，电池温度下降及压缩机功率正常，测试充电度数正常。

图 6-20 比亚迪元空调水泵控制电路图

6.2.5 欧拉好猫不能上电的故障

1. 故障现象

一台欧拉好猫停在车库里，车主早上开车上班，发现不能上电。

2. 故障诊断与解析

使用诊断仪读取 VCU 故障码，未发现当前故障代码。查询 BMS，读取到"P106101 电池系统绝缘故障 1 级"的故障码。

断开低压蓄电池，做好高压防护，确认高压下电。逐个检查高压部分是否绝缘，先检查高压电加热器，如图 6-21 所示，断开加热高压电源线，使用兆欧表检查 PTC 绝缘电阻，发现电阻才 100 Ω，说明 PTC 损坏。

更换 PTC，还是不能上高压电，检查电动压缩机、电机控制器等，绝缘符合要求。使用诊断仪，清除故障代码。在读取故障信息，发现有高压互锁的故障提示。

检查高压互锁各连接导线，阻值都是小于 1 Ω。仔细检查发现 PTC 5 号端子插孔松动。

图 6-21　欧拉高压电加热器电路

3. 故障排除

修复 PTC 连接器高压互锁插孔，故障排除。

6.2.6　北汽 EU5 不能加速的故障

1. 故障现象

一辆北汽 EU5 电动汽车踩油门踏板车辆行驶缓慢，仪表亮起了"龟行故障灯"和整车故障灯点亮，车速不到 15 km/h。

2. 故障诊断与解析

（1）车辆亮起了"龟行故障灯"，说明车辆是降功率运行，进入了保护状态。

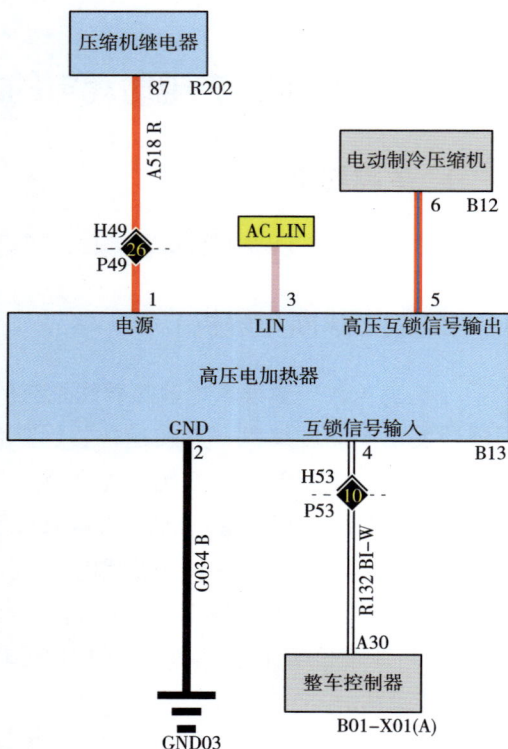

（2）读取故障代码为 P060D1C，故障码含义为加速踏板信号错误。

（3）查找该车加速踏板位置传感器电路图，如图 6-22 所示，该车的加速踏板位置传感器将加速踏板位置信号传给 PEU 动力控制系统。

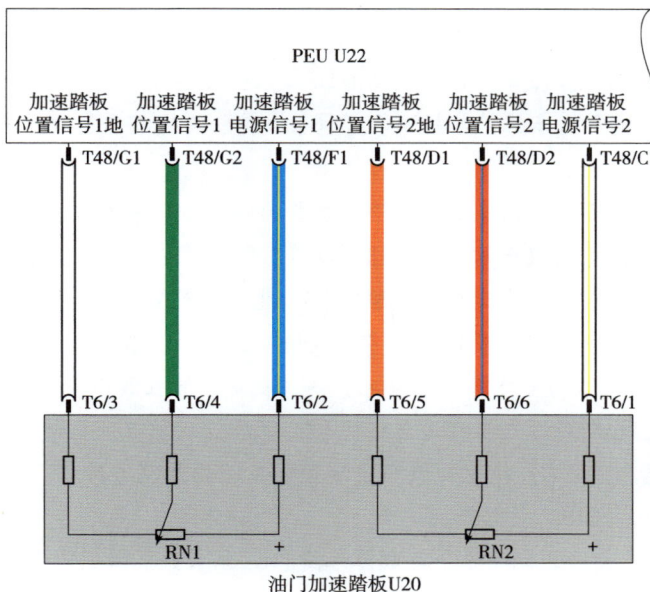

图 6-22　北汽 EU5 加速踏板位置传感器电路

（4）先检查加速踏板位置 1 号传感器，PEU 动力控制系统 T48/G2 是信号线端子，正常信号电压为 0.75 V~3.99 V，可以随着加速踏板位置变化而变化，测量值为 5 V，踩下加速踏板不变化，异常。

（5）测量加速踏板位置传感器 T6/4 端子，其结果也是 5 V，异常。

（6）测量加速踏板位置传感器的搭铁线 T6/3 端子的电压为 5 V，异常，正常应该为 0 V。

（7）测量 PEU T48/G1 端子的电压为 0 V，正常。说明 PEU T48/G1 和加速踏板位置传感器 T6/3 之间导线存在断路。

（8）按同样方法检查加速踏板位置 2 号传感器，正常。

3. 故障排除

检查 PEU T48/G1 和加速踏板位置传感器 T6/3 之间的导线，可以用手感觉靠近 PEU 处有一个位置导线内部断路，修复此导线后，故障排除。

参 考 文 献

[1] 周晓飞.图解电动汽车维修入门与提高 [M].北京：化学工业出版社，2018.

[2] 王征，李永吉.电动汽车维护与故障诊断 [M].北京：人民交通出版社股份有限公司，2017.

[3] 吴荣辉，金朝昆.新能源汽车高压安全与防护 [M].北京：机械工业出版社，2021.

[4] 瑞佩尔.图解新型电动汽车结构·原理与维修 [M].北京：化学工业出版社，2017.

[5] 祝良荣，葛东东.纯电动汽车构造与检修 [M].北京：机械工业出版社，2019.

[6] 刘玉梅.电动汽车构造与原理 [M].北京：人民交通出版社股份有限公司，2020.

[7] 侯涛.纯电动汽车结构与检修 [M].北京：人民交通出版社股份有限公司，2018.

[8] 王鸿波，谢敬武.新能源汽车构造与检修 [M].北京：机械工业出版社，2018.

[9] 李楷，张国凌，袁金磊.纯电动汽车整车控制系统的检测与维修 [M].成都：电子科技大学出版社，2019.

[10] 宋广辉，陈东.新能源汽车维护与故障诊断 [M].北京：机械工业出版社，2018.

[11] 王强，李楷，孙兵凡.新能源汽车维护与故障诊断 [M].北京：机械工业出版社，2020.

[12] 刘福华，康杰.新能源汽车结构原理与检修 [M].北京：机械工业出版社，2019.

[13] 周旭，石未华.新能源汽车动力蓄电池与驱动电机系统结构原理及检修 [M].北京：机械工业出版社，2021.

[14] 李佳音.新能源汽车构造原理与检测维修 [M].北京：机械工业出版社，2018.